"十四五"职业教育国家规划教材

国家职业教育电气自动化技术专业
教学资源库配套教材

高等职业教育电类课程
新形态一体化教材

U0748666

电工技术

（第2版）

▶主　编　冯泽虎　张　强
▶副主编　刘广耀　邓祥周　刘　哲
　　　　　张振远　董保香
▶主　审　曾照香

中国教育出版传媒集团
高等教育出版社·北京

内容提要

本书是"十四五"职业教育国家规划教材,也是国家职业教育电气自动化技术专业教学资源库"电工电子技术"课程第一部分"电工技术"配套教材,为适应电工技术的迅速发展和新形势下高等职业教育教学需要,总结国家教学资源库教学实践、吸取行业企业等各方面的意见和建议编写而成。

本书通过采用以知识点为载体,在每个知识点中既学习相关的理论知识,又锻炼技能,通过碎片化资源的引入,不断拓宽思路的方法,帮助读者掌握电工技术所需的基本技能和基础知识。本书共有7章,分别是电路基本定律与分析方法、交流电路、三相电路、电路的暂态分析、铁心线圈与变压器、常用低压电器、基本电气控制单元线路。

本书以应用为目的,突出理论与实践相结合,加强基本概念的叙述,将课堂讲授内容、实践任务、习题等优化组合,有利于启发、引导和激发读者的学习积极性。教师如需获取本书授课用教学课件等配套资源,请登录"高等教育出版社产品信息检索系统"(https://xuanshu.hep.com.cn)免费下载。

本书可作为高等职业教育、成人教育电类相关专业"电工技术"课程理论与实践教学的教材,也可供从事电工技术工作的工程技术人员参考。

图书在版编目(CIP)数据

电工技术 / 冯泽虎,张强主编. -- 2版. -- 北京:高等教育出版社,2024.8

ISBN 978-7-04-062203-4

Ⅰ. ①电… Ⅱ. ①冯… ②张… Ⅲ. ①电工技术-高等职业教育-教材 Ⅳ. ①TM

中国国家版本馆 CIP 数据核字(2024)第 095678 号

DIANGONG JISHU

策划编辑	曹雪伟	责任编辑 曹雪伟	封面设计 赵 阳	版式设计	李彩丽
责任绘图	黄云燕	责任校对 刘娟娟	责任印制 张益豪		

出版发行	高等教育出版社	网　　址	http://www.hep.edu.cn
社　　址	北京市西城区德外大街4号		http://www.hep.com.cn
邮政编码	100120	网上订购	http://www.hepmall.com.cn
印　　刷	北京鑫海金澳胶印有限公司		http://www.hepmall.com
开　　本	850mm×1168mm　1/16		http://www.hepmall.cn
印　　张	15.25	版　　次	2017年8月第1版
字　　数	330千字		2024年8月第2版
购书热线	010-58581118	印　　次	2024年8月第1次印刷
咨询电话	400-810-0598	定　　价	45.00元

本书如有缺页、倒页、脱页等质量问题,请到所购图书销售部门联系调换

"智慧职教" 服务指南

  "智慧职教"(www. icve. com. cn)是由高等教育出版社建设和运营的职业教育数字教学资源共建共享平台和在线课程教学服务平台,与教材配套课程相关的部分包括资源库平台、职教云平台和 App 等。用户通过平台注册,登录即可使用该平台。

  ●资源库平台:为学习者提供本教材配套课程及资源的浏览服务。

  登录"智慧职教"平台,在首页搜索框中搜索"电工技术",找到对应作者主持的课程,加入课程参加学习,即可浏览课程资源。

  ●职教云平台:帮助任课教师对本教材配套课程进行引用、修改,再发布为个性化课程(SPOC)。

  1. 登录职教云平台,在首页单击"新增课程"按钮,根据提示设置要构建的个性化课程的基本信息。

  2. 进入课程编辑页面设置教学班级后,在"教学管理"的"教学设计"中"导入"教材配套课程,可根据教学需要进行修改,再发布为个性化课程。

  ●App:帮助任课教师和学生基于新构建的个性化课程开展线上线下混合式、智能化教与学。

  1. 在应用市场搜索"智慧职教 icve"App,下载安装。

  2. 登录 App,任课教师指导学生加入个性化课程,并利用 App 提供的各类功能,开展课前、课中、课后的教学互动,构建智慧课堂。"智慧职教"使用帮助及常见问题解答请访问 help. icve. com. cn。

总 序

　　高等职业教育专业教学资源库建设项目是教育部、财政部为深化高职院校教育教学改革,加强专业与课程建设,推动优质教学资源共建共享,提高人才培养质量而启动的国家级建设项目。2014年6月,电气自动化技术专业被教育部、财政部确定为高等职业教育专业教学资源库立项建设专业,由淄博职业学院主持建设电气自动化技术专业教学资源库。

　　2014年6月,电气自动化技术专业教学资源库建设项目正式启动建设。按照教育部提出的建设要求,建设项目组聘请了哈尔滨工业大学王子才教授(中国工程院院士,系统控制专家)担任资源库建设总顾问,确定了淄博职业学院、山东商业职业技术学院、威海职业学院、黄冈职业技术学院、深圳职业技术学院、陕西工业职业技术学院、邢台职业技术学院、湖南铁道职业技术学院、浙江机电职业技术学院、山东化工技师学院、烟台职业学院、南京科技职业学院、日照职业技术学院、山西职业技术学院、山东轻工职业学院15所院校和西门子(中国)有限公司、三菱电机(上海)有限公司、山东星科智能科技股份有限公司、济南智赢动画设计有限公司等12家企业作为联合建设单位,形成了一支学校、企业、行业紧密结合的建设团队。

　　电气自动化技术专业教学资源库建设遵循“一体化设计、结构化课程、颗粒化资源”的逻辑,在教学改革的基础上,通过广泛调研论证,制订电气自动化技术专业普适性人才培养方案,构建岗位能力目标指向明确的课程体系。根据电气自动化技术专业领域特点,构建“专业平台+行业应用”的资源体系;对知识结构、资源属性进行整体设计,建设行业企业、专业、课程、颗粒化4个层次的资源。

　　(1)行业企业信息资源:包括行业信息、企业信息、职业岗位信息、企业文化及发展、职业资格标准、政策法规、相关技术标准以及新技术、新装备、新工艺、新应用介绍等;

　　(2)专业资源:包括专业建设、专业文化、名师专家、技能大赛、创业就业等资源;

　　(3)课程资源:包括教学设计、教学实施、教学过程记录、教学评价等所有教学环节的资源;

　　(4)颗粒化资源:分为基本资源、拓展资源和冗余资源三部分,覆盖2 736个知识点和岗位技能点,包括视频、音频、动画、文本、图片、PPT等类型。

　　此外,选取电气自动化技术在化工、冶金、建材、智能装备制造、电力5个行业的典型控制系统及控制过程,建设5个企业案例,汇集“行业应用”资源;选用智能化资源库平台,对其功能进行整体设计,为用户提供良好的体验;构建建设与共享机制,确保资源质量和共享率,为应用推广奠定基础。

　　本套教材是“国家职业教育电气自动化技术专业教学资源库”建设项目的重要成果之一,也是资源库课程开发成果和资源整合应用实践的重要载体。教材体例新颖,具有以下鲜明特色。

　　第一,根据电气自动化技术专业的普适性人才培养方案确定课程体系和教材体系。项目组对企业职业岗位进行调研,按照电气自动化技术专业顶层设计对课程进行明确划分,做到逻辑一致,内容相谐,既使各课程之间知识、技能按照专业工作过程关联化、顺序化,又避免了不同课程之间内容的重复,实现了顶层设计下职业能力培养的递进衔接。

　　第二,有效整合教材内容与教学资源,打造立体化、线上线下、平台支撑的新型教材。学生不仅可以依托教材完成传统的课堂学习任务,还可以通过"智慧职教"学习与教材配套的微课、动画、技能操作视频、教学课件、文本、图片等资源(在书中相应知识点处都有资源标记)。其中,微课及技能操作视频等资源还可以通过移动终端扫描对应的二维码来学习。

第三,传统的教材固化了教学内容,不断更新的电气自动化技术专业教学资源库提供了丰富鲜活的教学内容,极大丰富了课堂教学内容和教学模式,使得课堂的教学活动更加生动有趣,极大提高了教学效果和教学质量。

第四,本套教材装帧精美,采用双色印刷,并以新颖的版式设计,突出、直观的视觉效果搭建知识、技能与素质结构,给人耳目一新的感觉。

本套教材的编写历时近三年,几经修改,既具积累之深厚,又具改革之创新,是全国 15 所院校和12 家企业的 200 余名教师、企业工程师的心血与智慧的结晶,也是电气自动化技术专业教学资源库三年建设成果的集中体现。我们相信,随着电气自动化技术专业教学资源库的应用与推广,本套教材将会成为电气自动化技术专业学生、教师、企业员工立体化学习平台中的重要支撑。

国家职业教育电气自动化技术专业教学资源库项目组

2017 年 4 月

前　言

为贯彻落实党的二十大精神和全国职业教育大会精神，培养更多高素质技术技能人才，本书编写团队根据中国特色高水平高职学校和专业建设计划要求，在总结"十四五"职业教育国家规划教材建设经验的基础之上，以职业能力和综合素养为本位，吸取行业企业等各方面的意见和建议，对原有第1版教材进行了修订，突出做到使较为系统科学的基础理论认知结构成为专业能力结构的稳固支撑，增强培养对象对职业岗位的适应能力和迁延能力。

电工技术是一门应用性很强的专业基础课。本书以"必须、够用"为原则，并结合学生学习的实际情况合理选取教学内容，涵盖了装备制造大类、电子信息大类专业技术从业人员不可或缺的理论与技能。本书在内容选取上以现代电工技术的基础知识、基本理论为主线，使现代电工技术与各种新技术有机结合在一起，理论与实践紧密结合，强化实践训练，注重学生电工技术专业技能的培养与提高，充分体现高职教育的特点。

本书内容丰富，详略得当，在教学内容安排上，充分考虑到学生的认知规律，由简到难，循序渐进。全书共分7章，分别是电路基本定律与分析方法、交流电路、三相电路、电路的暂态分析、铁心线圈与变压器、常用低压电器、基本电气控制单元线路。每章都设置了实践项目，通过"学中做、做中学"，让学生扎实掌握电工技术的基础知识和基本技能。此外，本书配套提供PPT教学课件、教学动画、教学微课等资源，其中部分资源以二维码形式在书中呈现，可以随时随地利用移动设备扫描观看，使学习更加轻松，视野更加开阔。

本书的编写团队由淄博职业学院国家级职业教育教师教学创新团队的主要成员组成，山东圣翱财贸学校、枣庄科技职业学院与淄博技师学院参与了本书的编写工作。冯泽虎、张强对本书的编写进行总体策划与指导，并负责统稿。张强、刘广耀编写第1、2章，韩振花、刘哲编写第3章，王光亮、邓祥周编写第4章，宋涛、张振远编写第5章，冯泽虎、董保香、王建飞编写第6、7章。山东新华制药股份有限公司高级工程师申宗江参与了各章实践项目的编写。淄博职业学院曾照香教授审阅了全书。

本书可作为高等职业教育电气、机电、自动化、电子、电力、通信、计算机等相关专业的教材，也可供相关专业的工程技术人员自学参考。

限于编者水平，书中难免有疏漏错误之处，恳请读者批评指正。

编者

2024 年 3 月

目　录

第 **1** 章

电路基本定律与分析方法

学习目标

知识目标：

■ 了解电路和电路分析的基础知识。

■ 掌握电流、电压、电功率等电路变量的概念。

■ 熟悉电路的基本概念和电阻、电容、电感三大基本元件。

■ 掌握实际电压源和电流源的特性。

■ 掌握基尔霍夫电流定律（KCL）和基尔霍夫电压定律（KVL）。

■ 理解电路和电阻的联结方式及特点和电阻电路的分析方法。

■ 理解电源的等效变换，并能够利用电源等效变换求解直流稳态电路。

■ 理解叠加定理、戴维南定理和诺顿定理应用特点并会求解直流稳态电路。

■ 掌握分析电路的支路电流法、节点电压法。

能力目标：

■ 具备连接电路的能力。

■ 具备使用万用表测量电阻、电压、电流的能力。

■ 具备分析直流电路特性的能力。

■ 具备识读电路图，计算电路中电流、电压等基本物理量的能力。

■ 学会发现问题、探究问题和解决问题的方法，会应用电路理论解决生产、
生活中的实际问题。

■ 初步具有学习和应用电工新知识、新技术的能力。

素养目标：

■ 通过电工技术课程的学习，了解电工技术，激发自身的学习兴趣，加深对
所学专业的认识。

■ 具备独立思考、勤于思考、善于提问的学习习惯。

■ 具备团队合作、沟通协调的能力。

■ 形成规范操作与安全文明生产的意识。

■ 具备严谨、求是、务实的职业精神。

1.1　电路的基本概念

　　手电筒是人们日常生活中常用的一种工具,其实物如图 1-1 所示,它的结构就是一个最简单的电路。图 1-2 是手电筒结构示意图,当开关闭合时,电路形成闭合回路,手电筒发光。

动画

电路

图 1-1　手电筒实物

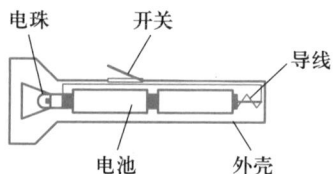

图 1-2　手电筒结构示意图

　　通常人们对电路的分析和计算是对电路模型而言的,手电筒的电路模型是怎样的? 需要考虑哪些电路变量?

PPT 课件

电路的组成及电路模型

1.1.1　电路的组成及电路模型

　　实际电路是由各种电器按一定的方式互相连接而成的电流通路。它的主要功能是实现电能或电信号的产生、传输、转换和处理。一般来说,不管电路复杂与否,都可将它分为三部分:一是提供动力的电源;二是消耗或转换电能的负载;三是连接和控制电源与负载的导线、开关等中间环节。这三个部分在任何电路中都是缺一不可的。

微课

电路的组成及作用

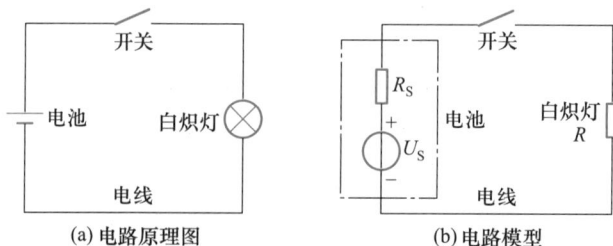

　　为方便分析和研究电路,可以用能够反映电路主要电磁特性的理想元件来代替实际的电路元件,得到的抽象电路称为电路模型。电路模型反映了各种理想元件在电路中的作用和相互之间的连接方式,并不表示电路元件之间的真实几何关系和实际位置。另外,在电路模型中,连接各理想元件的导线也被认为是理想元件,其电阻忽略不计。

　　图 1-3 所示为手电筒的电路原理图和电路模型。在手电筒电路中,白炽灯表现出来的性质与电阻相同,因此白炽灯在电路模型中用 R 表示;而电池表现出来的性质相当于电压源与电阻(电池内阻)的串联组合,因此电池在电路模型中用电压源 U_S 与电池内阻 R_S 的串联组合来表示。

(a) 电路原理图　　　　(b) 电路模型

图 1-3　手电筒的电路原理图和电路模型

　　在本书后面提到的电路图,除特别说明外,都指电路模型,其中的电路元件都是理想元件。对于一个电路元件,可能会有不同的模型,表 1-1 给出了部分常用电路元件的符号。

表 1-1 常用电路元件的符号

元件名称	元件符号	元件名称	元件符号	元件名称	元件符号
电阻	▭	电流源	⊖←	NPN 型晶体管	
可变电阻			⊖	二极管	▷|—
电容	—||—	受控电压源	◇ +／-	晶体	—||||—
电感	⌇⌇⌇	受控电流源	←◇	扬声器	
开关		电池	—|—	蜂鸣器	▷
延时	—▭—	脉冲信号	⊙	白炽灯	⊗
电压源	～	地	⏚	插头和插座	—<—
	+ ⊖ -	PNP 型晶体管		熔断器	—▭—

1.1.2 电路变量

图 1-4 所示电路由提供动力的电源、消耗电能的电阻、转换电能的发光二极管和连接导线构成,在实验台搭接图 1-4 所示电路,其实物照片如图 1-5 所示,当发光二极管点亮时,表明电路形成一个电流通路,用万用表可以测量任意两点间的电压及回路电流值。

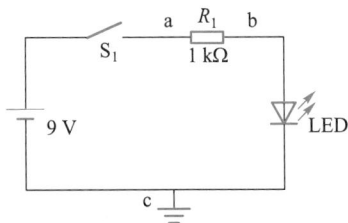

图 1-4 基本电路原理图   图 1-5 实物照片

1. 电流

人们把带电的粒子(微粒)称为电荷,而电荷的定向移动形成电流。

通常情况下,电荷做无规律的杂乱运动,例如金属导体中的自由电子做杂乱无章的热运动,但由于内部电荷的运动总体上体现不出方向,因此不能构成电流。但是在一定条件下(如处在电场中时会受到电场力的作用),这些电荷会做定向移动,这样就构成了电流。

PPT 课件

电路变量

微课

电路变量

动画

电流的定义

（1）电流的方向

电荷之所以做定向移动是因为受到了电场力的作用或者说是受到了电源的作用。若在图 1-4 所示电路中将 9 V 电源移除，电路中将不会有电流。

电流产生时，正电荷与负电荷在电路中受到电场力的方向是相反的，因此它们的移动方向也是相反的。为了便于分析电路，有必要对电流的方向作出明确规定。

通常规定，正电荷的移动方向为电流的实际方向。电流的实际方向与负电荷的移动方向相反。应当指出，在金属导体中形成电流的定向移动电荷是自由电子，在电解液中是正离子与负离子，而在半导体中则为电子与带正电的"空穴"。

动画

电流的方向

（2）电流的大小

电流是用来衡量电流大小的物理量。通常把单位时间内通过导体横截面的电荷量定义为电流，交流电路中的电流通常用符号 i 表示，直流电路中的电流通常用符号 I 表示。

设在一段时间 dt 内，通过导体横截面的电荷量为 dq，则电流 i 为

$$i = \frac{dq}{dt} \tag{1-1}$$

在国际单位制中，q 为电荷量，单位为库仑（用 C 表示）；t 为时间，单位为秒（用 s 表示）；i 为电流，单位为安培（用 A 表示）。

在电力电路中，常会用到比安培大的电流单位，如千安（kA）；而在信号电路中，则常会用到比安培小的电流单位，如毫安（mA）和微安（μA）等。

这些单位之间的换算关系如下：

$$1 \text{ kA} = 1\,000 \text{ A}, \quad 1 \text{ A} = 1\,000 \text{ mA}, \quad 1 \text{ mA} = 1\,000 \text{ μA}$$

小 提 示

"电流"有两个含义，它既表示一种物理现象，即电荷的移动；同时又是一个物理量。

（3）电流的实际方向与参考方向

在任何一个电路中，电流的实际方向都是确定的，这是不容置疑的。只不过简单电路中，电流的实际方向是很容易确定的，例如图 1-4 所示电路的电流实际方向就很容易确定。而在分析复杂直流电路或交变电路时，人们有时很难用电流的实际方向进行分析计算，这是因为在分析计算之前很难事先判断电路中电流的实际方向。

例如，在图 1-6 所示的复杂直流电路中，一下子很难确定支路 a→e→c 中电流的实际方向，这会给分析、计算电路带来一定的困难。

为解决这一难题，同时出于分析、计算电路的需要，引入电流参考方向的概念。参考方向又称为假定正方向，简称正方向。在电路中可以根据需要任意假定某一方向为电流的正方向，即参考方向，并用箭头在电路中标示出来，以此参考方向作为分析、计算电路的依据，当参考方向与电流实际方向一致时电流为正值，与电流实际方向相反时电流为负值。

例如，图 1-7 所示电路中箭头所指的方向是各支路的参考方向，但它并不表示实际方向。

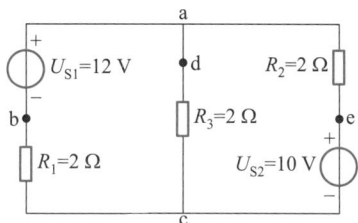

图 1-6 复杂直流电路

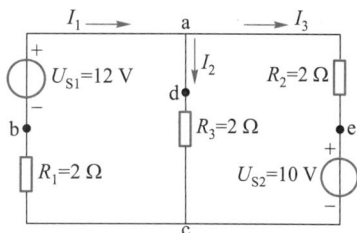

图 1-7 复杂直流电路各支路电流参考方向

通过对图 1-7 所示电路进行计算(在此计算过程省略),求得各支路电流分别为

$$I_1 = 7/3 \ \text{A}$$

$$I_2 = 11/3 \ \text{A}$$

$$I_3 = -4/3 \ \text{A}$$

这个结果说明,支路 a→b→c 与支路 a→d→c 中电流的实际方向与箭头方向(参考方向)一致,而支路 a→e→c 中电流的实际方向与箭头方向(参考方向)相反。

由以上分析可知,只有在标出了电流的参考方向后,电流数值的正负才有意义。若 $i>0$,表明电流的实际方向与所确定的参考方向一致;反之,若 $i<0$,表明电流的实际方向与所确定的参考方向相反。用万用表测量电流也是如此,先任意选定电流参考方向,万用表红表笔指向黑表笔即为所选参考方向,将万用表接入电路测量电流的同时实际上已经选定了参考方向,再根据测量数值判断电流的实际方向。

知识点扩展

万用表测量电流的方法(数字万用表型号为 DT9205)

交直流电流的测量:根据需要将量程开关拨至 DCA(直流)或 ACA(交流)的合适量程,红表笔插入 mA 孔(<200 mA 时)或 20 A 孔(>200 mA 时),黑表笔插入 COM 孔,如图 1-8(a)所示,并将万用表串联在被测电路中(将待测支路断开,万用表红、黑表笔分别接电路断开处)即可。测量直流电时,数字万用表能自动显示极性,如图 1-8(b)所示,电路电流为 4.92 mA。

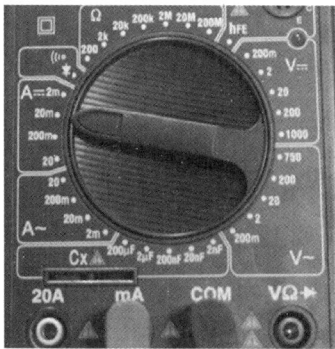

(a) 万用表挡位选择

(b) 表笔连接示意

图 1-8 万用表测量电流

电流的种类

根据电流的大小、方向与时间之间的关系,可将电流分成恒定电流、脉动直流电流和变动电流三种。

(1) 恒定电流:恒定电流简称直流电流(常用 DC 表示),是一种大小、方向都不随时间的变化而变化的电流,如图 1-9(a)所示。通过直流电流的电路称为直流电路,如前面提到的手电筒电路就是一个直流电路。直流电路是电路分析的基础。

显然,对于直流电流,在任意相同时间间隔内通过导体横截面的电荷量都是相同的,则式(1-1)可简化为

$$I = \frac{q}{t}$$

(2) 脉动直流电流:大小随时间变化,而方向不变的电流称为脉动直流电流。很多由交流电流通过整流而得到的直流电流往往是脉动直流电流。图 1-9(b)所示即为脉动直流电流。脉动直流电路是直流电路的一种。

(3) 变动电流:大小、方向都随时间变化的电流称为变动电流。其中大小和方向都呈周期性变化,且一个周期内的平均值为零的电流称为交变电流,简称交流电流(常用 AC 表示),交流电路中的电流用 i 表示。图 1-10 为常见的正弦交流电的波形。

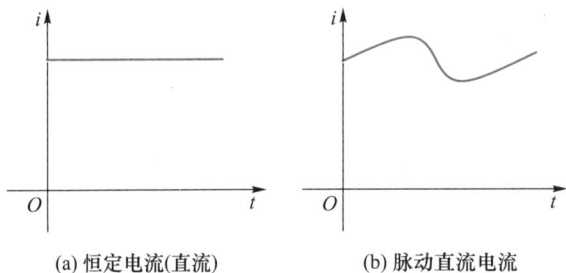

(a) 恒定电流(直流)   (b) 脉动直流电流

图 1-9   直流电流波形

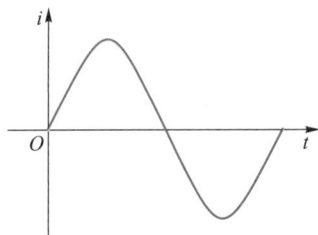

图 1-10   正弦交流电的波形

动画

电流和电压的测量

2. 电压、电位

(1) 电压

电压是衡量电场力推动电荷运动,对电荷做功能力大小的物理量。如同水压是产生水流的原因一样,电压是电路中产生电流的根本原因。

在国际单位制中,u 表示电压,单位为伏特(用 V 表示)。通常交流电压用 u 表示,直流电压用 U 表示。在实际应用中,电压经常还会用到千伏(kV)、毫伏(mV)和微伏(μV)等单位,它们之间的换算关系如下:

$$1\ kV = 1\ 000\ V, \quad 1\ V = 1\ 000\ mV, \quad 1\ mV = 1\ 000\ \mu V$$

通常电路中两点之间的电压用下标表示方向,例如点 a 到点 b 的电压(即电场力把单位正电荷从点 a 移到点 b 所做的功)用 U_{ab} 表示,点 b 到点 a 的电压用 U_{ba} 表示。U_{ab} 和 U_{ba} 的关系为

$$U_{ab} = -U_{ba}$$

（2）电位

电位是用于表征电场（电路）中不同位置的电荷所具有能量大小的物理量，正如水位可以用于描述水的势能大小一样。

如果在电场中任意选定一个电位参考点，并且规定参考点本身的电位为零，那就可以定义电场中某点的电位在数值上等于将单位正电荷从该点移到参考点时电场力所做的功。在图 1-4 所示电路中，若规定点 c 为参考点，则点 c 电位为 0 V，点 a 电位为 9 V；若规定点 a 为参考点，则点 a 电位为 0 V，点 c 电位为 -9 V。

显然，电位是一个相对量，其量值与所选参考点有关。参考点不同，电场中各点的电位也不相同。在一个电场中，只有当参考点选定以后，电场中各点的电位才变得有意义。这一点和人们日常生活中描述水位高低也是一样的，通常总是以地面作为参照物；若参照物不同，则水位高低的意义就不同；若没有参照物，则不能用高低来描述水位。

电位通常用符号 V 表示，在国际单位制中，电位的单位也是伏特，用 V 表示。

（3）电位与电压的关系

电场（或电路）中任意两点之间的电压等于这两点之间的电位差。a、b 两点之间的电压 $U_{ab} = V_a$（点 a 电位）$- V_b$（点 b 电位），若某电路点 a 电位为 4 V，点 b 电位为 1 V，则 U_{ab}、U_{ba} 分别是多少？

在图 1-11 所示电路中，当选点 c 为参考点时（即 $V_c = 0$ V），通过计算可以确定点 a 电位 $V_a = 8$ V，点 b 电位 $V_b = 5$ V，点 a、b 间电压 $U_{ab} = V_a - V_b = 8$ V $- 5$ V $= 3$ V。

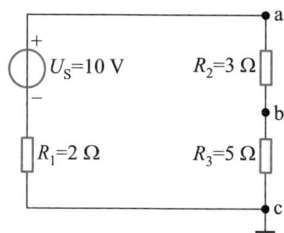

图 1-11　参考点与电位关系

小　提　示

电位的高低与参考点选择有关，但是两点之间的电压（电位差）却与参考点无关。这一点又与水位和水位差的意义相同。

（4）电压的实际方向与参考方向

为了能方便地分析实际电路，在电路中通常也对电压的方向作出了规定：在电场力作用下正电荷移动的方向（即电位降低的方向）为电压的实际方向。

在实际处理中，有的电路可能一下很难确定两点间电压的实际方向。在这种情况下可以根据需要任意选定某一方向为电压的参考方向，当计算出的电压数值为正时，表明其实际方向与参考方向一致；数值为负时，则表明其实际方向与参考方向相反。

用万用表测量电压同样如此。先任意选定电压参考方向，万用表红表笔接所选参考方向的高电位点，黑表笔接所选参考方向的低电位点，再根据测量数值判断电压实际方向。

在电路图中，两点间电压的参考方向通常采用两种方法来表示：一种方法是用箭头来表示电压的参考方向；另一种方法是用参考极性来表示电压的参考方向，高电位点用"+"表示并称为正极，低电位点用"-"表示并称为负极，如图 1-12 所示。

在图 1-12（a）中，若计算结果 $U = 3$ V，则说明 a、b 两点电压的实际方向与参考方向一致,点 a 电位高于点 b 电位。而在图 1-12(b)中,若计算结果 $U=-3$ V,则说明 a、b 两点的实际极性与参考极性相反,电压的实际方向应当是从点 b 指向点 a,即点 b 电位高于点 a 电位。

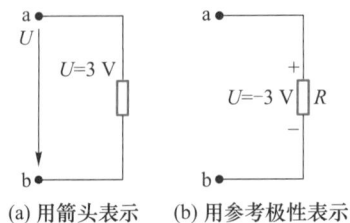

(a) 用箭头表示   (b) 用参考极性表示

图 1-12 电压的参考方向

动画

万用表测电压

知识点扩展

万用表测量电压的方法(数字万用表型号为 DT9205)

交直流电压的测量:根据需要将量程开关拨至 DCV(直流)或 ACV(交流)的合适量程,红表笔插入 VΩ 孔,黑表笔插入 COM 孔,如图 1-13(a)所示,并将表笔与被测线路并联(将红、黑表笔直接接在被测元件或支路两端),即可显示电压值,如图 1-13(b)所示,电阻两端电压为 4.92 V。

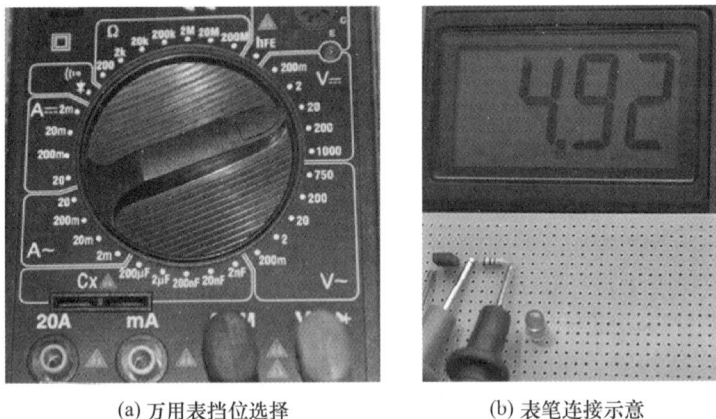

(a) 万用表挡位选择   (b) 表笔连接示意

图 1-13 万用表测量电压

注意:测量 U_{ab}、U_{ba} 时,红表笔与黑表笔所接位置不同。

电 动 势

在电路中,要维持电流的不断流动,就必须有电源的存在。电源的作用是把从高电位端移到低电位端的正电荷通过非电场力(电源力)的作用,又从低电位端搬回高电位端。电动势就是用来衡量电源这种将正电荷从电源负极(通过电源内部)搬到电源正极的能力大小的物理量。图 1-14 所示是常见的电源外形。

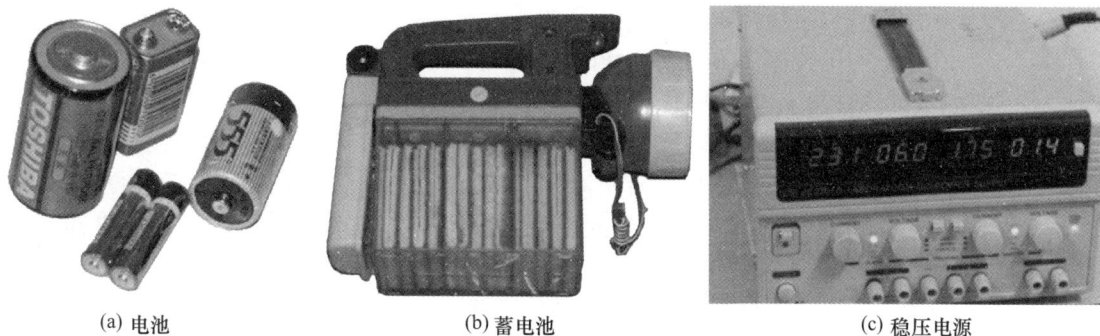

(a) 电池   (b) 蓄电池   (c) 稳压电源

图 1-14　常见的电源外形

图 1-15 所示为电场力与电源力做功示意图。蓄电池外部的电路称为外电路,蓄电池内部的电路称为内电路。在外电路中,电场力(F_1)将正电荷从高电位点(点 a)移动到低电位点(点 b),电场力对正电荷做正功,正电荷将电能传送给了白炽灯而自身失去能量。当正电荷移动到低电位端后又在电源力(F_2)的作用下通过电源内部移动到高电位端,正电荷又获得了能量。如此不断循环,使电路获得源源不断的电流。

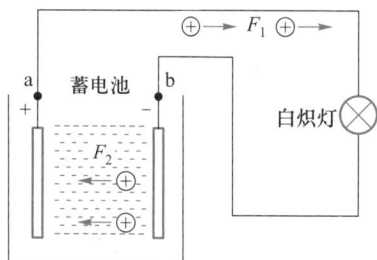

图 1-15　电场力与电源力做功示意图

可见,电路系统实际上就是一个能量转换的系统,电荷通过电源内部(内电路)时获得电能,而通过外电路时又将电能输送给外电路中的负载。

电源的电动势在量值上等于电源将单位正电荷从电源的低电位端通过电源内部搬到高电位端所做的功。

结论:电动势的单位和电位、电压的单位完全一致。它们具有相同的量纲,但是却有本质的区别。电动势是一个描述电源的物理量,针对一个电源而言,它可以离开电路独立存在;而电压是电路中的一个变量,在所处的电路中随电路参数的变化而变化。

3. 功率

一个电路中有电源也有负载,电路能实现特定的能量、信号的转换。为了描述电路中各部分消耗电能或提供电能的速度,引入一个新概念——电功率。

单位时间内电能的变化率称为电功率,简称为功率,用符号 p 表示,其数学定义可表示为

$$p = \frac{dW}{dt} \tag{1-2}$$

在电路分析中,通常更关注功率与电流、电压之间的关系。为了便于分析与计算,往往把一段(或一部分)电路的电流与电压的参考方向取得一致,这样所取的电压、电流参考方向称为关联参考方向。可推导此时这段电路的功率为

$$p = ui \tag{1-3}$$

式(1-3)为交流电路功率计算公式。在直流电路中,由于电压与电流均是恒定的,因此功率计算公式可以写为

$$P = UI \tag{1-4}$$

可见,对于一个元件、一段电路、一条支路或者一个一端口网络,其消耗或发生的功率

等于作用在其上电压与电流的乘积。

在电压与电流参考方向相关联的条件下,若计算结果 $p>0$,说明这部分电路在消耗功率;若计算结果 $p<0$,说明这部分电路实际在发出功率。

实际上,在电流与电压的参考方向相关联的情况下,若 $p>0$,说明电流或正电荷的实际移动方向与实际的电压方向相同,电流或正电荷是从高电位端向低电位端移动,电场力做正功,结果是电荷将自身的能量传递给电流通路的电路元件,因此电路在消耗电能。

反之,若 $p<0$,说明电流或正电荷的实际移动方向与实际的电压方向相反,电流或正电荷是从低电位端向高电位端移动,电源力(非电场力)做正功,结果是电荷自身的能量增加,因此电路在释放电能。

当电压与电流的参考方向不一致时,若计算结果 $p>0$,说明这部分电路实际在发出功率;若计算结果 $p<0$,说明这部分电路实际在吸收功率。

在实际计算时,为了方便记忆和计算,一般总是取电压与电流的参考方向相关联。

在国际单位制中,功率的单位是瓦特(W),1 瓦特就是每秒做功或消耗能量 1 焦耳,即 $1\ W=1\ J/s$。工程上常用的功率单位还有兆瓦(MW)、千瓦(kW)和毫瓦(mW)等,它们之间的换算关系如下:

$$1\ MW=10^6\ W,\quad 1\ kW=10^3\ W,\quad 1\ mW=10^{-3}\ W$$

在配电电路中,经常会看到一种功率的计量装置,即功率表,其用于记录单位时间的电能(功率)。

有了功率的概念,再来讨论实际应用中的电器(电路元件)的额定值问题。电器的额定值是制造厂家为了保证安全、正常使用电器而给出的电压、电流或功率的限制数值。

例如,一只白炽灯上标明 220 V、60 W,则表示这只白炽灯接 220 V 电压时,消耗的功率为 60 W,此时白炽灯工作正常。若接到 380 V 电压上,则属于不安全使用,白炽灯将被烧坏。若接到 110 V 电压上,也是不正常使用,此时白炽灯消耗的功率小于 60 W,会比较暗。

[例 1-1]   试求图 1-16 中各一端口网络的功率。

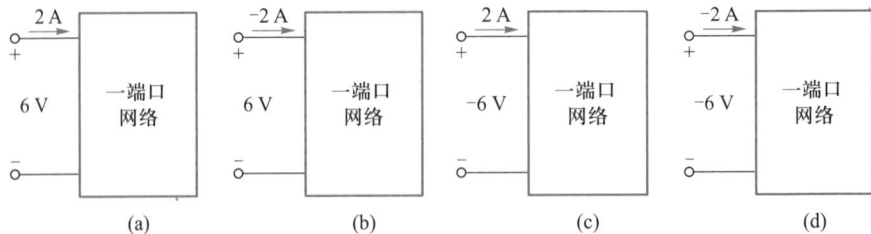

图 1-16   例 1-1 图

解:图 1-16 所示电路中电流与电压的参考方向相关联。图中各一端口网络可以是一个电路元件,也可以是一部分电路。

图 1-16(a)中,$P=UI=6\ V\times2\ A=12\ W>0$,因此一端口网络总体在消耗电能。

图 1-16(b)中,$P=UI=6\ V\times(-2\ A)=-12\ W<0$,因此一端口网络总体在释放电能。

图 1-16(c)中,$P = UI = (-6 \text{ V}) \times 2 \text{ A} = -12 \text{ W} < 0$,因此一端口网络总体在释放电能。

图 1-16(d)中,$P = UI = (-6 \text{ V}) \times (-2 \text{ A}) = 12 \text{ W} > 0$,因此一端口网络总体在消耗电能。

一端口网络有可能由较多的电路元件构成,有的电路元件在吸收电能,而有的电路元件则可能在释放电能,这里的"总体"是指电路元件吸收的电能与释放的电能相互抵消以后的"净"功率。

[例 1-2]   试求图 1-17(a)所示电路中各电路元件上的功率与电路的总功率。

解:图 1-17(a)中,电路 abc 是一条分支,分支中有两个电路元件,即一个电阻和一个理想电源。电阻在电路中是消耗电能的电路元件;而电源一般情况下向外输送电能,个别情况也可以是电流向电源充电,例如蓄电池充电,这种情况下电源消耗电能而成为一个负载。

图 1-17(a)中,电流与电压的参考方向相关联,可以把这条分支看成是一个整体,用一个一端口网络来替代,则图 1-17(a)所示电路可以转化为图 1-17(b)所示电路。

该一端口网络的功率为

$$P_{ac} = UI = 4 \text{ V} \times (-3 \text{ A}) = -12 \text{ W} < 0$$

在电压与电流的参考方向相关联前提下,$P_{ac} < 0$ 说明该一端口网络实际上在发出电功率,这一点也可以通过对分支上每一个电路元件功率的计算来说明。

图 1-17(a)中,每个电路元件上电压与电流的参考方向也相关联,此时电路中各电路元件的功率为

$$P_R = U_R I = I^2 R = (-3 \text{ A})^2 \times 2 \text{ Ω} = 18 \text{ W} > 0$$
$$P_S = U_S I = 10 \text{ V} \times (-3 \text{ A}) = -30 \text{ W} < 0$$

$P_R > 0$,说明电阻在消耗电能。事实上,电路中的电阻在电流不等于 0 的情况下,都要消耗电能,因此电阻也被称为耗能元件。

$P_S < 0$,说明电源没有消耗电能,反而向它以外的电路提供(发出)了 30 W 的功率。

对该一端口网络中的两个电路元件而言,电源在单位时间内发出了 30 W 的功率,电阻在单位时间内消耗了 18 W 的功率,总体上该一端口网络还有 12 W 的功率输出,这与前面对图 1-17(b)计算的结果是相符的。

1.1.3 电路元件

1. 电阻的基本知识

电荷在导体中定向移动形成电流,电荷在移动过程中相互之间以及与其他微粒发生碰撞,表现出对电荷移动的阻碍作用,这种性质称为电阻。通常人们讲某个电路元件是电阻,实际上有两层含义,其一是指该电路元件具有电阻的性质,其二则是指该电路元件本身是一个电阻器。

电荷定向移动碰撞其他微粒时要消耗自身的电能,导致其他微粒的热运动加速,使导体本身发热和温度升高。因此电路中电阻的存在往往伴随有能量的损失,这种现象称为电阻的电流热效应。

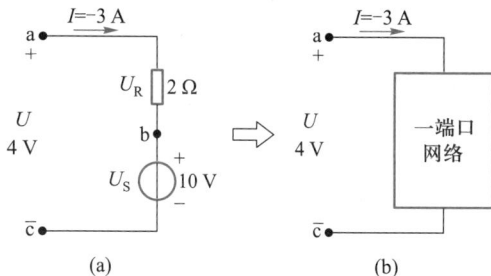

图 1-17   例 1-2 图

拓展阅读

新技术——电工超导技术

PPT 课件

电路元件

微课

电阻元件及功率

电阻的英文为 resistance,通常用缩写 R 来表示,它是导体的一种基本性质。不同的材料、尺寸和温度的导体对电流的阻碍作用不同,可以利用材料的这种性质制成各种各样的电阻器。例如,日常生活中使用的电炉,其发热丝就是用导体绕制而成的电阻器,电炉直接利用电阻的电流热效应来工作。电阻对电流的阻碍作用是可以量化的,在国际单位制中,电阻的单位是欧姆,用符号 Ω 表示。

动画

电阻的定义

一段导体的电阻大小与导体本身的长度成正比,与截面积成反比,并与导体材料性质有关。材质均匀一致的导体,其电阻的数学表达式为

$$R = \rho \frac{L}{S} \tag{1-5}$$

式(1-5)也称为电阻定律。若电阻 R 的单位为 Ω,导体长度 L 的单位为 m,导体截面积 S 的单位为 m^2,则电阻率 ρ 的单位为 $\Omega \cdot m$。

实际的电阻器在工作中还会表现出比较微弱的电磁现象,如产生磁场等。人们突出实际电阻器对电流的阻碍作用,即在其内部进行着把电能转换成热能等不可逆过程的这一主要特征,忽略其一些次要特征,这样就可把实际的电阻器抽象为一种理想的电路元件,即电阻元件,其符号如图 1-18 所示,电阻实物如图 1-19 所示。

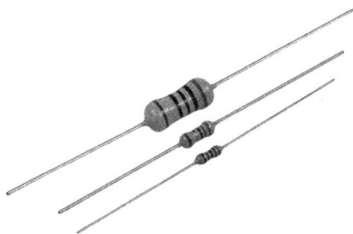

R

图 1-18　电阻元件的符号

图 1-19　电阻实物

在实际应用中,白炽灯、电烙铁等电热电器,它们是通过消耗电能而发热或发光的,在电路模型中都可以用电阻元件来表示。其他常见的电阻实物如图 1-20 所示。

电阻的种类有很多,通常分为三大类:固定电阻、可变电阻和特种电阻。在电子产品中,以固定电阻应用最多。

电阻 R 的单位用 Ω 表示,在实际应用中,还有 $k\Omega$(千欧)和 $M\Omega$(兆欧),它们之间的换算关系如下:

$$1\ M\Omega = 1\ 000\ k\Omega = 1\ 000 \times 10^3\ \Omega$$

电导(G)是导体材料对电流阻碍作用的另一种描述方式,与电阻的本质一样,也是

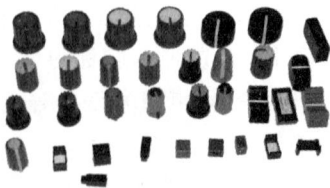

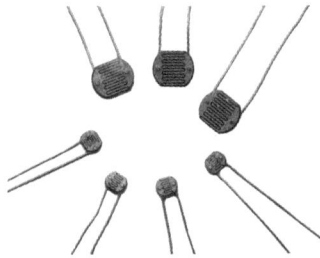

(a) 贴片电阻　　　　　　　　(b) 电位器旋钮　　　　　　　　(c) 光敏电阻

(d) 湿敏电阻

图 1-20　其他常见的电阻实物

由导体的性质决定的。G 是 R 的倒数,单位为西门子(S)。显然,G 越大,导体对电流的阻碍作用越小。在分析电路时,有时采用电导更方便。

2. 电容的基本知识

电容是电容器的简称,顾名思义,电容器就是"容纳电荷的容器",它是一种储存能量的元件,简称为储能元件,电容符号如图 1-21 所示。电容器品种繁多,但它们的基本结构和原理是相同的。不同的电容器储存电荷的能力不同,在电路中的作用也不同。图 1-22 展示了两种电容的实物照片。

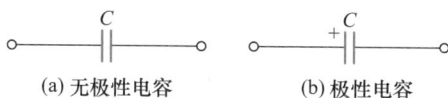

(a) 无极性电容　　　　**(b) 极性电容**

图 1-21　电容符号

(a) 瓷片电容(无极性)　　　　**(b) 电解电容(有极性)**

图 1-22　两种电容的实物照片

电容的英文为 capacitance,通常用缩写 C 来表示。同电阻一样,电容的电容量是可以量化的,电容量大小与电容的结构和介电常数有关。两块平行放置的金属极板中间填充绝缘介质就构成一个简单的平板电容,对于平板电容的电容量数学计算式为

$$C = \frac{\varepsilon S}{d} \tag{1-6}$$

式中,电容 C 与介电常数 ε 成正比,与两金属极板的正对面积 S 成正比,与两金属极板间的距离 d 成反比。若电容 C 的单位为 F,面积 S 的单位为 m^2,距离 d 的单位为 m,那么介电常数 ε 的单位为 F/m。

C 不但表示电容,同时也表示电容的电容量。

电容容纳的电荷量 q 与两极板间电压 u 之间的关系要受到电容量 C 的约束,它们

动画

电容的特性

之间的关系为

$$q = Cu \qquad (1-7)$$

或

$$C = \frac{q}{u}$$

在国际单位制中,电容的单位为法拉,简称法(F),在实际电路中通常用毫法(mF)、微法(μF)、纳法(nF)、皮法(pF)来描述电容量,它们的换算关系为

$$1\,F = 10^3\,mF = 10^6\,\mu F = 10^9\,nF = 10^{12}\,pF$$

当电容两极板间的电压发生变化时,根据电容的特点可知,电容上存储的电荷量也发生变化,而电荷量的变化必定伴随着电荷的定向移动,这就形成了电流,有

$$i = \frac{\mathrm{d}q}{\mathrm{d}t} \qquad (1-8)$$

在电容两端电压 u 与流过电流 i 为关联参考方向的前提下,式(1-8)可以写成

$$i = C\frac{\mathrm{d}u_{\mathrm{C}}}{\mathrm{d}t}$$

它表明,只有当电容两端电压发生变化时,电容中才有电流通过,因此,电容称为动态元件。当 $i>0$ 时,电容上的电荷量和电压都将增加,这就是电容充电的过程;当 $i<0$ 时,电容上的电荷量和电压都将减小,这就是电容的放电过程。

在直流电路中,当电路达到稳定状态,即电路中电流与电压不再发生变化时,电容两端电压保持不变,因而通过电容的电流为零,相当于电容所在的支路断开,这种情况又称为开路。可见,电容在直流稳态电路中起"隔直",即隔断直流的作用。

3. 电感的基本知识

电感器简称为电感,英文为 inductance,但通常用 L 表示,这是为了纪念俄国物理学家楞次(Lenz,Heinrich Friedrich Emil)。电感和电容一样,也是一种储能元件,它能把电能转变为磁场能,并在磁场中储存能量。

小小的收音机上就有不少电感,如图 1-23 所示。电感几乎都是用漆包线绕成的空心线圈或在骨架磁芯、铁心上绕制而成的,如天线线圈(它是用漆包线在磁棒上绕制而成的)、中频变压器(俗称中周)、输入输出变压器等。

工矿企业中大量使用的电动机、发电机等电机,它们的主要部件是用导线绕制而成的,因此它们在电路中就表现出电感的性质。

在电路模型中,电感的符号如图 1-24 所示。与电容相同,L 不但表示电感,同时也表示电感的电感量。图 1-25 是常见的电感元件实物照片。

实验表明,当电感线圈的结构确定后,通过电感线圈的磁链(Ψ)正比于通过电感线圈的电流(i);把磁链(Ψ)与电流(i)的比值称为电感线圈的电感量(简称为电感),并用符号 L 表示,即

$$L = \frac{\Psi}{i} = \frac{N\Phi}{i} \qquad (1-9)$$

在国际单位制中,电感的单位是亨利(H),此外还有毫亨(mH)和微亨(μH),它们之间的换算关系为

动画

电感的特性

图 1-23 收音机中的电感

图 1-24 电感的符号

(a) 磁棒绕线电感

(b) 色环电感

图 1-25 常见的电感元件实物照片

$$1\ \text{H} = 10^3\ \text{mH} = 10^6\ \mu\text{H}$$

根据电磁感应定律,当通过电感线圈的磁通(Φ)或者磁链(Ψ)发生变化时,就会在电感线圈两端感应出感应电动势,感应电动势的大小与磁通或磁链的变化率成正比,方向则始终要阻碍原磁通或磁链的变化,感应电压与磁通的参考方向符合右手螺旋定则,如图 1-26 所示。

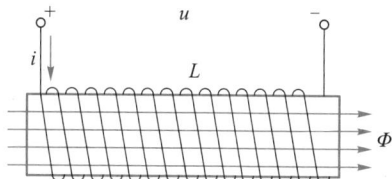

图 1-26 感应电压与磁通的
参考方向

$$u = \frac{\mathrm{d}\Psi}{\mathrm{d}t} = N\frac{\mathrm{d}\Phi}{\mathrm{d}t} \qquad (1-10)$$

当通过电感线圈的电压、电流取关联参考方向时,$\Psi = Li$,有

$$u = L\frac{\mathrm{d}i}{\mathrm{d}t} \qquad (1-11)$$

电感线圈的这种特性说明,在任一瞬间,电感线圈两端的电压大小与该瞬间电流的变化率成正比,而与该瞬间的电流大小无关;即使电流很大,但不变化,则两端的电压依然为零;反之,电流为零时,电压不一定为零。

由于只有通过电感线圈的电流发生变化时,电感线圈两端才会出现电压,因此电感元件也称为动态元件,这一点与电容元件类似(只有当电容两端电压发生变化时才会有电流通过电容)。

在直流电路中,当电路稳定后,由于电流的大小是恒定的,所以电感线圈两端产生的感应电压等于零,若忽略电感线圈本身的内阻,则电感在直流电路中相当于短路。

PPT 课件

电源

微课

独立电压源

电感在直流稳态电路中相当于一条导线,即电感具有"通直"的特性。

1.1.4　电源

任何一个电路都离不开电源,电源是电路中产生电流的动力。在生活中,人们也接触过各种各样的电源,如干电池、稳压电源、各种信号源以及日常生活中的交流电源等。

1. 独立电压源

独立电压源是指其对外特性由电源本身的参数决定,而不受电源之外的其他参数控制。

小 提 示

当手电筒中的干电池是新电池的时候,手电筒很亮,用了一段时间后就慢慢地变暗了,这是为什么呢? 原因在于干电池内部存在内阻,随着使用时间的增加,其内阻不断增大,使得流过整个电路的电流下降,手电筒中的白炽灯也就随着变暗。

任何一种电源的内部都存在电阻,由于这种电阻存在于电源的内部,因此也称其为内阻;有的电源内阻大,有的电源内阻则相对较小。在日常生活中,经常会遇到以下一些情况,这正是电源内部存在内阻的表现。

情况一:电源工作一段时间后,各种充电器、变压器、稳压电源等的表面就变热发烫。因为电源在向外输送电能的同时,电源内阻也在不断消耗电能而使电源发热。

情况二:在晚上的用电高峰期时,家庭中使用的照明灯(特别是白炽灯)的亮度会下降。其原因是随着电源输出电流的增加,在电源内阻和线路上损失的电压过大而导致输出电压下降。

(1)实际电源的电压源模型

电源存在内阻,电源的输出电压随着输出电流的增加而减小。电源的这种特点可以通过对图 1-27 进行分析来理解。

图 1-27 所示为一个实际电源等效后的电压源模型,该图中 U_S 是一个定值电压,其大小等于实际电源的电动势;R_S 表示电源的内阻;I 表示电源输出的电流;而 ab 间电压 U 则表示该电源的实际输出电压,其大小可以用数学公式表示为

$$U = U_S - IR_S \tag{1-12}$$

在图 1-28 所示电路中,将开关 S 拨到"1"位置,即实际电源不接负载,这种情况称为开路(或称为断路)。电路开路时,输出电流 $I = 0$,此时电源内阻上的电压损失为零,实际电源的输出电压等于电源电动势,即

$$U = U_S$$

当开关 S 拨到"2"位置,实际电源被短路时,输出电压等于零,输出电流达到最大值,此时的电流称为短路电流,其大小为

$$I_S = \frac{U_S}{R_S}$$

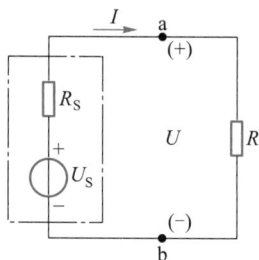

图 1-27　实际电压源模型

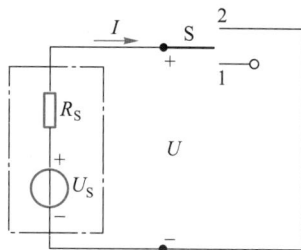

图 1-28　实际电源的开路与短路

（2）理想电压源模型

电源内阻的存在会造成电源工作时内部发热（消耗电能）和输出电压下降，因此总是希望电源内阻越小越好。事实上，电源内阻也是衡量电源性能的重要指标之一。

所谓理想电压源是指电源内阻等于零（即 $R_S = 0$）的电压源。理想电压源的电路模型如图 1-29（a）所示。

实际电源的输出电压 U 与输出电流 I 之间的关系称为电源的外特性。理想电压源外特性表达为

$$U = U_S$$

可见，其输出电压 U 是一个与输出电流 I 和外接负载无关的定值，大小等于电源的电动势。由于理想电压源的输出电压是一个常数，因此也称其为恒压源。其外特性曲线如图 1-29（b）所示，是一条与电流轴平行的水平线。实际电源的外特性曲线是什么样的？

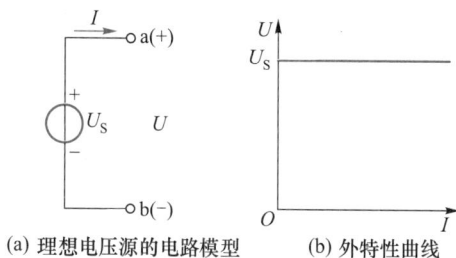

(a) 理想电压源的电路模型　　(b) 外特性曲线

图 1-29　理想电压源及其外特性曲线

在实际生活中理想电压源是不存在的，电压源或多或少存在一定的内阻。讨论恒压源的意义在于现实生活中有些电源的内阻相对负载电阻要小得多，在这种情况下，往往将这样的实际电源近似地看成理想电压源而忽略其内阻的存在，这样做有时可以简化电路的分析过程，同时又不影响分析计算的精度要求。

人们在实验室经常使用稳压电源，它的电路模型就可以认为是理想电压源模型。干电池不是理想电压源，但当干电池外接的电阻 $R \gg R_S$（R_S 为干电池内阻）时，也可以近似地把它当作理想电压源来处理。当实际电源的内阻不能忽略时，它的电路模型就可以看成是理想电压源与电阻的串联。

［例 1-3］　在图 1-30 所示电路中，当开关 S 置于位置"1"时，测得电压为 12 V；当开关 S 置于位置"2"时，测得电流为 4 A，试求实际电源的电动势 U_S 和内阻 R_S。

解：电压表的内阻可以看成是无穷大，因此开关置于位置"1"时，电路处在开路状态，此时电压表的读数就是电源的电动势，即

$$U_S = 12 \text{ V}$$

根据式（1-12）也可以证明以上结果，即

$$U = U_S - IR_S = U_S - \frac{U_S}{R_S + \infty} R_S = U_S - 0 = 12 \text{ V}$$

电流表的内阻很小，可以近似看成是零，因此在计算时可以忽略电流表的存在，即

$$I = \frac{U_s}{R_s + R} = \frac{12\ \text{V}}{R_s + 2\ \Omega} = 4\ \text{A}$$

所以有

$$R_s = \left(\frac{12}{4} - 2 \right)\ \Omega = 1\ \Omega$$

（3）电源的功率

电源作为电路中的一个元件，一般情况下总是充当电路的能量源，即电源输出功率；但是在一定的条件下电源也会成为一个吸收电能的"负载"，日常生活中对各种蓄电池进行充电就是一个典型例子。

当电源两端电压与电流参考方向相关联时，它与其他元件一样，当其功率 $p > 0$ 时，表示电源在吸收电能；当其功率 $p < 0$ 时，表示电源在输出电能。

[例 1-4]　试求图 1-31 所示电路中各电源上的功率。

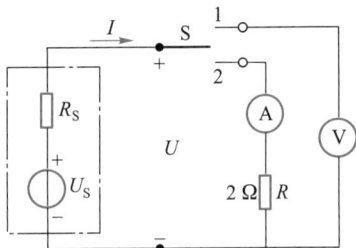

图 1-30　例 1-3 图

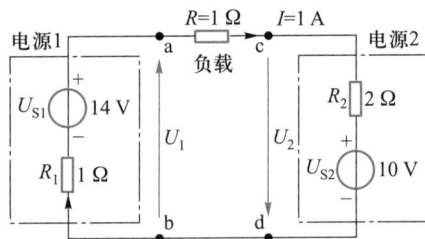

图 1-31　例 1-4 图

解：图 1-31 所示电路中有两个实际电源，该图中各电源的电压与电流参考方向相关联，功率计算如下：

对于电源 1 的功率 P_1 计算为

$$P_1 = IU_1 = I(IR_1 - U_{S1}) = 1 \times (1 \times 1 - 14)\ \text{W} = -13\ \text{W} < 0$$

对于电源 2 的功率 P_2 计算为

$$P_2 = IU_2 = I(IR_2 + U_{S2}) = 1 \times (1 \times 2 + 10)\ \text{W} = 12\ \text{W} > 0$$

$P_1 < 0$，说明电源 1 在向外输送电能；$P_2 > 0$，说明电源 2 在吸收电能，若实际电源 2 是蓄电池，则说明该蓄电池正在进行充电，这时该蓄电池实际上成了电路中的一个负载。

2. 独立电流源

在电路分析中，除通常用电压源模型来表示实际电源以外，还可以将实际电源表示为另一种模型，即电流源模型。

将电压源的输出电压与输出电流之间存在的关系重写为

$$U = U_s - IR_s$$

从上式可以得出电压源的输出电流为

$$I = \frac{U_s - U}{R_s}$$

令 $I_s = U_s / R_s$，则上式可以写成以下形式：

$$I = I_s - \frac{U}{R_s} \tag{1-13}$$

微课

独立电流源

可以用一个等效电路来表示式(1-13)这种关系,如图 1-32 所示。

对电阻 R 而言,还可以把电源看成是一个电流为 I_S 的恒流源和一个内阻 R_S 并联的电路,这就是实际电源的电流源模型,I_S 上的箭头方向表示电流的方向。

当负载开路,即输出电流 $I=0$ 时,端口电压 $U=I_SR_S$;当负载短路,即 $U=0$ 时,$I=I_S$。

图 1-32   实际电流源模型

当内阻 $R_S=\infty$ 时,$I=I_S$,是一恒定值,此时 $U=I_SR$,U 只与恒流源电流和负载有关。这种电流源称为理想电流源。当 $R_S \gg R$ 时,电源也可当作恒流源处理,电路模型如图 1-33(a)所示。图 1-33(b)所示为理想电流源的外特性曲线。

3. 负载获取最大功率的条件

在电子技术和信息系统里,常常会遇到负载如何从电源获得最大功率的问题。如果负载想获得最大功率,就必须同时获得比较大的电压与电流。

电压源与负载的连接电路如图 1-34 所示。电源的电动势为 U_S,内阻为 R_S,负载为可调电阻 R,则负载 R 获得的功率为

$$P=I^2R=\frac{U_S^2R}{(R+R_S)^2} \tag{1-14}$$

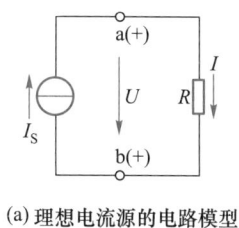

(a) 理想电流源的电路模型   (b) 外特性曲线

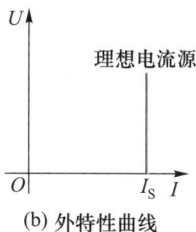

图 1-33   理想电流源电路

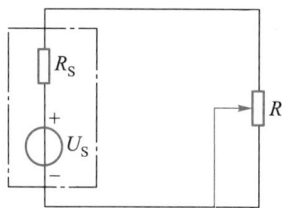

图 1-34   电源与负载的连接电路

可以用数学求极大值的方法对式(1-14)的最大值进行求解(其推导过程省略),可得负载获得最大功率时的条件和功率计算公式如下。

负载获得最大功率时的条件为

$$R=R_S$$

负载获得最大功率时的功率计算公式为

$$P=P_{max}=\frac{U_S^2}{4R_S} \tag{1-15}$$

可见,当负载电阻等于电源内阻时,负载上获得最大功率。在工程上,把满足最大功率的条件称为阻抗匹配。

小 提 示

当负载获得最大功率时,电源内阻也消耗了同样多的功率,这在供电系统中是不允许的。也就是说,发电机、电池等不能在本身内阻与负载电阻相近的情况下工作,负载电阻应远远大于电源内阻。

阻抗匹配的概念在实际应用中比较常见。如在有线电视接收系统中,由于同轴电缆的阻抗为 75 Ω,为了保证能获得最大功率传输,应要求电视机的输入阻抗也为 75 Ω。有时很难保证负载电阻与电源内阻相等,为实现阻抗匹配就需要进行阻抗变换,常用的有变压器和射极输出器等。

[例 1-5] 一电源的开路电压为 15 V,内阻为 2 Ω,求负载分别为 1 Ω、2 Ω、3 Ω、4 Ω 时,负载所获得的功率。

解:负载功率的计算公式如下:

$$P = I^2 R = \frac{U_S^2 R}{(R + R_S)^2}$$

当负载 $R = 1$ Ω 时

$$P = 25 \text{ W}$$

当负载 $R = 2$ Ω 时

$$P = 28.125 \text{ W}$$

当负载 $R = 3$ Ω 时

$$P = 27 \text{ W}$$

当负载 $R = 4$ Ω 时

$$P = 25 \text{ W}$$

可见,当电阻等于 2 Ω 时负载上消耗的功率最大,小于或大于 2 Ω 时负载上消耗的功率都有所变小。

1.2 电路的基本定律

电路理论主要研究电路中发生的电磁现象,用电流 i、电压 u 和功率 p 等物理量来描述其中的过程。因为电路是由电路元件构成的,因而整个电路的表现如何既要看电路元件的连接方式,又要看每个电路元件的性质,这就决定了电路中各支路电流、电压要受到两种基本规律的约束,即:

① 电路元件性质的约束。这种约束关系也称为电路元件的伏安关系(VCR),它仅与电路元件的性质有关,与电路元件在电路中的连接方式无关。

② 电路连接方式的约束(亦称拓扑约束)。这种约束关系则与构成电路的电路元件的性质无关。基尔霍夫电流定律(KCL)和基尔霍夫电压定律(KVL)是概括这种约束关系的基本定律。

掌握电路的基本规律是分析电路的基础,下面分别介绍电路分析中常用的两类基本定律。

PPT 课件

欧姆定律

1.2.1 欧姆定律

欧姆定律(Ohm's Law)是描述电阻上电压与电流约束关系的一条最重要的定律,它是电路分析中很重要的工具之一。欧姆定律揭示了电阻元件的伏安特性,伏安特性与电阻元件本身的性质有关,仅取决于电阻元件本身。

欧姆定律表述如下:在电路中,流过电阻的电流与电阻两端的电压成正比,而与电阻的阻值成反比。

在实际电路中,当电阻 R 上的电压 U 和电流 I 的参考方向一致时,欧姆定律的数学表达式为

$$I=\frac{U}{R}=UG \tag{1-16}$$

当电压和电流的参考方向不一致时,欧姆定律的数学表达式为

$$I=-\frac{U}{R}=-UG \tag{1-17}$$

练习

列出图 1-35 所示电路的欧姆定律的数学表达式,并求电阻 R 各为多少。

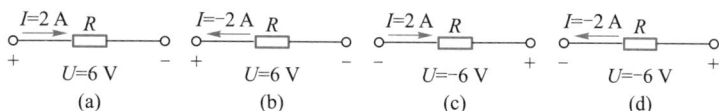

图 1-35　欧姆定律练习

1.2.2　基尔霍夫定律

1. 与电路结构相关的术语

支路:一般来讲,电路中流过同一电流的通路称为支路。接有电源的支路称为含源支路,没有电源的支路称为无源支路。

节点:三条或三条以上支路的连接点称为节点。

回路:电路中的任何闭合路径都称为回路。只有一个回路的电路称为单回路电路。

网孔:内部不含支路的回路称为网孔回路,简称为网孔。

网络:原指支路较多的电路,现与电路互称,含义相同。

2. 基尔霍夫电流定律

基尔霍夫电流定律(简写为 KCL)是指在电路中,对任何节点或闭合面来说,流入节点或闭合面的电流恒等于流出节点或闭合面的电流。

在电路中,如果将流入节点的电流取正,流出节点的电流取负,则基尔霍夫电流定律的数学表达式为

$$\sum I=0 \quad 或 \quad \sum I_{\text{in}}=\sum I_{\text{out}} \tag{1-18}$$

式(1-18)称为节点电流方程或 KCL 方程。如图 1-36 所示电路中,节点 a、c 的 KCL 方程列出如下:

对于节点 a,有

$$I_1+I_3-I_2=0 \quad 或 \quad I_1+I_3=I_2$$

对于节点 c,有

$$I_2-I_1-I_3=0 \quad 或 \quad I_2=I_1+I_3$$

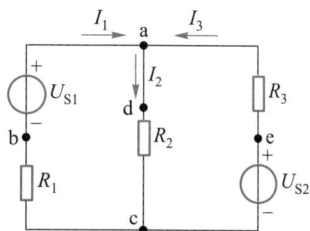

图 1-36　KCL 电路

小　提　示

基尔霍夫电流定律是针对任一瞬间电流而言的,瞬间电流就是电流的瞬时值。

显然,无论对直流还是交流,甚至对动态电路的瞬时值,基尔霍夫电流定律都是成立的。但是对非瞬时值就不一定成立了,例如对交流电流的有效值就不成立。

电流是由于电荷的移动而产生的,对电路中任意一个节点或一个闭合面,电荷在任何情况下都不会堆积,因此有多少电荷(电流)流入一个节点(或一个闭合面),就会有多少电荷(电流)流出,这实际上体现了电流的连续性。

KCL 的推广:对任意闭合面而言,流入该闭合面的电流恒等于流出该闭合面的电流。

例如,在图 1-37 所示的电路中,对于由 R_1、R_2、R_3 构成的闭合面,其 KCL 方程为

$$I_1+I_3-I_2=0$$

图 1-37　KCL 推广

KCL 的应用:在图 1-38 所示电路闭合面中,与此闭合面相交的支路只有一条,若该支路的电流不为零,则意味着电路中出现了电荷的堆积,这与电路的特性是相违背的,因此该支路电流一定为零。

3. 基尔霍夫电压定律

基尔霍夫电压定律(简写为 KVL)是指任意时刻,在任意闭合回路中,沿任意环形方向,回路中电压的代数和恒等于零。

基尔霍夫电压定律的数学表达式为

$$\sum U=0 \qquad\qquad (1-19)$$

式(1-19)称为回路电压方程或 KVL 方程。要建立 KVL 方程,可参照如下步骤:

① 确定回路的绕行方向(顺时针或逆时针)。

② 确定每条支路电流的参考方向。

③ 沿绕行方向确定回路上电路元件(除电源外)两端电压的参考方向,一般情况下可取电压参考方向与电流参考方向相关联。

④ 确定电源电压的方向。如果电源电压的方向与回路绕行方向一致,则取正号,相反则取负号;也可以沿绕行方向,如果先碰到电源的正极就取正,先碰到负极就取负。

将图 1-39 所示电路中各电阻上的电压参考方向与电流参考方向取得一致,电压源 U_{S1}、U_{S2} 的电压方向直接取得与实际方向相同,各回路的绕行方向取为顺时针方向,则可以列出 KVL 方程如下:

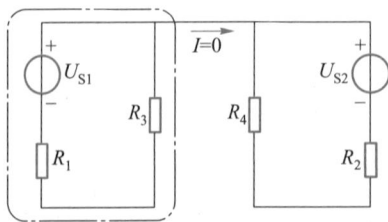

图 1-38　KCL 应用

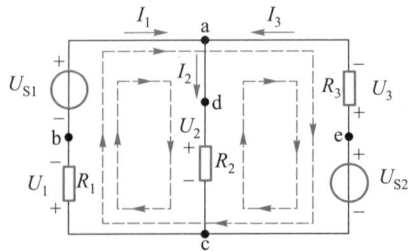

图 1-39　KVL 电路

对于回路 adcba,有

$$U_2+U_1-U_{S1}=0 \qquad\qquad (1-20)$$

或

$$I_2 R_2 + I_1 R_1 - U_{S1} = 0$$

对于回路 aecda，有

$$-U_3 + U_{S2} - U_2 = 0 \tag{1-21}$$

或

$$-I_3 R_3 + U_{S2} - I_2 R_2 = 0$$

对于回路 aecba，有

$$-U_3 + U_{S2} + U_1 - U_{S1} = 0 \tag{1-22}$$

或

$$-I_3 R_3 + U_{S2} + I_1 R_1 - U_{S1} = 0$$

KVL 的推广：对任意假想的闭合回路或部分电路成立。

例如，在图 1-40 所示电路中，U_S 为电源电压，R_S 为电源内阻，a、b 为与电源相连的外电路的两点。不管外电路怎样连接，都能列出 KVL 方程。

设 U_S、R_S 支路与 a、b 两点右边电路构成如虚线所示假想回路，a、b 两点间的电压为 U_{ab}，取回路绕行方向为顺时针方向，则 KVL 方程为

$$U_{ab} + IR_S - U_S = 0$$

或

$$U_{ab} = U_S - IR_S$$

KVL 是电路能量守恒的一种体现，正电荷从电路中的某一点开始，经过电路又回到同一位置时，正电荷的能量不会发生变化。

小　提　示

两个基尔霍夫定律在电路分析中有着很重要的意义。与欧姆定律一样，基尔霍夫定律也具有普遍意义，适合由任意电路元件组成的电路，适合任意变化的电流与电压。

［例 1-6］　在图 1-41 所示电路中，试求电流 I_1 和 I_2。

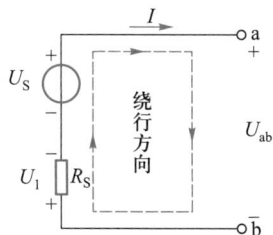

图 1-40　KVL 推广　　　图 1-41　例 1-6 图

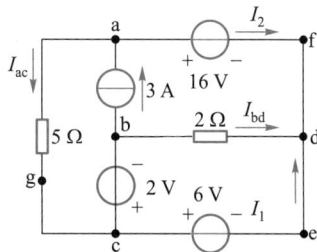

解：对于 agcedfa 回路（逆时针方向），列出 KVL 方程有

$$U_{ac} + 6\ V - 16\ V = 0$$

得

$$U_{ac} = 10\ V$$

则

$$I_{ac} = \frac{U_{ac}}{5\ \Omega} = \frac{10}{5}\ A = 2\ A$$

对于节点 a,列出 KCL 方程有

$$3\ A = I_{ac} + I_2$$

得电流 I_2 为

$$I_2 = 3\ A - I_{ac} = (3-2)\ A = 1\ A$$

对于 bdecb 回路(顺时针方向),列出 KVL 方程有

$$U_{bd} - 6\ V + 2\ V = 0$$

得

$$U_{bd} = (6-2)\ V = 4\ V$$

则

$$I_{bd} = \frac{U_{bd}}{2\ \Omega} = \frac{4}{2}\ A = 2\ A$$

对于节点 d,列出 KCL 方程有

$$I_2 + I_{bd} + I_1 = 0$$

得电流 I_1 为

$$I_1 = -I_2 - I_{bd} = (-1-2)\ A = -3\ A$$

1.3 电路的分析方法

指针式万用表的常用型号为 MF47,其实物及内部电路如图 1-42 所示,可供测量交直流电流、交直流电压、电阻等,具有 26 个基本量程和电平、电容、电感、晶体管直流参数等 7 个附加参考量程,是适合于电子仪器、无线电通信、电工、工厂、实验室等广泛使用的万用电表。

图 1-42 MF47 型万用表实物及内部电路

MF47 型万用表测量原理等效电路如图 1-43 所示,图中"+"为红表笔插孔,"−"为

黑表笔插孔,根据并联电阻分流、串联电阻分压原理,可以改变电流、电压测流范围,测量直流电流和电压。那么,电阻并联和串联是什么样?分流和分压的原理是什么?能否自己制作一个简易电流表或电压表?

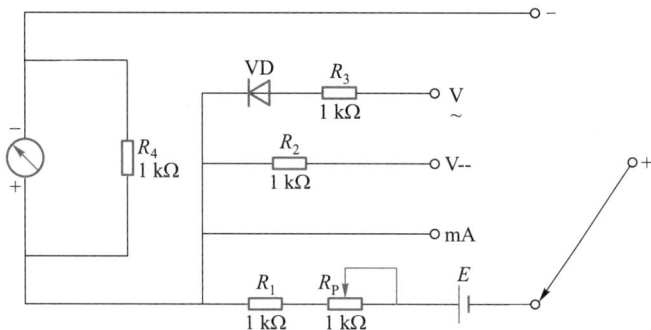

图 1-43　MF47 型万用表测量原理等效电路

1.3.1　电阻的串联、并联及等效

1. 电阻的串联

几个电阻首尾相连,各电阻流过同一电流的连接方式称为电阻的串联,电阻串联电路如图 1-44(a)所示,R_1、R_2、R_3 构成串联电阻。

(a) 串联电路　　**(b) 等效电路**

图 1-44　电阻串联电路及其等效电路

电阻串联电路的特点如下:

(1) 电阻串联电路中,流过支路的电流处处相等,即

$$I_1 = I_2 = \cdots = I_n \tag{1-23}$$

(2) 电阻串联电路两端的等效电阻等于各电阻之和,即

$$R = R_1 + R_2 + \cdots \tag{1-24}$$

等效电路如图 1-44(b)所示。

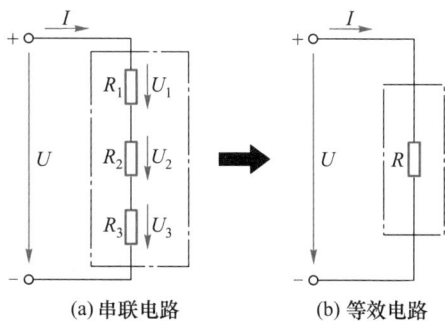

小 提 示

等效是指对外电路的等效,即等效前后电路的外特性不发生任何变化。

(3) 电阻串联电路的端口电压等于各电阻上电压之和,即

$$U = U_1 + U_2 + \cdots \tag{1-25}$$

(4) 电阻串联电路中各电阻上电压与其阻值成正比,即

$$U_1 = \frac{R_1}{R}U, \quad U_2 = \frac{R_2}{R}U, \quad \cdots \tag{1-26}$$

(5) 电阻串联电路中电阻吸收的总功率等各电阻吸收功率之和,即

$$P = P_1 + P_2 + \cdots = R_1 I^2 + R_2 I^2 + \cdots = R I^2 \tag{1-27}$$

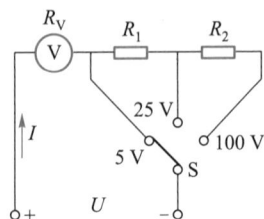

[例 1-7]　电路如图 1-45 所示,欲将量程为 5 V、内阻为 10 kΩ 的电压表改装成 5 V、25 V、100 V 的多量程电压表,求所需串联电阻的阻值。

解:由原量程为 5 V、内阻为 10 kΩ 可知,表头中允许通过的电流为

$$I = \frac{U_V}{R_V} = \frac{5}{10 \times 10^3} \text{ A} = 0.5 \text{ mA}$$

图 1-45　例 1-7 图

设 25 V 量程需串联电阻 R_1,100 V 量程需再串联电阻 R_2,那么,对 25 V 量程来说,分压电阻 R_1 为

$$R_1 = \frac{U_{R_1}}{I} = \frac{25-5}{0.5 \times 10^{-3}} \text{ Ω} = 40 \text{ kΩ}$$

同理,对 100 V 量程的分压电阻 R_2 有

$$R_2 = \frac{U_{R_2}}{I} = \frac{100-25}{0.5 \times 10^{-3}} \text{ Ω} = 150 \text{ kΩ}$$

做一做

图 1-46 所示为电热毯及其电路示意图,R_0 是电热毯中的电阻丝,R 是电热毯中与电阻丝串联的电阻,S 是控制电热毯处于加热状态或保温状态的开关。当开关 S 断开时,电热毯是处于加热状态还是保温状态?

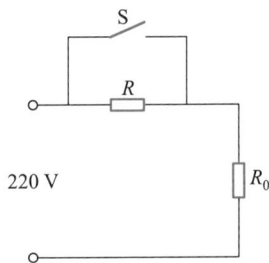

(a)　　　　　　　　(b)

图 1-46　电热毯及其电路示意图

动画
电阻并联电路的特点

动画
电阻的并联

2. 电阻的并联

几个电阻首尾分别相连,而且各电阻处于同一电压下的连接方式,称为电阻的并联,电阻并联电路如图 1-47(a)所示,R_1、R_2、R_3 构成并联电阻。

电阻并联电路的特点如下:

(1)电阻并联电路中,各支路的端电压相等,即

$$U_1 = U_2 = \cdots \tag{1-28}$$

(2)电阻并联电路的等效电导等于各支路电导之和,即

$$G = G_1 + G_2 + \cdots \tag{1-29}$$

或

$$\frac{1}{R} = \frac{1}{R_1} + \frac{1}{R_2} + \cdots$$

等效电路如图 1-47(b)所示。

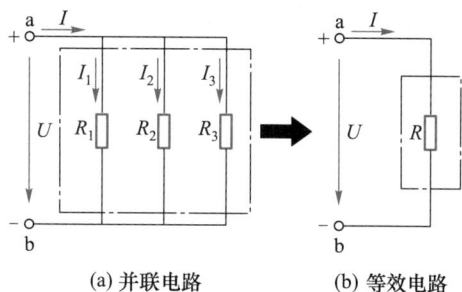

(a) 并联电路   (b) 等效电路

图 1-47 电阻并联电路及其等效电路

（3）电阻并联电路的总电流等于各支路电流之和，即

$$I = I_1 + I_2 + \cdots \tag{1-30}$$

（4）电阻并联电路中各电阻流过的电流与其电导值成正比，而与其阻值成反比，即

$$I_1 = \frac{G_1}{G} I, \quad I_2 = \frac{G_2}{G} I, \quad \cdots \tag{1-31}$$

$$\frac{I_1}{I_2} = \frac{R_2}{R_1}$$

（5）电阻并联电路中电导吸收的总功率等于各电导吸收功率之和，即

$$P = P_1 + P_2 + \cdots = G_1 U^2 + G_2 U^2 + \cdots = G U^2 \tag{1-32}$$

或

$$P = P_1 + P_2 + \cdots = \frac{U^2}{R_1} + \frac{U^2}{R_2} + \cdots = \frac{U^2}{R}$$

[例 1-8] 电路如图 1-48 所示，电阻为 1 800 Ω、满偏电流为 100 μA 的表头，改装成量程为 1 mA 的电流表，求并联的分流电阻值。

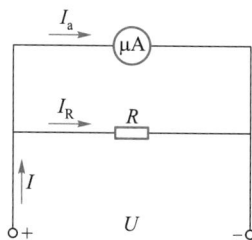

图 1-48 例 1-8 图

解：因为表头满偏电流为 $I_a = 100$ μA，内阻为 $R_a = 1\ 800$ Ω，要求改装后量程为 1 mA，则流过分流电阻 R 的电流为

$$I_R = I - I_a = (1 - 0.1)\ \text{mA} = 0.9\ \text{mA} = 900\ \mu\text{A}$$

由于并联电阻两端电压相同，因此有

$$I_a R_a = I_R R$$

因此，并联分流电阻为

$$R = \frac{I_a}{I_R} R_a = \frac{100}{900} \times 1\ 800\ \Omega = 200\ \Omega$$

例 1-8 说明,一个原来量程只有 0.1 mA 的表头,在并联一个 200 Ω 的电阻后就可以用来测量最大不超过 1 mA 的电流,即表头量程扩大为原来的 10 倍。

3. 电阻的混联

当电路中的电阻既有串联又有并联时,应该如何简化?

电阻既有串联又有并联的电路称为混联电路。对此类电路进行简化的方法是将串联部分、并联部分分别求其等效电阻,直到将原电路简化为一个电阻元件。在熟悉了电阻串联、并联电路特点的基础上,就能比较方便地分析这类复杂的混联电路。

[例 1-9]   求图 1-49(a)所示电路中的总电流 I。

解:在图 1-49(a)中,电阻之间的连接关系不能一目了然,因此根据各电阻连接的特点将其改画为图 1-49(b)所示电路。图 1-49(b)比较明显地反映了各电阻之间的连接关系。

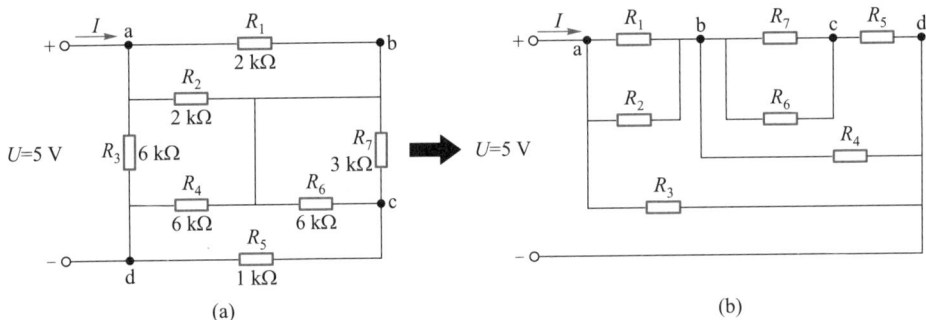

图 1-49   例 1-9 图

回路总电阻计算如下:

$$R = [R_1 /\!/ R_2 + (R_7 /\!/ R_6 + R_5) /\!/ R_4] /\!/ R_3$$

其中

$$R_1 /\!/ R_2 = \frac{R_1 R_2}{R_1 + R_2} = \frac{2 \times 2}{2 + 2} \text{ k}\Omega = 1 \text{ k}\Omega$$

$$R_7 /\!/ R_6 = \frac{R_7 R_6}{R_7 + R_6} = \frac{3 \times 6}{3 + 6} \text{ k}\Omega = 2 \text{ k}\Omega$$

$$(R_7 /\!/ R_6 + R_5) /\!/ R_4 = \frac{(2 + 1) \times 6}{(2 + 1) + 6} \text{ k}\Omega = 2 \text{ k}\Omega$$

因此有

$$R = [R_1 /\!/ R_2 + (R_7 /\!/ R_6 + R_5) /\!/ R_4] /\!/ R_3 = \frac{(2 + 1) \times 6}{(2 + 1) + 6} \text{ k}\Omega = 2 \text{ k}\Omega$$

总电流为

$$I = \frac{U}{R} = \frac{5 \text{ V}}{2 \text{ k}\Omega} = 2.5 \text{ mA}$$

总结:在分析电阻混联电路时,如果电阻之间的连接关系不是很清晰,可以先标出电路中各个节点,弄清各电阻与节点之间的关系,再将电路改画成串并联关系相对比较清晰的电路,这样分析时就不容易出错。

知识点扩展

直流单臂电桥的使用与分析

直流单臂电桥又称惠斯通电桥,用于精确测量 $1\sim10$ MΩ 的中阻值电阻,具有内附指零仪和电池盒,其外形如图 1-50 所示。直流单臂电桥简易电路原理图如图 1-51 所示,由电阻 R_1、R_2、R_3 和待测电阻 R 构成四个桥臂,对角线 a、c 两端接电源,b、d 两端接检流计,当电桥检流计指示值为零时,即意味着 b、d 两点同电位,R_1 与 R 串联,R_2 与 R_3 串联,然后三者再并联,此时根据其中三个臂的电阻,就可以计算出另一个桥臂的未知电阻 R。

图 1-50 直流单臂电桥外形

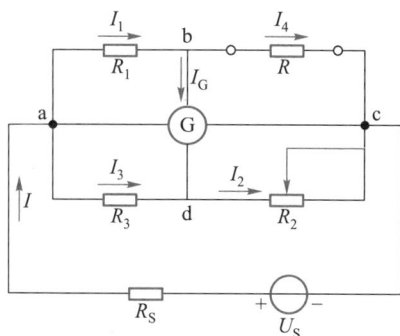

图 1-51 直流单臂电桥简易电路原理图

1.3.2 电阻的星形、三角形联结及其等效变换

电阻常见的连接形式还有星形联结和三角形联结。这两种形式广泛应用于供电系统和电子技术中。如在电力系统中,三相交流电中的三相负载常采用星形或三角形联结,供给市民和工厂用电的低压供电系统中采用的是星形联结;在通信电路中用于滤掉干扰信号的 Π 形滤波电路就是采用三角形联结。

图 1-52 电阻的星形联结

在图 1-52(a)、(b)中,三个电阻 R_a、R_b、R_c 的一端一起连到点 O 上,另一端分别与外电路的三个端点 a、b、c(此三点电位可能不同)相连,这种连接方式称为星形联结。星形联结也可写成 Y 形联结。

而三角形联结则是把三个电阻 R_{ab}、R_{ca}、R_{bc} 依次连成一个闭合回路,然后三个连接点再分别与外电路连接于三个点 a、b、c(此三点电位不同),如图 1-53(a)、(b)所示。三角形联结也可写成 △ 形联结或 Π 形联结。

在电路分析时,有时为了分析和计算的方便,需要将星形联结的电阻和三角形联结的电阻进行等效变换,如图 1-54 所示。这种电路的电阻之间既非串联又非并联,显

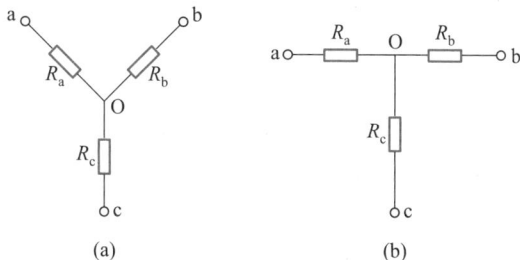

PPT 课件

电阻的星形、三角形联结及其等效变换

微课

电阻的星形、三角形联结及其等效变换

然不能采用简单的串并联关系来进行等效变换。

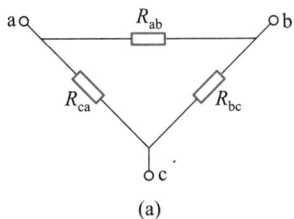

图 1-53   电阻的三角形联结

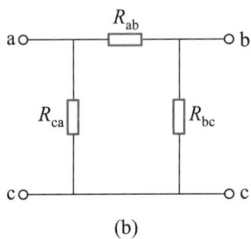

图 1-54   电阻星形和三角形联结的等效变换

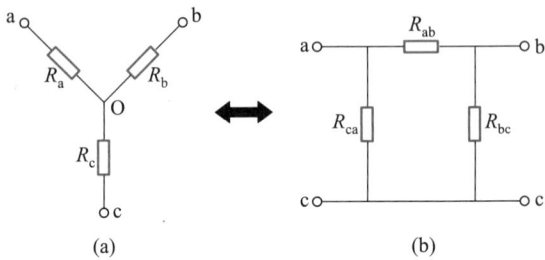

等效的原则依然是等效前后对外部电路不发生任何影响。将这一原则用于星形、三角形联结电路之间的等效变换时,具体的内容应当是,在两种不同的连接方式中对应一个端子悬空的情况下,若剩余两个端子间的电阻值相等,则它们就等效。根据以上原则,可以推导出等效变换的公式。

电阻的三角形联结等效变换为星形联结时,其变换公式为

$$\begin{cases} R_a = \dfrac{R_{ab}R_{ca}}{R_{ab}+R_{bc}+R_{ca}} \\[2mm] R_b = \dfrac{R_{ab}R_{bc}}{R_{ab}+R_{bc}+R_{ca}} \\[2mm] R_c = \dfrac{R_{bc}R_{ca}}{R_{ab}+R_{bc}+R_{ca}} \end{cases} \tag{1-33}$$

反之,电阻的星形联结等效变换为三角形联结时,其变换公式为

$$R_{ab} = R_a + R_b + \frac{R_a R_b}{R_c}$$

$$R_{bc} = R_b + R_c + \frac{R_b R_c}{R_a}$$

$$R_{ca} = R_c + R_a + \frac{R_c R_a}{R_b}$$

小 提 示

（1）若三角形联结的三个电阻阻值相等,用 $R_\triangle$ 表示,则变换后的星形联结的三个电阻阻值也相等,用 R_Y 表示,它们之间的关系为

$$R_Y = \frac{R_\triangle}{3}$$

（2）若星形联结的三个电阻阻值相等,则变换后的三角形联结的三个电阻阻值也相等,它们之间的关系为

$$R_\triangle = 3R_Y$$

（3）在进行电阻星形、三角形联结的等效变换时,与外部电路相连的三个端子之间的对应位置绝对不能改变,否则变换是不等效的。

[例 1-10]   桥式电路如图 1-55(a)所示,试求电流 I。

解:图 1-55(a)所示桥式电路中的电阻并非串联或并联,而是由两个三角形网络组成,可以将图 1-55(a)中的一个三角形网络(abc)变换为星形联结形式,这样电路就可以简化为图 1-55(b)所示的串并联形式。

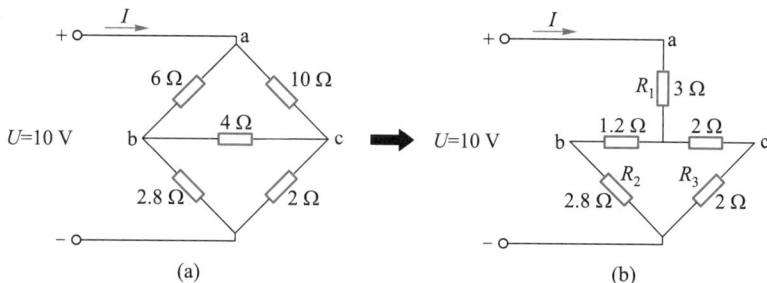

图 1-55   例 1-10 图

将图 1-55(a)中的 6 Ω、10 Ω、4 Ω 三个电阻组成的三角形网络等效变换为星形网络,其等效电阻为

$$R_1 = \frac{6 \times 10}{6+4+10} \ \Omega = 3 \ \Omega$$

$$R_2 = \frac{6 \times 4}{6+4+10} \ \Omega = 1.2 \ \Omega$$

$$R_3 = \frac{4 \times 10}{6+4+10} \ \Omega = 2 \ \Omega$$

利用电阻的串并联关系,可求得所有电阻的等效电阻 R 为

$$R = 3 \ \Omega + \frac{(1.2+2.8) \times (2+2)}{(1.2+2.8)+(2+2)} \ \Omega = 5 \ \Omega$$

可得电路电流为

$$I = \frac{U}{R} = \frac{10}{5} \ \text{A} = 2 \ \text{A}$$

电路的等效变换是有重要意义的,例如分析某个工厂的总体负荷情况时,一般将其等效为电网中的一个负载,而不是去分析每个负载的情况。

1.3.3   独立电源的等效变换

1. 独立电压源与独立电流源的等效变换

同一负载电阻 R 接在两电源模型上,若电阻 R 上的所有效应(电流、电压等)都相同,那么对电阻而言,这两个电源模型是等效的,如图 1-56 所示,根据 $I_a = I_b$ 可得到实际电源的两种模型等效变换的条件为

$$R_a = R_b = R_S, \quad I_S = \frac{U_S}{R_S}$$

或

$$R_a = R_b = R_S, \quad U_S = I_S R_S$$

PPT 课件

独立电源的等效变换

微课

独立电源的等效变换

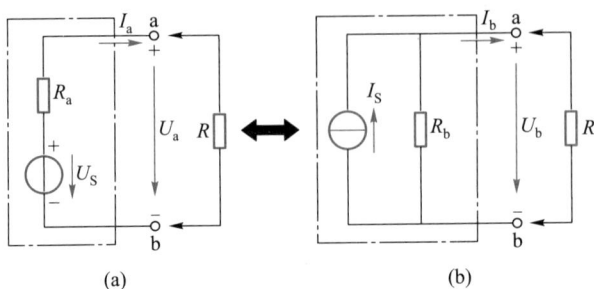

图 1-56　电压源与电流源等效变换

等效变换关系：将一个电动势为 U_S、内阻为 R_S 的实际电压源等效变换为一个实际电流源时，该实际电流源的内阻依然为 R_S，电流为 $I_S = U_S/R_S$。电流源的电流方向与电压源的电动势方向一致。

将一个电流为 I_S、内阻为 R_S 的实际电流源等效变换为一个实际电压源时，该实际电压源的内阻依然为 R_S，电动势为 $U_S = I_S R_S$。电压源的电动势方向与电流源的电流方向一致。

小　提　示

电压源与电流源之间的等效，其前提条件就是电源的内阻 R_S 不为零。恒流源与恒压源不能互换，因为恒压源的内阻为零，而恒流源的内阻为无限大，两种电源的定义本身就是相互矛盾的。

电源的等效是对外电路而言的，并不是说这两个电源本身是相同的，即对内电路并不等效。当外电路开路时，电压源内阻上消耗的电能等于零，而与之等效的电流源内阻上消耗的电能则不等于零。

[例 1-11]　试求图 1-57(a)所示电流源的等效电压源和图 1-57(c)所示电压源的等效电流源。

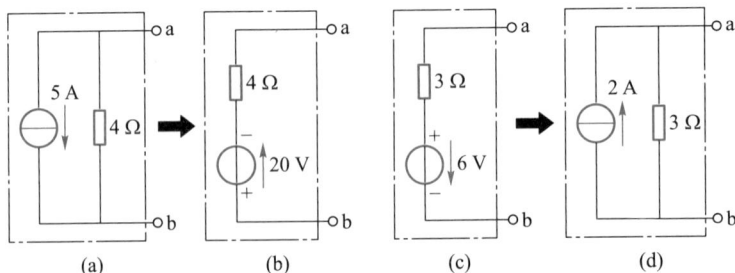

图 1-57　例 1-11 图

解：图 1-57(a)所示为电流源，将其变换为电压源，根据等效变换的原则，电压源的电动势 U_S 和内阻 R_S 分别为

$$U_S = 5 \times 4 \text{ V} = 20 \text{ V}, \quad R_S = 4 \ \Omega$$

即可得其等效电压源如图 1-57(b)所示。

图 1-57(c)所示为电压源，将其等效为电流源，则电流源的电流 I_S 和内阻 R_S 分别为

$$I_S = \frac{6}{3} \text{ A} = 2 \text{ A}, \quad R_S = 3 \text{ Ω}$$

即可得其等效电流源如图 1-57(d)所示。

一般情况下,分析一个电路时并不关心电源的表达方式,而是关心如何使分析过程变得简单高效;而选择一种合适的电源的表达方式通常可以简化电路的分析计算过程,从这个角度来说,掌握电源的等效变换是很有意义的。

电源的等效变换可推广应用到一般电路。例如,当电压源与其他电阻串联组合时,可以将其看成是一个电压源并等效变换为电流源。同样,当一个电流源与其他电阻并联组合时,可视其为一个电流源并等效变换为电压源。

例如在图 1-58(a)所示电路中,点画线框内是一个实际电压源与电阻($R_1 /\!/ R_2$)串联,当计算电阻 R 上的电量时,图 1-58(a)点画线框内部分就可以看成是一个电压源,而将电阻($R_S + R_1 /\!/ R_2$)看成是该电压源的内阻,如图 1-58(b)所示;若有需要,还可以将其等效变换为电流源,如图 1-58(c)所示。

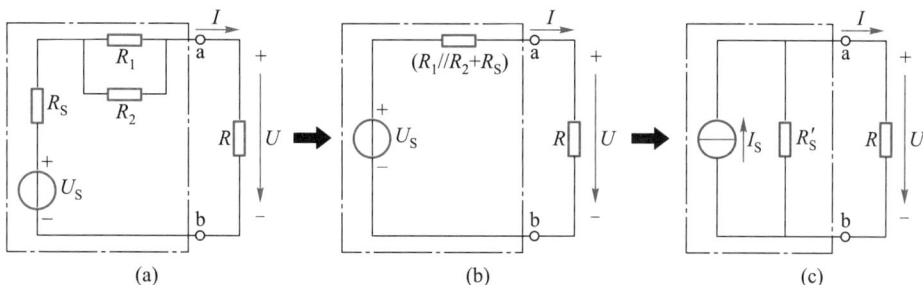

图 1-58　含源电路的等效变换

2. 独立电源的连接组合

在电路分析时,经常会碰到几个电源的组合连接,就如同电路中电阻串并联一样,这时电路该怎么分析? 如果分析的是这些电源以外部分电路的情况,那么此时就可以将这些电源等效或简化为一个电源。

（1）电压源串联的等效

图 1-59(a)所示为三个电压源串联的电路,图 1-59(b)是它们等效后的电压源。根据等效的原则,即等效前后不影响外特性,则有

$$U_a = U_b = U, \quad I_a = I_b = I$$

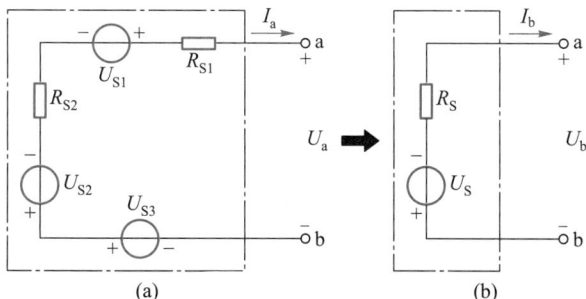

图 1-59　串联电压源的等效

根据 KVL,图 1-59(a)与图 1-59(b)所示电路的端电压应为

$$U_{S1} - U_{S2} + U_{S3} - I(R_{S1} + R_{S2}) = U_S - IR_S$$

得

$$U_S = U_{S1} - U_{S2} + U_{S3}, \quad R_S = R_{S1} + R_{S2}$$

可见,当多个电压源串联时,其等效电压源的电动势和内阻有以下关系:

① 等效电压源的电动势为各电压源电压的代数和,即

$$U_S = U_{S1} + U_{S2} + U_{S3} + \cdots \tag{1-34}$$

② 等效电压源的内阻等于各电压源的内阻相加,即

$$R_S = R_{S1} + R_{S2} + \cdots \tag{1-35}$$

(2)电流源并联的等效

图 1-60(a)所示为三个电流源并联的电路,图 1-60(b)是它们等效后的电流源。

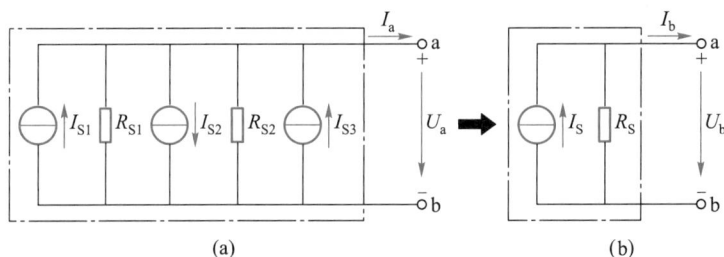

图 1-60　并联电流源的等效

根据等效的原则和基尔霍夫定律,同样可以得到多个电流源并联时,等效电流源的电流与内阻之间的关系如下:

① 等效电流源的电流为各电流源电流的代数和,即

$$I_S = I_{S1} + I_{S2} + I_{S3} + \cdots \tag{1-36}$$

② 等效电流源的电导等于各电流源的电导相加,即

$$\frac{1}{R_S} = \frac{1}{R_{S1}} + \frac{1}{R_{S2}} + \frac{1}{R_{S3}} + \cdots \tag{1-37}$$

(3)实际电压源并联的等效

当几个实际电压源并联时,可先将电压源等效为电流源,然后再进行电流源合并,简化为一个电流源,若需要时再将电流源等效为电压源。图 1-61 所示反映了这种简化过程。图 1-61(a)为三个实际电压源的并联,图 1-61(b)是将实际电压源等效为电流源以后的电路,图 1-61(c)则是将并联的电流源合并后的电路,而图 1-61(d)则为相应的等效电压源。

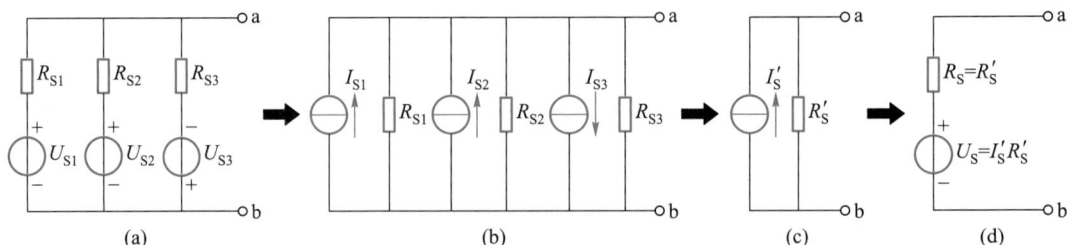

图 1-61　实际电压源并联的等效

图 1-61(c)中,电流源的电流与内阻分别如下:

$$I'_S = I_{S1} + I_{S2} - I_{S3} \qquad (1-38)$$

$$R'_S = R_{S1} // R_{S2} // R_{S3} \qquad (1-39)$$

需要指出,理想电压源只有电压相等、极性相同时才允许并联,并且这种并联对外电路不会产生影响。

(4)实际电流源串联的等效

当几个实际电流源串联时,可先将电流源等效为电压源,然后再进行电压源合并,化简为一个电压源,若需要时再将电压源等效为电流源。图 1-62 是两个实际串联电流源等效为一个电压源或电流源的过程示意图。

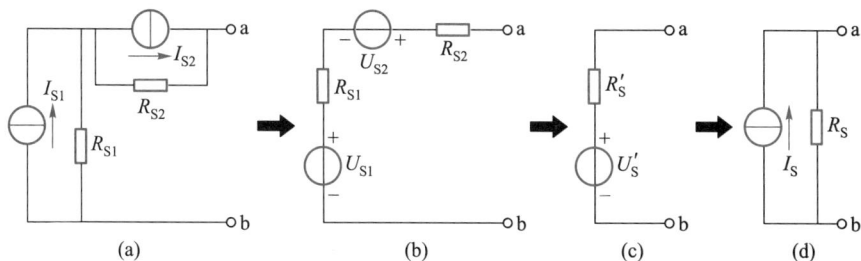

图 1-62   实际电流源串联的等效

同样需要指出,理想电流源只有电流相等、方向一致时才允许串联,并且这种串联对外电路不会产生影响。

(5)电源其他特殊连接的等效

① 理想电压源与任何二端网络(包括电路元件)并联,对外电路而言,这部分电路可以等效为相同的理想电压源,如图 1-63 所示,点画线框内部分电路对外电路而言是等效的。

② 理想电流源与任何二端网络串联,对外电路而言,这部分电路可以等效为相同的理想电流源,如图 1-64 所示,点画线框内部分电路对外电路而言是等效的。

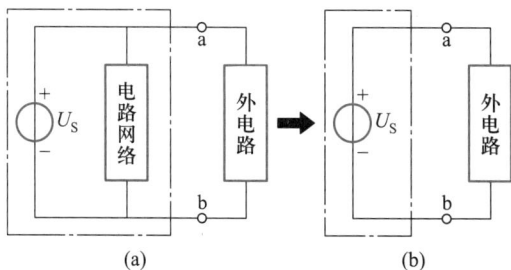

图 1-63   理想电压源与电路网络并联的等效

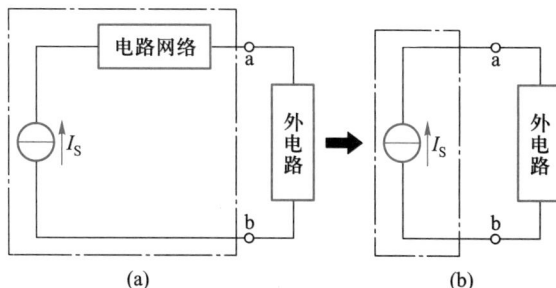

图 1-64   理想电流源与电路网络串联的等效

③ 理想电压源与理想电流源串联,串联电路的电流等于理想电流源的电流,端口电压由外电路决定。

④ 理想电压源与理想电流源并联,并联电路的端口电压等于理想电压源的电动势,输出电流由外电路决定。

利用电压源与电流源的等效变换,可以简化电路的结构,为分析和计算电路带来很大的方便。

[例 1-12]　图 1-65(a)所示为一个电压源与一个理想电流源并联的电路,试将该电路简化成一个电流源。

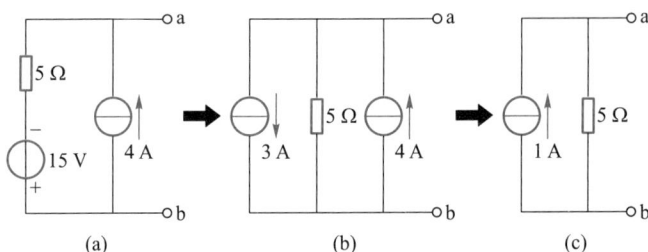

图 1-65　例 1-12 图

解:电路由两个电源构成,为了将这两个电源合并,需要将实际电压源等效为电流源后再与原电流源合并。

简化过程如下:先将电压源等效变换为一个电流为 15 V/5 Ω=3 A、内阻为 5 Ω 的电流源,如图 1-65(b)所示;再将两个理想电流源并联,就得到电流为 1 A、内阻为 5 Ω 的电流源,如图 1-65(c)所示。

[例 1-13]　在图 1-66(a)所示电路中,试求通过电阻 R 的电流 I。

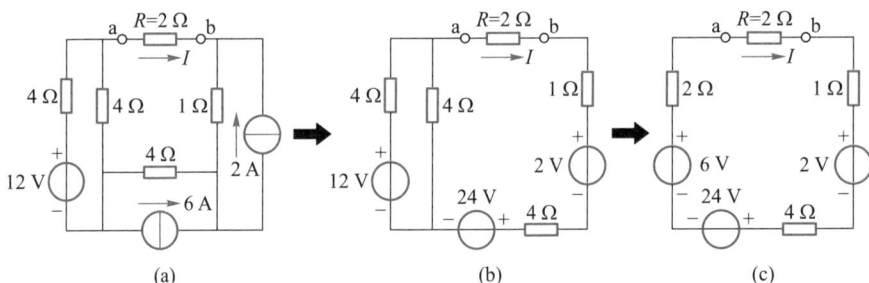

图 1-66　例 1-13 图

实验一

叠加定理的验证实验

解:求取电路中通过电阻 R 的电流,可以将除 R 以外的其他电路通过电源的等效变换,合并为一个电源,这样就可以大大简化电路的计算。

将电路中的两个电流源先等效变换为电压源,如图 1-66(b)所示;然后再将 12 V 电压源等效为电流源,此时出现两个 4 Ω 并联的电阻,合并这两个电阻后再将此电流源等效为电压源,则得到图 1-66(c)所示电路。

求解图 1-66(c)所示电路,根据 KVL 可得

$$2 \text{ Ω} \times I + 2 \text{ Ω} \times I + 1 \text{ Ω} \times I + 2 \text{ V} + 4 \text{ Ω} \times I + 24 \text{ V} - 6 \text{ V} = 0$$

得

$$I = -2.22 \text{ A}$$

PPT 课件

1.3.4　叠加定理

叠加定理

当电路电源的数目不再是一个时,这种电路称为复杂直流电路。此时简单地应用

欧姆定律和各类电阻连接规律已经无法分析电路,因此引入叠加定理、戴维南定理、诺顿定理、支路电流法和节点电压法等方法来帮助分析复杂直流电路。

叠加定理可表述为:在线性电路中,当有多个独立电源同时作用时,在任何一条支路上产生电流或电压,等于各个独立电源单独作用时在该支路上产生的电流或电压的叠加(即代数和)。某一电源单独对电路作用时,其他电源对电路的作用则应视为零。具体的处理办法是:对理想电压源视为短路,对理想电流源视为开路。

应用叠加定理求图 1-67(a)所示电路中流过 R_1 的电流 I_1。

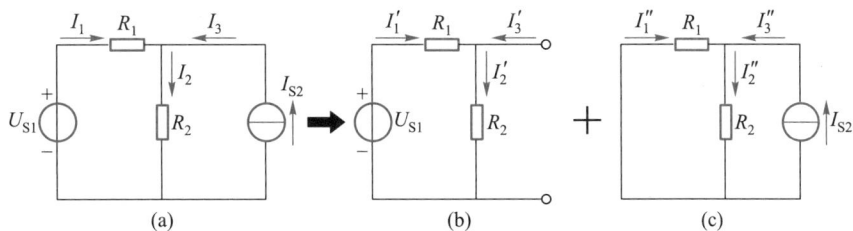

图 1-67　叠加定理

对图 1-67(b)所示电路求解,可得到电压源单独作用时通过 R_1 的电流 I_1',即

$$I_1' = \frac{U_{S1}}{R_1 + R_2}$$

对图 1-67(c)所示电路求解,可得到电流源单独作用时通过 R_1 的电流 I_1'',即

$$I_1'' = -\frac{I_{S2}R_2}{R_1 + R_2}$$

根据叠加定理可知,通过 R_1 的电流 I_1 应为 I_1' 和 I_1'' 的叠加,即代数和,有

$$I_1 = I_1' + I_1'' = \frac{U_{S1}}{R_1 + R_2} - \frac{I_{S2}R_2}{R_1 + R_2}$$

小　提　示

用叠加定理分析电路的步骤实际上就是单个独立电源作用于电路中,求支路电流或电压步骤的重复,故不赘述。应用叠加定理时应注意以下几点:

① 应用叠加定理时,应保持电路结构及电路元件参数不变。当一个独立电源单独作用时,其他独立电源应为零值,即独立电压源应短路,而独立电流源应开路,但均应保留其内阻。

② 在叠加时,应注意总响应是各个响应分量的代数和,因此要考虑总响应与各个分响应的参考方向或参考极性。凡与总响应的取向一致的,叠加时取"+"号,反之取"-"号。

③ 应用叠加定理分析含受控电源的电路时,不能把受控电源和独立电源同样对待。因为受控电源不是激励,只能当成一般电路元件将其保留。

④ 叠加定理只适用于求解线性电路中的电压和电流,而不能用来计算电路的功率,因为功率与电流或电压之间不是线性关系,而是平方关系。

[例 1-14]　用叠加定理求图 1-68(a)所示电路中的 I_1 和 U。

解:因图 1-68(a)中独立电源数目较多,每一个独立电源单独作用一次,需要做四次计算,比较麻烦,故可采用独立电源"分组"作用的办法求解。

两个电压源同时作用时,可将两电流源开路,如图 1-68(b)所示,有

$$I_1' = \frac{12+6}{3+6} \text{ A} = 2 \text{ A}$$

$$U' = I_1' \times 6 \text{ Ω} - 6 \text{ V} = (2 \times 6 - 6) \text{ V} = 6 \text{ V}$$

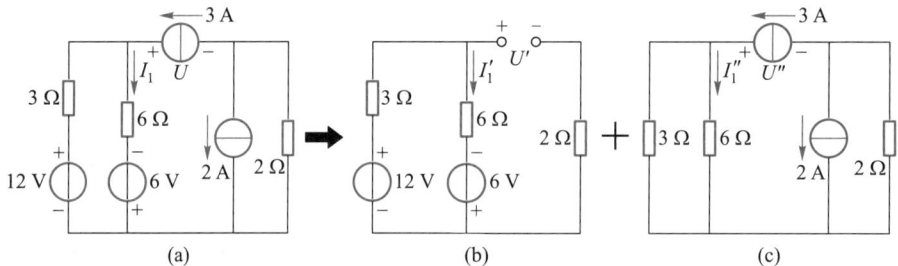

图 1-68　例 1-14 图

两个电流源同时作用时,可将两电压源短路,如图 1-68(c)所示。由于 2 A 电流源单独作用时,3 A 电流源开路,使得中间回路断开,故 I_1'' 仅由 3 A 电流源决定,所以有

$$I_1'' = \frac{3 \times 3}{3+6} \text{ A} = 1 \text{ A}$$

$$U'' = I_1'' \times 6 \text{ Ω} + 2 \times (3+2) \text{ V} = 16 \text{ V}$$

所以电源共同作用时的电流与电压分别为

$$I_1 = I_1' + I_1'' = (2+1) \text{ A} = 3 \text{ A}, \quad U = U' + U'' = (6+16) \text{ V} = 22 \text{ V}$$

PPT 课件　　1.3.5　戴维南定理和诺顿定理

戴维南定理和诺
顿定理

1. 戴维南定理

任何一个线性含源网络,如果仅研究其中一条支路的电压和电流,则可将电路的其余部分看作一个有源二端网络(或称为含源一端口网络)。被测有源二端网络如图 1-69(a)所示,用开路电压法、短路电流法测定戴维南等效电路的 U_{oc} 和 R_0,可将图 1-69(a)所示的二端网络等效为图 1-69(b)。

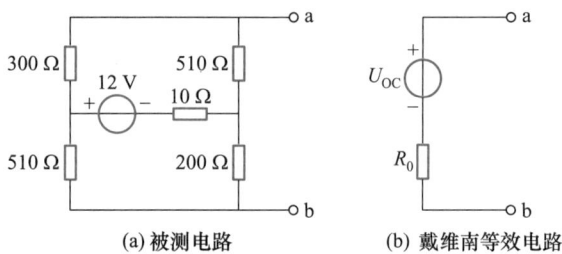

(a) 被测电路　　(b) 戴维南等效电路

图 1-69　戴维南定理电路

戴维南定理指出,任何一个线性有源网络,总可以用一个等效电压源来代替,此电压源的电动势 U_S 等于这个有源二端网络的开路电压 U_{oc},其等效内阻 R_S 等于该网络中所有独立电源均置零(理想电压源视为短路,理想电流源视为开路)时的等效电阻 R_0。

在有源二端网络输出端开路时,用电压表直接测其输出端的开路电压 U_{oc},然后再将其输出端短路,用电流表测其短路电流 I_{sc},则内阻为

$$R_0 = \frac{U_{oc}}{I_{sc}} \tag{1-40}$$

在独立电源的连接组合中,一个有源二端网络,对外电路而言,通过电源的等效变换与组合,最终可以等效为一个实际电压源或者电流源。而戴维南定理和诺顿定理要描述的正是这种等效关系。

(1) 戴维南定理及等效过程

戴维南定理可以表述为,在一个线性有源二端网络中,对外电路而言,总是可以用一个理想电压源与电阻串联构成的实际电压源模型来等效替代,该实际电压源模型的电压等于该电路端口处的开路电压,其串联的电阻(内阻)等于该电路去掉内部独立电源后,从端口处得到的等效电阻(该电阻也称为戴维南电阻)。

小　提　示

去掉内部独立电源的含义是指将线性有源二端网络内部的电压源短路、电流源开路,但须保留它们的内阻。

图 1-70(a)所示为一个有源二端网络通过两个端子 a 和 b 与一个外电路(电阻)相连的电路。这里的外电路指的是有源二端网络以外的电路。图 1-70(b)所示电路中的点画线部分是有源二端网络的等效电压源,等效后对外电路(电阻)上的电流与电压等电路变量而言不会发生任何变化。等效电压源的电压与电阻可以通过戴维南定理求取,下面通过例题来说明等效电压源的求取方法。

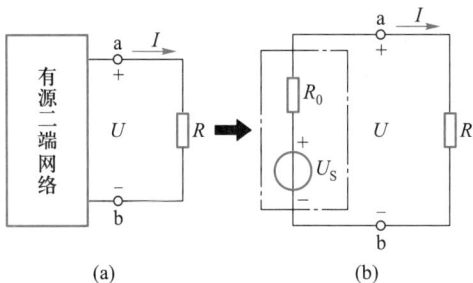

图 1-70　戴维南定理

[**例 1-15**]　用戴维南定理求图 1-71(a)所示电路中的电流 I。已知:$U_{S1} = 4$ V,$R_1 = 4$ Ω,$R_2 = 8$ Ω,$R = 4$ Ω,$I_{S2} = 4$ A。

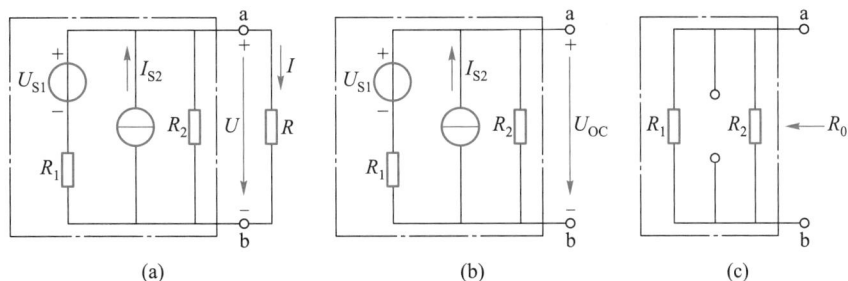

图 1-71　例 1-15 图

解:根据戴维南定理可知,等效电压源的电压等于有源二端网络的开路电压,电阻等于有源二端网络去掉独立电源后的等效电阻。因此需要画出等效电路,即图 1-71(b)、(c)以便求解。

(1) 对图 1-71(b)求开路电压 U_{OC},有(求解过程省略)

$$U_{OC} = 13.33 \text{ V}$$

(2) 对图 1-71(c)求有源二端网络去掉独立电源后的等效电阻 R_0,有

$$R_0 = \frac{R_1 R_2}{R_1 + R_2} = 2.67 \text{ Ω}$$

因此,图 1-71(a) 中点画线部分的有源二端网络最终可以等效为一个电压为 13.33 V、内阻为 2.67 Ω 的电压源,如图 1-72 所示。

因此,电流 I 可以直接通过对图 1-72 进行求解获得,即

$$I = \frac{13.33 \text{ V}}{2.67 \ \Omega + R} = \frac{13.33}{2.67 + 4} \text{ A} = 2 \text{ A}$$

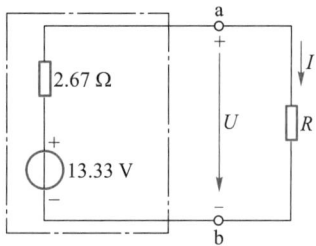

图 1-72   图 1-71(a)
等效电路

在电路分析中,经常会碰到计算电路网络中的某条支路或某个电路元件上电量的问题,此时可考虑采用戴维南定理,将被求支路或者电路元件看成外电路,其余部分看成内电路,并将内电路简化为一个电压源,这样可以大大提高计算的效率。

应用戴维南定理的关键是获取有源二端网络的开路电压(U_{OC})和戴维南电阻(R_0)。参数 U_{OC} 和 R_0 的计算方法如下:

开路电压的求解方法一般有两种,即计算法与实验测量法。

① 计算法是将外电路开路后根据网络的实际情况,适当地选用所学的电阻性网络分析的方法及电源等效变换、叠加定理等求解开路电压。

② 实验测量法是将外电路开路后直接用仪表测量端口处的开路电压。

戴维南电阻的求解方法一般有三种,即计算法、开路/短路法和外加电源法。

① 计算法是去掉网络内部独立电源(转化为无源网络)后,用电阻串并联简化和 Y-△ 变换等方法求解端口的等效电阻。

② 开路/短路法是先通过求解开路电压 U_{OC},然后将端口短路求解短路电流 I_{OC},再通过计算公式求解,即

$$R_0 = \frac{U_{\mathrm{OC}}}{I_{\mathrm{OC}}} \tag{1-41}$$

③ 外加电源法是将有源二端网络变为无源网络后,在端口处外加电压 U,然后求解端口电流 I,再通过计算公式求解,即

$$R_0 = \frac{U}{I} \tag{1-42}$$

应当指出,当电路中含有受控电源时,戴维南电阻的求解只能用开路/短路法和外加电源法,且同叠加定理一样,受控电源要按电阻对待,即去掉独立电源时,受控电源与电阻一样保留。

(2)用戴维南定理分析电路的步骤

用戴维南定理分析电路的步骤归纳如下:

① 根据题意选择合适的电路分别作为内电路和外电路,将外电路从电路中移开,保留有源二端网络;选择合适的方法求解有源二端网络的开路电压。

② 将有源二端网络转化为无源二端网络,选择合适的方法求解该网络的戴维南电阻。

③ 画出等效电路,求解待求电量。

下面举例说明戴维南定理的应用。

[例 1-16]   在图 1-73(a)所示电路中,已知 $R = 2 \ \Omega$,求通过电阻 R 的电流 I。

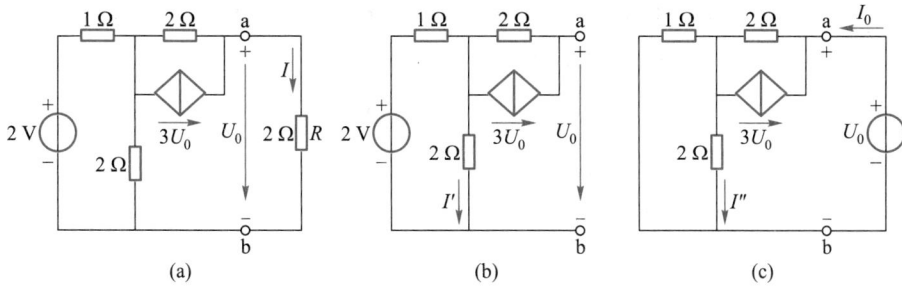

图 1-73　例 1-16 图

解：当端口 ab 开路时，如图 1-73(b)所示，根据 KVL 求解开路电压 $U_0(U_{OC})$，即

$$U_0 = U_{OC} = 2 \times 3U_0 + 2 \ \Omega \times I' = 6U_0 + 2 \times \frac{2}{1+2} \ \text{V} = 6U_0 + \frac{4}{3} \ \text{V}$$

解得 U_0 为

$$U_0 = U_{OC} = -\frac{4}{15} \ \text{V} = -0.267 \ \text{V}$$

由于电路中含有受控电流源，因此采用外加电源法求其戴维南电阻 R_0。设外加电源电压为 U_0，其引起的电流为 I_0，电路如图 1-73(c)所示。为了便于分析，将图 1-73(c)所示电路重画为图 1-74(a)，并将电路中的受控电流源等效为受控电压源，如图 1-74(b)所示。根据 KVL，求解 U_0，即

$$U_0 = 6U_0 + 2I_0 + 2I'' = 6U_0 + 2I_0 + \frac{2}{3}I_0$$

解得

$$R_0 = \frac{U_0}{I_0} = -\frac{8}{15} \ \Omega = -0.53 \ \Omega$$

最终得到戴维南等效电路如图 1-74(c)所示，电路中出现了负电阻，这是含受控电源电路可能出现的现象，属于正常情况。电路中电流 I 为

$$I = -0.182 \ \text{A}$$

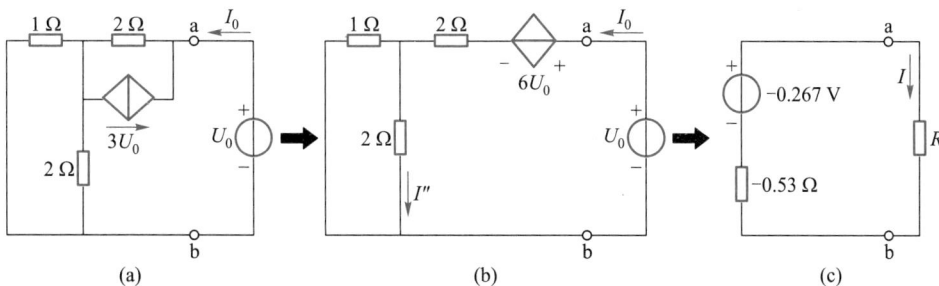

图 1-74　图 1-73 的戴维南电阻和等效电路

2. 诺顿定理

诺顿定理可以表述为，对于任意一个线性有源二端网络，如图 1-75(a)所示，可用一个电流为 I_s 的电流源及内阻 R_s 的并联组合来代替，如图 1-75(b)所示。电流源的

电流 I_S 等于该网络的短路电流 I_{SC},如图 1-75(c)所示,内阻 R_s 等于该网络中所有理想电源置零时从端口看进去的电阻 R_0,如图 1-75(d)所示。

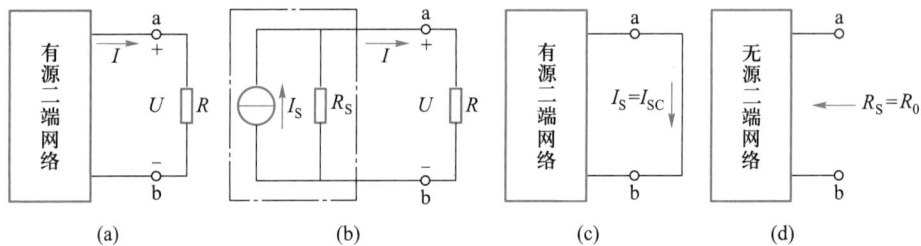

图 1-75   诺顿定理

可见,线性有源二端网络既可以用戴维南定理转化为一个电压源,也可以用诺顿定理转化为一个电流源。

[例 1-17]   在图 1-76(a)所示电路中,若 $R = 6\ \Omega$,试用诺顿定理计算支路电流 I。

解:将待求支路 R 看成外电路,其余部分则是一个有源二端网络。根据诺顿定理求解的要求,画出求解短路电流 I_{SC} 和电阻 R_0 的电路,分别如图 1-76(b)和图 1-76(c)所示。

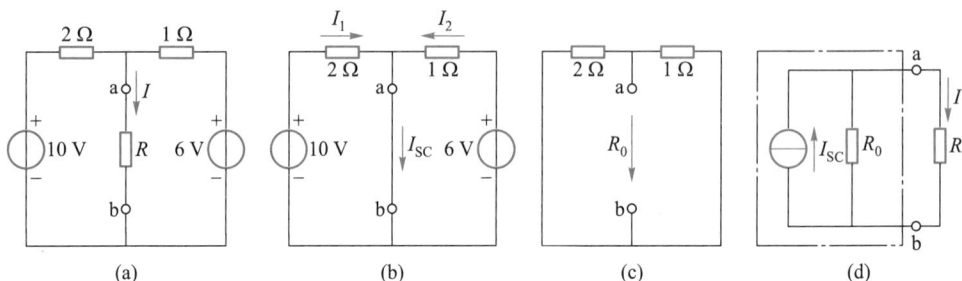

图 1-76   例 1-17 图

(1)求解短路电流 I_{SC},电路如图 1-76(b)所示。

由于 U_{ab} 为零,因此电流 I_1 和 I_2 分别为

$$I_1 = \frac{10}{2}\ A = 5\ A, \quad I_2 = \frac{6}{1}\ A = 6\ A$$

所以短路电流 I_{SC} 为

$$I_{SC} = I_1 + I_2 = (5+6)\ A = 11\ A$$

(2)求解等效电阻 R_0,电路如图 1-76(c)所示,即

$$R_0 = \frac{2 \times 1}{2+1}\ \Omega = \frac{2}{3}\ \Omega$$

(3)画出诺顿等效电路,如图 1-76(d)所示。求解电流 I,即

$$I = \frac{I_{SC} \times R_0}{R_0 + R} = \frac{11 \times 2/3}{2/3 + 6}\ A = 1.1\ A$$

电路中某两端开路时,测得这两端的电压为 5 V;当这两端短接时,通过短路线上的电流是 5 A。当此两端接上 4 Ω 电阻时,通过电阻中的电流应为多少?

1.3.6 支路电流法

PPT 课件

支路电流法

以各支路电流为未知量,应用基尔霍夫定律列出节点电流方程和回路电压方程,解出各支路电流,从而可确定各支路(或各元件)的电压及功率,这种解决电路问题的方法称为支路电流法。对于具有 b 条支路、n 个节点的电路,可列出 $(n-1)$ 个独立的节点电流方程和 $b-(n-1)$ 个独立的回路电压方程。

微课

支路电流法

[例 1-18] 在图 1-77 所示电路中,已知 $E_1 = 42$ V,$E_2 = 21$ V,$R_1 = 12$ Ω,$R_2 = 3$ Ω,$R_3 = 6$ Ω。试求各支路电流 I_1、I_2、I_3。

解:该电路支路数 $b=3$、节点数 $n=2$,所以应列出 1 个节点电流方程和 2 个回路电压方程(按照 $\sum RI = \sum E$,列出回路电压方程),有

$$I_1 = I_2 + I_3 \qquad (任一节点)$$
$$R_1 I_1 + R_2 I_2 = E_1 + E_2 \qquad (网孔 1)$$
$$R_3 I_3 - R_2 I_2 = -E_2 \qquad (网孔 2)$$

代入已知数据,解得 $I_1 = 4$ A, $I_2 = 5$ A, $I_3 = -1$ A。

电流 I_1 与 I_2 均为正数,表明它们的实际方向与图中所标定的参考方向相同;I_3 为负数,表明它的实际方向与图中所标定的参考方向相反。

1.3.7 节点电压法

PPT 课件

节点电压法

在电路中,当选取任一节点作为参考节点时,其余节点与此参考节点之间的电压称为对应节点的节点电压。在图 1-78 所示电路中,当选择点 c 作为参考节点时,点 a 与点 c 间的电压 U_{ac} 称为点 a 的节点电压;同理,点 b 的节点电压为 U_{bc},通常分别简写为 U_a、U_b。

微课

节点电压法

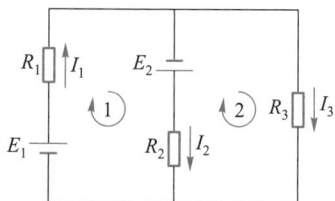

图 1-77　例 1-18 图

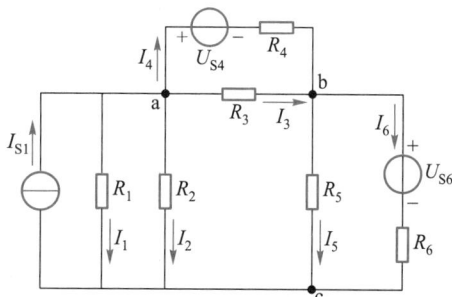

图 1-78　节点电压法推导电路

以节点电压作为未知量,对于 $n-1$ 个独立节点,列出 KCL 方程,从而求出各节点

电压,且进一步求解其他电量的电路分析方法,称为节点电压法。

　　下面以图 1-78 所示电路为例,推导节点电压方程。假设已知 $R_1 \sim R_6$、I_{S1}、U_{S4}、U_{S6},以节点 c 为参考节点,选择各支路电流参考方向如图所示,对独立节点 a、b 列出 KCL 方程,得到

$$节点\ a:I_1+I_2+I_3+I_4-I_{S1}=0 \tag{1-43}$$

$$节点\ b:-I_3-I_4+I_5+I_6=0 \tag{1-44}$$

　　其中

$$I_1=\frac{U_{ac}}{R_1}=G_1U_{ac} \tag{1-45}$$

$$I_2=\frac{U_{ac}}{R_2}=G_2U_{ac} \tag{1-46}$$

$$I_3=\frac{U_{ac}-U_{bc}}{R_3}=G_3(U_{ac}-U_{bc}) \tag{1-47}$$

$$I_4=\frac{U_{ac}-U_{bc}-U_{S4}}{R_4}=G_4(U_{ac}-U_{bc}-U_{S4}) \tag{1-48}$$

$$I_5=\frac{U_{bc}}{R_5}=G_5U_{bc} \tag{1-49}$$

$$I_6=\frac{U_{bc}-U_{S6}}{R_6}=G_6(U_{bc}-U_{S6}) \tag{1-50}$$

　　将式(1-45)~式(1-50)代入式(1-43)、式(1-44)中,整理得到

$$(G_1+G_2+G_3+G_4)U_{ac}-(G_3+G_4)U_{bc}=G_4U_{S4}+I_{S1} \tag{1-51}$$

$$-(G_3+G_4)U_{ac}+(G_3+G_4+G_5+G_6)U_{bc}=-G_4U_{S4}+G_6U_{S6} \tag{1-52}$$

　　联立式(1-51)、式(1-52)求解可得 U_{ac}、U_{bc},再代入式(1-45)~式(1-50)即得到各支路电流。式(1-51)、式(1-52)可写成如下形式:

$$G_{aa}U_{ac}+G_{ab}U_{bc}=\sum_a GU_S+\sum_a I_S \tag{1-53}$$

$$G_{ba}U_{ac}+G_{bb}U_{bc}=\sum_b GU_S+\sum_b I_S \tag{1-54}$$

式中,G_{aa} 称为节点 a 的自电导,它等于与节点 a 相连的各支路导纳之和,总取正;G_{bb} 称为节点 b 的自电导,它等于与节点 b 相连的各支路导纳之和,总取正;$G_{ab}(G_{ba})$ 称为节点 a、b 之间(b、a 之间)的互电导,它等于 a、b 两节点间各支路电导之和,总取负。

　　当电路只含两个节点时,选择一个节点作为参考节点,只剩下一个独立节点,因而只有一个节点电压方程,即

$$U_1=\frac{\sum_{(1)} GU_S+\sum_{(1)} I_S}{G_{11}} \tag{1-55}$$

　　式(1-55)就是弥尔曼定理,也称为弥尔曼公式。

　　[例 1-19]　在图 1-79 所示电路中,已知 $U_{S1}=6\ V$,$U_{S4}=8\ V$,$I_{S5}=3\ A$,$R_1=3\ \Omega$,$R_2=2\ \Omega$,$R_3=6\ \Omega$,$R_4=4\ \Omega$,$R_5=7\ \Omega$,利用节点电压法求各支路电流。

　　解:以 c 点作为参考节点,对独立节点 a、b 列出节点电压方程如下:

节点 a：$\left(\dfrac{1}{R_1}+\dfrac{1}{R_2}+\dfrac{1}{R_3}\right)U_a-\dfrac{1}{R_3}U_b=\dfrac{1}{R_1}U_{S1}$

节点 b：$\left(\dfrac{1}{R_3}+\dfrac{1}{R_4}\right)U_b-\dfrac{1}{R_3}U_a=-\dfrac{U_{S4}}{R_4}+I_{S5}$

代入数据得到

$$U_a=2.57\ V,\qquad U_b=3.43\ V$$

$$I_1=\dfrac{U_{S1}-U_a}{R_1}=1.14\ A,\qquad I_2=\dfrac{U_a}{R_2}=1.29\ A$$

$$I_3=\dfrac{U_a-U_b}{R_3}=-0.14\ A,\qquad I_4=\dfrac{U_b+U_{S4}}{R_4}=2.86\ A,\qquad I_5=I_{S5}=3\ A$$

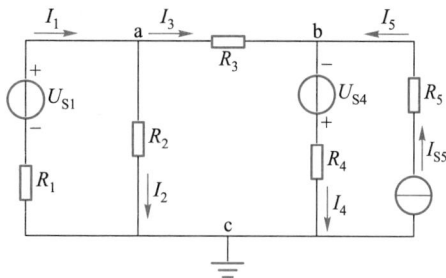

图 1-79 例 1-19 图

1.3.8 含受控电源电路的分析

在电子电路中广泛使用各种晶体管、运算放大器等多端器件。在这些多端器件中，某些端子的电压或电流会受到另一些端子的电压或电流的控制。为了模拟多端器件各电压、电流间的这种耦合关系，需要定义一些多端电路元件（模型）。本节介绍的受控电源是一种非常有用的电路元件，常用来模拟含晶体管、运算放大器等多端器件的电子电路。从事电子、通信类专业的工作人员，应掌握含受控电源电路的分析。

独立电源：其输出电压或电流是由电源本身决定的，不受外电路的控制。从能量关系上看，独立电源是电路的输入，它表示了外界对电路的物理作用，是电路的能量来源。

受控电源：是由电子器件抽象而来的一种模型，如晶体管、真空管等，它们具有输入端的电压（或电流）能控制输出端的电压（或电流）的特点。图 1-80 所示的 NPN 型晶体管的等效电路模型就是一个受控电源。

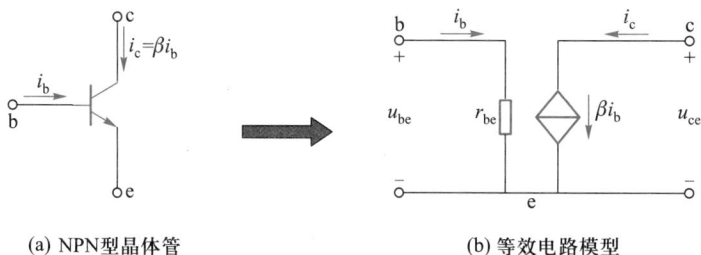

(a) NPN型晶体管   (b) 等效电路模型

图 1-80 NPN 型晶体管的等效电路模型

【特别提示】受控电源不代表外部对电路施加的影响，只表明电路内部电子器件中所发生的物理现象，以表明电子器件的电流、电压的转移关系。

1. 受控电源的电路符号与分类

受控电源又称为非独立电源。一般来说，一条支路的电压或电流若受本支路以外的其他因素控制，即统称为受控电源。受控电源由两条支路组成：第一条支路是控制支路，呈开路或短路状态；第二条支路是受控支路，它是一个电压源或电流源，其电压或电流的量值受第一条支路电压或电流的控制。

PPT 课件

含受控电源电路的分析

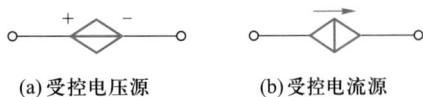

(a) 受控电压源   (b) 受控电流源

图 1-81 受控电源的电路符号

受控电源包括受控电压源和受控电流源,电路符号如图 1-81 所示。

受控电源可以分成四种类型,分别称为电压控制的电压源(VCVS)、电压控制的电流源(VCCS)、电流控制的电压源(CCVS)和电流控制的电流源(CCCS),如图 1-82 所示。

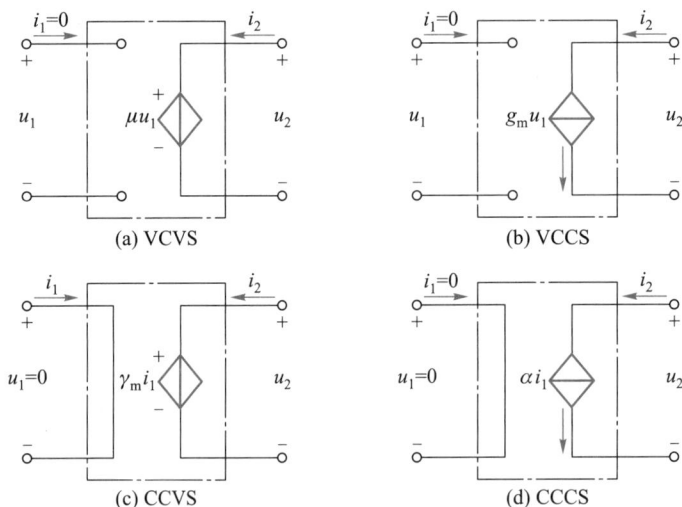

(a) VCVS   (b) VCCS

(c) CCVS   (d) CCCS

图 1-82 受控电源的分类

2. 含受控电源电路的分析

独立电源的电压(或电流)由电源本身决定,与电路中其他电压、电流无关,而受控电源的电压(或电流)由控制量决定。独立电源在电路中起"激励"作用,在电路中产生电压、电流,而受控电源只是反映输出端与输入端的受控关系,在电路中不能作为"激励"。

分析含受控电源电路时需要注意以下方面:

① 将受控电源作为独立电源处理。

② 找出控制量与求解量之间的关系。

③ 受控电源和独立电源不能等效互换。

[例 1-20] 电路如图 1-83 所示,求电压源的电压 u_S 及受控电源的功率。

解:

$$i_2 = \frac{4.9}{5} \text{ A} = 0.98 \text{ A}$$

又 $i_2 = 0.98i$

所以 $i = 1 \text{ A}$

$$u_1 = (i - 0.98i) \times 0.1 \text{ } \Omega = 0.002 \text{ V}$$

根据 KVL,有

$$u_S = u_1 + 6 \text{ } \Omega \times i = 6.002 \text{ V}$$

受控电源吸收的功率为

$$p = u \cdot 0.98i = (u_1 - 4.9 \text{ V}) \times 0.98 \text{ A} = -4.8 \text{ W}$$

受控电源属于有源元件,其供出的能量是从独立电源处获得的。

由线性二端电阻和线性受控电源构成的电阻二端网络,就端口特性而言,也等效为一个线性二端电阻,其等效电阻值常用外加独立电源计算端口 VCR 方程的方法求得。

下面举例加以说明。

[例1-21]　求图1-84所示二端网络的等效电阻。

解:假设在端口外加电流源 i,列出端口电压 u 的表达式为

$$u = \mu u_1 + u_1 = (\mu+1)u_1 = (\mu+1)Ri = R_0 i$$

求得二端网络的等效电阻为

$$R_0 = \frac{u}{i} = (\mu+1)R$$

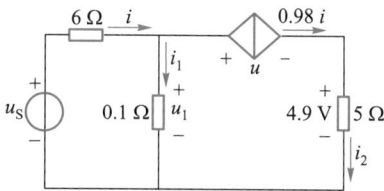

图 1-83　例 1-20 图　　　　　　图 1-84　例 1-21 图

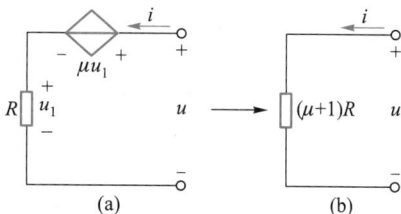

由于受控电压源的存在,使端口电压增加了 $\mu u_1 = \mu Ri$,导致二端网络的等效电阻增大到 $(\mu+1)$ 倍。若控制系数 $\mu = -2$,则二端网络的等效电阻 $R_0 = -R$,这表明该电路可将正电阻变换为一个负电阻。

由线性电阻和独立电源构成的二端网络,就端口特性而言,可以等效为一个线性电阻和电压源串联的二端网络,或等效为一个线性电阻和电流源并联的二端网络。

由线性受控电源、线性电阻和独立电源构成的二端网络,就端口特性而言,可以等效为一个线性电阻和电压源串联的二端网络,或等效为一个线性电阻和电流源并联的二端网络。

同样,可用外加电源计算端口 VCR 方程的方法,求得含线性受控电源二端网络的等效电路。

实践任务

任务1　测量实际电源外特性

一、任务目标

(1)了解实际电源在电路中的特点。

(2)掌握实际电源的电路模型。

二、任务分析

本任务在电路图绘制仿真软件 Multisim 中完成,图1-85所示为电源电路原理图,

在 Multisim 环境下绘制的电源电路图如图 1-86 所示。图 1-86(a) 所示为电压源电路，E 与 R_1 串联构成实际电压源，其中，$E(12 \text{ V})$ 是理想电压源，$R_1(100 \text{ }\Omega)$ 是电压源内阻，$R_2(1 \text{ k}\Omega)$ 是负载电阻。XHH1 是电流表，测量电压源输出电流值 I，即电源提供给外电路的电流大小；XHH2 是电压表，测量电压源实际输出电压值 U，即负载两端电压。图 1-86(b) 所示为电流源电路，I 与 R_3 并联构成实际电流源，其中，$I(12 \text{ mA})$ 是理想电流源，$R_3(100 \text{ }\Omega)$ 是电流源内阻，$R_4(1 \text{ k}\Omega)$ 是负载电阻，XHH3 是电流表，XHH4 是电压表。

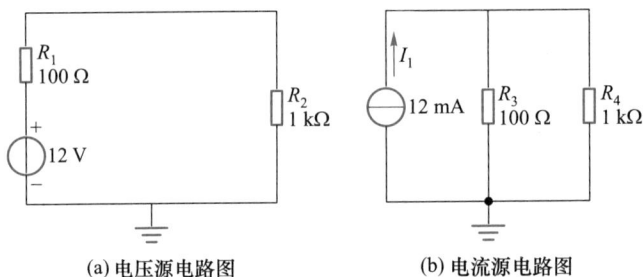

(a) 电压源电路图   (b) 电流源电路图

图 1-85   电源电路原理图

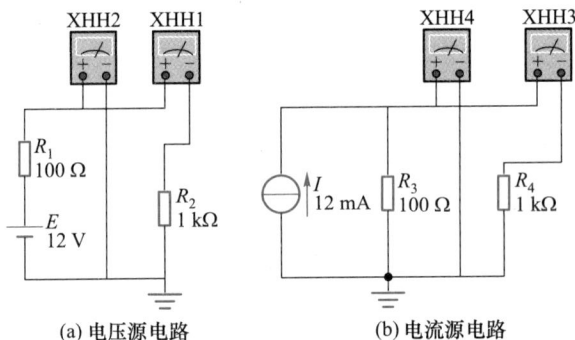

(a) 电压源电路   (b) 电流源电路

图 1-86   Multisim 环境下绘制的电源电路图

三、任务所需材料及设备

本任务所需材料及设备清单见表 1-2。

表 1-2   本任务所需材料及设备清单

名称	规格型号	编号	单位	数量	备注
仿真软件	Multisim		套	1	
电阻	100 Ω	R_1、R_3	个	2	
电阻	1 kΩ	R_2、R_4	个	2	
电压源	12 V	E	个	1	
电流源	12 mA	I	个	1	
电流表		XHH1、XHH3	台	2	
电压表		XHH2、XHH4	台	2	

四、任务实施

在 Multisim 软件中绘制电路如图 1-86 所示,完成如下训练内容。

(1)在图 1-86(a)所示电路中,改变负载 R_2 值,记录电压表、电流表数值于表 1-3。

表 1-3　电压源电路参数值

R_2	5 kΩ	2 kΩ	1 kΩ	200 Ω	100 Ω	50 Ω	10 Ω	∞	0
U/V									
I/mA									
负载功率									

在图 1-87 中绘制实际电压源外特性曲线。

总结:输出电压 U 与输出电流 I 之间呈线性关系,在电源电动势和内阻不变的前提下,输出电压是随输出电流的增加而降低的。

思考:本测量任务中负载开路电压、短路电流是多少?理论计算值是多少?

(2)在图 1-86(b)所示电路中,改变负载 R_4 值,记录电压表、电流表数值于表 1-4。

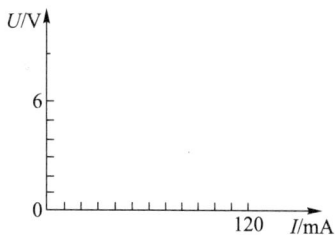

图 1-87　实际电压源外特性曲线

表 1-4　电流源电路参数值

R_4	5 kΩ	2 kΩ	1 kΩ	200 Ω	100 Ω	50 Ω	10 Ω	∞	0
U/V									
I/mA									
负载功率									

在图 1-88 中绘制实际电流源外特性曲线。

总结:输出电压 U 与输出电流 I 之间呈线性关系,在电源电动势和内阻不变的前提下,输出电压是随输出电流的增加而降低的。

思考:本测量任务中负载开路电压、短路电流是多少?理论计算值是多少?

(3)观察电源功率,本测量任务中电源功率即负载功率,根据表 1-3、表 1-4 中数据可得负载最大功率是多少?负载获得最大功率的条件是什么?

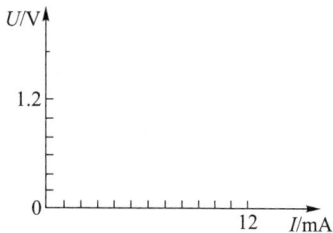

图 1-88　实际电流源外特性曲线

五、评分标准

评分标准见表 1-5。

表 1-5　评　分　标　准

序号	考核内容	评分要素	配分	评分标准	得分
1	原理图的绘制	1. 仿真软件的使用 2. 正确绘制原理图	30	原理图绘制错误,每处扣 5 分	

续表

序号	考核内容	评分要素	配分	评分标准	得分
2	电路元件的选择	正确选择实训所需电路元件	10	选择错误,每项扣 2 分	
3	任务内容	1. 电压源电路 2. 电流源电路	30	根据原理图在仿真软件中进行虚拟仿真,仿真错误,每处扣 5 分	
4	任务结果	1. 正确绘制曲线 2. 分析任务结果	20	1. 实际电压源外特性曲线不正确,扣 5 分 2. 实际电流源外特性曲线不正确,扣 5 分 3. 改变负载 R_2 值,记录电压表、电流表数值不正确,扣 5 分 4. 改变负载 R_4 值,记录电压表、电流表数值不正确,扣 5 分	
5	安全生产	1. 工具使用 2. 仪表使用 3. 安全操作规程	10	1. 工具使用正确,无损坏 2. 仪表使用正确,无损坏 3. 按规程操作,无违纪行为 出现工具、仪表损坏及违纪行为,本项不得分	
日期:　　　年　　月　　日				教师签名:	

任务 2　验证叠加定理

一、任务目的

（1）理解叠加定理。

（2）验证叠加定理。

二、任务分析

叠加定理指出,对于线性电路,任一电压或电流都是电路中各个独立电源单独作用(其余激励源置为 0)时,在该处产生的电压或电流的叠加。对于不作用的激励源,电压源应视为短路,电流源应视为开路。

三、任务所需仪器设备

任务所需仪器设备清单见表 1-6。

表 1-6　任务所需仪器设备清单

序号	名称	型号与规格	数量
1	可调直流稳压电源	0~30 V 或 0~12 V	1
2	直流稳压电源	6 V、12 V	
3	万用表	MF500B 或其他	1

续表

序号	名称	型号与规格	数量
4	直流数字毫安表		1
5	直流数字电压表		1
6	叠加定理实验电路板		1

四、任务实施

搭建叠加定理验证电路,如图 1-89 所示。

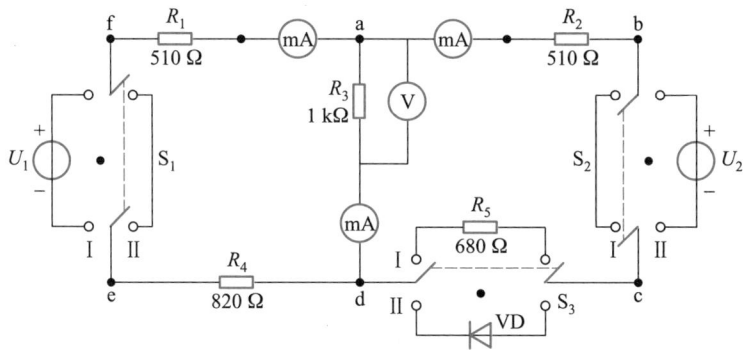

图 1-89　叠加定理验证电路

(1) 将两路稳压电源的输出分别调节为 12 V 和 6 V,接入 U_1 和 U_2 处。令 U_1 单独作用(将开关 S_1 投向 U_1 侧,开关 S_2 投向短路侧)。用直流数字电压表和毫安表(接电流插头)测量各支路电流及各电阻元件两端的电压,数据记入表 1-7 中。

(2) 令 U_2 单独作用(将开关 S_1 投向短路侧,开关 S_2 投向 U_2 侧),重复上述测量,数据记入表 1-7 中。

(3) 令 U_1 和 U_2 共同作用(开关 S_1 和 S_2 分别投向 U_1 和 U_2 侧),重复上述测量,数据记入表 1-7。

表 1-7　数据记录表

测量参数	U_1/V	U_2/V	I_1/mA	I_2/mA	I_3/mA	U_{ab}/V	U_{cd}/V	U_{ad}/V	U_{de}/V	U_{fa}/V
U_1 单独作用时的测量值										
U_2 单独作用时的测量值										
U_1 和 U_2 共同作用时的测量值										

(4) 将 U_2 的数值调至 +12 V,重复上述测量,按表 1-7 制作新表并记录数据。

(5) 将 R_5(330 Ω)换成二极管 1N4007(即将开关 S_3 投向二极管 1N4007 侧),重复上述测量,按表 1-7 制作新表并记录数据。

(6) 任意按下某个故障设置按键,重复(4)中的测量,再根据测量结果判断出故障的性质。

五、评分标准

评分标准见表 1-8。

表 1-8　评 分 标 准

序号	考核内容	评分要素	配分	评分标准	得分
1	原理图的绘制	1. 仿真软件的使用 2. 正确绘制原理图	30	原理图绘制错误,每处扣 5 分	
2	电路元件的选择	正确选择实训所需电路元件	10	选择错误,每项扣 2 分	
3	任务内容	叠加定理验证电路	20	根据原理图在仿真软件中进行虚拟仿真,仿真错误,每处扣 5 分	
4	任务结果	分析任务结果	30	1. 获取 U_1 单独作用时的实验数据(数据错误,每处扣 0.5 分) 2. 获取 U_2 单独作用时的实验数据(数据错误,每处扣 0.5 分) 3. 获取 U_1 和 U_2 共同作用时的实验数据(数据错误,每处扣 0.5 分) 4. 验证实验数据(数据错误,每处扣 0.5 分)	
5	安全生产	1. 工具使用 2. 仪表使用 3. 安全操作规程	10	1. 工具使用正确,无损坏 2. 仪表使用正确,无损坏 3. 按规程操作,无违纪行为 出现工具、仪表损坏及违纪行为,本项不得分	
日期：　　　年　　月　　日			教师签名：		

本章小结

1. 理想电路元件和由其构成的电路模型是对实际电路的基本电磁属性进行科学抽象的结果。

2. 三种线性无源电路元件电阻、电容、电感的计算公式分别为

$$R = \frac{u}{i}, \quad C = \frac{q}{u}, \quad L = \frac{\Psi}{i}$$

3. 任一电流参考方向和电压参考方向可以分别独立、任意地指定,而不会影响计算结果,因为参考方向相反时,计算出的电流、电压值仅相差一负号,最后得到的实际结果仍然相同。参考方向一旦选定,在电路计算过程中不要再随意更改,以免造成混乱。

4. 计算功率的一般公式为 $p=ui$，功率同电流、电压一样，也是代数量，可以对其设定参考方向。

5. 基尔霍夫电流定律（KCL）和基尔霍夫电压定律（KVL）适用于任何集中参数电路，前者来自电流连续性原理，后者是能量守恒定律的一种表现形式。

6. 利用串并联简化和丫－△联结等效变换，可求得仅由电阻构成的二端网络的等效电阻。

7. 实际电源的电压源模型与电流源模型可进行等效变换，电源等效变换同样是简化电路的一个有用工具。

8. 受控电源是一种电源参数受其他支路电压或电流控制的电源。

9. 戴维南定理和诺顿定理表明，任一线性含独立电源的二端网络，就端口特性而言，可简化为一个实际电源。

10. b 条支路、n 个节点的电路，共有 $2b$ 个未知数，独立的 KCL 方程数等于 $(n-1)$，独立的 KVL 方程数等于 $b-(n-1)$，还有 b 个 VCR 方程。

11. 节点电压法是以独立节点电压为未知量来求解电路的方法。使用该方法，首先要选定参考节点。

自我检测

一、选择题（即测即评）

二、填空题

1. 电流所经过的路径称为_____，通常由_____、_____和_____三部分组成。

2. _____是电路中产生电流的根本原因，数值上等于电路中_____的差值。衡量电源力做功本领的物理量称为_____，它只存在于_____内部，其参考方向规定由_____电位指向_____电位，与_____的参考方向相反。

3. _____定律体现了线性电路元件电压、电流的约束关系，与电路的连接方式无关。

4. _____定律反映了电路的整体规律，具有普遍性，其中_____定律体现了电路中任意节点上汇集的所有_____的约束关系，_____定律体现了电路中任意回路上所有_____的约束关系。

5. 电阻均为 9 Ω 的三角形电阻网络，若等效为星形电阻网络，各电阻的阻值应为_____Ω。

6. 一般来讲，电路中流过同一电流的通路称为_____，电路中的任何闭合路径都称为_____。

三、判断题

1. 电压、电位和电动势计算公式形式相同，所以它们的单位一样。　　　　（　　）

2. 电流由元件的低电位端流向高电位端的参考方向称为关联方向。   (   )

3. 电压和电流计算结果得负值,说明它们的参考方向假设反了。   (   )

4. 电路中任意两个节点之间连接的电路统称为支路。   (   )

5. 网孔都是回路,而回路则不一定是网孔。   (   )

6. 应用基尔霍夫定律列出方程式时,可以不参照参考方向。   (   )

习题 1

一、简答题

1. 电源电压不变,当电路的频率变化时,通过电感元件的电流会发生变化吗?

2. 电感元件和电容元件一定是动态元件吗?

3. 什么是电路的等效变换? 其基本原则是什么? 电路等效变换时,电压为零的支路可以去掉吗? 为什么?

4. 额定电压相同、额定功率不等的两个白炽灯,能否串联使用?

二、填空题

1. 图 1-90 所示为某电路的一部分,则 $I_1 =$ _____ , $I_2 =$ _____ 。

2. 在如图 1-91 所示的电路中,电流 I 的值为 _____ , U_S 的值为 _____ 。

3. 在如图 1-92 所示的电路中, U_{ab} 的值为 _____ 。

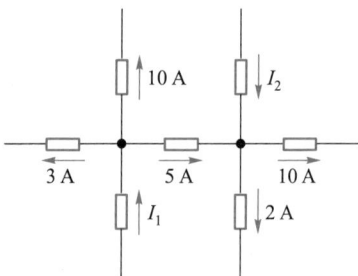
图 1-90

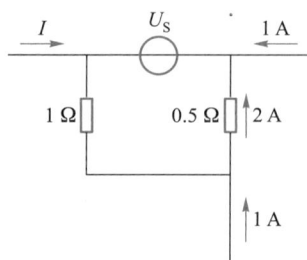
图 1-91

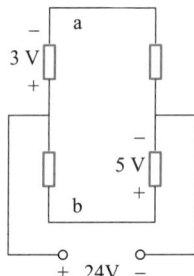
图 1-92

三、计算题

1. 在如图 1-93 所示的电路中,开路时测得某直流电源端电压为 24 V,接上外电阻 R 后,用电压表测得 R 两端电压为 20 V,用电流表测得流经 R 的电流 $I = 10$ A,求电阻 R 及电源内阻 R_S 的值。

2. 计算图 1-94 所示电路中 6 Ω 电阻的电流和两电源的功率。

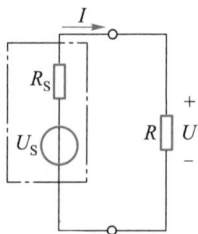
图 1-93

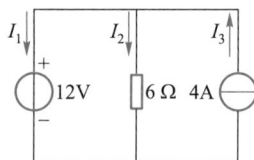
图 1-94

3. 求图 1-95(a)、(b)所示的电路中等效电阻的值。

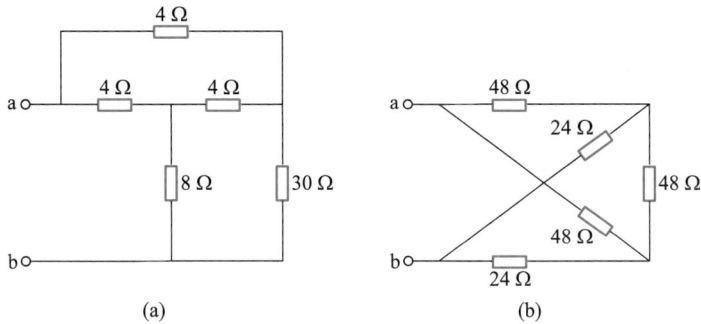

图 1-95

4. 在如图 1-96 所示的电路中,求电流 I 的值。

5. 在如图 1-97 所示的电路,求端口 a、b 的戴维南等效电路或诺顿等效电路。

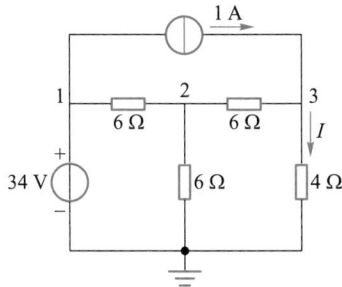

图 1-96

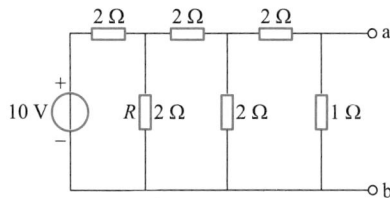

图 1-97

6. 利用叠加定理求图 1-98 所示的电路中电流 I 的值。

7. 用叠加定理求图 1-99 所示的电路中电压 U 的值。

8. 在如图 1-100 所示的电路中,已知 $U_{S1} = 24$ V,$U_{S2} = 48$ V,$R_1 = 60$ Ω,$R_2 = 120$ Ω,$R_3 = 40$ Ω,用支路电流法求解支路 I_1、I_2、I_3 的电流各为多少?

9. 在如图 1-101 所示的电路中,试用节点电压法求解电流 I_x 的值。

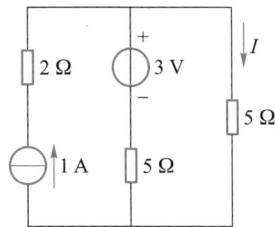

图 1-98

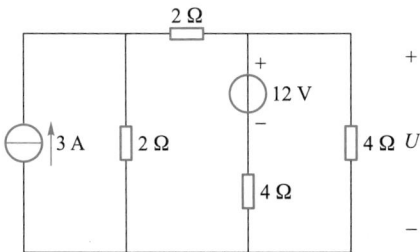

图 1-99

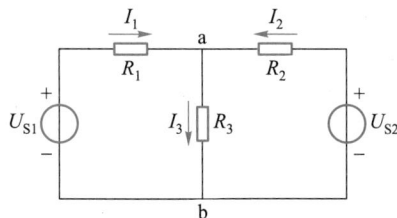

图 1-100

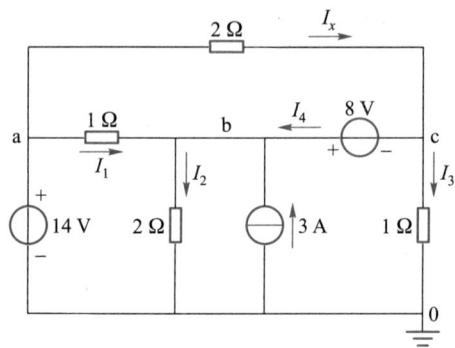

图 1-101

第**2**章

交流电路

学习目标

知识目标：

■ 理解正弦交流电的基本概念。

■ 掌握正弦交流电的三要素、有效值、相位差及相量。

■ 理解正弦交流电路中电阻、电容、电感的性质。

■ 能够进行简单串并联正弦交流电路的分析。

■ 理解复阻抗和复导纳的概念。

■ 掌握正弦交流电路的有功功率、无功功率和视在功率的计算方法及提高功率因数的方法。

能力目标：

■ 具备连接电路的能力。

■ 具备使用万用表测量交流电压、电流的能力。

■ 具备分析交流电路特性的能力。

■ 具备识读电路图，计算电路中电流、电压等基本物理量的能力。

■ 学会发现问题、探究问题和解决问题的方法，会应用电路理论解决生产、生活中的实际问题。

■ 初步具有学习和应用电工新知识、新技术的能力。

素养目标：

■ 树立崇尚科学的态度。

■ 增强自身创新能力，提高解决问题的能力。

■ 形成自主学习习惯，提高学习成效。

微课

正弦交流电的基
本概念

PPT 课件

正弦量三要素

微课

正弦交流电的三
种表示形式

动画

正弦曲线

动画

正弦曲线的相位差

动画

正弦交流电的周
期性变化

2.1   正弦交流电的基本概念

人们生活中常见的电灯、电动机、家用电器等用的电都是交流电。交流电(alternating current, AC),又称"交变电流",一般指大小和方向随时间作周期性变化的电压或电流。在实用中,交流电用符号"~"表示。各种交流电中,正弦交流电的应用最为广泛。

2.1.1   正弦量三要素

正弦交流电是指随时间按正弦规律变化的电流或电压,其波形如图 2-1 所示。

其中,大小及方向均随时间按正弦规律做周期性变化的电流、电压和电动势,分别称作正弦交流电流、电压和电动势。它们在某一时刻 t 的值称为瞬时值,可用三角函数式(瞬时值表达式)来表示。瞬时值表达式的标准形式为

图 2-1   正弦交流电的波形

$$a(t) = A_m \sin(\omega t + \varphi_0) \tag{2-1}$$

正弦交流电压、电流和电动势的瞬时值表达式分别为

$$\begin{cases} u(t) = U_m \sin(\omega t + \varphi_0) \\ i(t) = I_m \sin(\omega t + \varphi_0) \\ e(t) = E_m \sin(\omega t + \varphi_0) \end{cases} \tag{2-2}$$

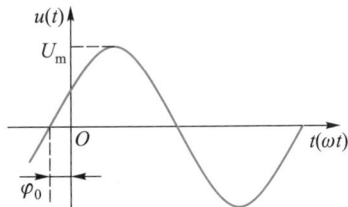

在三角函数式 $a(t) = A_m \sin(\omega t + \varphi_0)$ 中, A_m、 ω、 φ_0 决定了 $a(t)$ 的值和波形,而在电路中,把 A_m、 ω、 φ_0 称为正弦交流电的三要素,即正弦量的三要素。

1. 最大值(A_m)

最大值也称为振幅、峰值,它反映了正弦交流电变化的范围或者幅度。

2. 相位($\omega t + \varphi_0$)与初相(φ_0)

正弦交流电瞬时值表达式中的 $\omega t + \varphi_0$ 称为相位或相角。它反映了正弦交流电在不同时刻的变化趋势和大小。初相 φ_0 就是 $t = 0$ 时刻的相位,反映了正弦交流电在计时开始时的状态。一般用弧度(rad)表示相位与初相的单位,也可用"度"(°)表示。

3. 角速度(ω)、周期(T)和频率(f)

角速度、周期和频率从不同角度反映正弦交流电交变速度的快慢。

角速度(ω):也称为角频率,角速度的单位一般为弧度/秒(rad/s);角速度越大,说明正弦交流电交变的速度越快,反之则越慢。

周期(T):正弦交流电变化一周所需要的时间,它的单位通常为秒(s);周期越短,说明正弦交流电交变的速度越快。

频率(f):正弦交流电每秒钟变化的周次数;频率越高,说明正弦交流电交变的速度越快。频率的单位通常有赫兹(Hz)、千赫(kHz)和兆赫(MHz),它们之间的关系如下:

$$1 \text{ MHz} = 1 \times 10^3 \text{ kHz} = 1 \times 10^6 \text{ Hz}$$

周期、频率和角速度三个物理量之间存在以下关系:

$$f = \frac{1}{T}, \quad \omega = \frac{2\pi}{T} = 2\pi f \tag{2-3}$$

[例 2-1] 已知某正弦交流电流的最大值是 2 A,频率为 100 Hz,设初相位为 60°,则该电流的瞬时表达式是什么?

解:$i(t) = I_m \sin(\omega t + \varphi_0) = 2\sin(2\pi f t + 60°) \text{ A} = 2\sin(628t + 60°) \text{ A}$

2.1.2 正弦量的相量表示法

相量:表示正弦交流电的矢量,用在大写字母上加"·"符号表示,如 $\dot{U}$、$\dot{I}$。

相量图:按照各正弦量的大小和相位关系用初始位置的有向线段画出的若干相量的图形。在相量图上能形象地看出各正弦量的大小和相互间的相位关系。同频率的几个正弦量的相量,可画在同一个相量图上,如图 2-2(a)所示,其对应的正弦交流电压和电流的波形图如图 2-2(b)所示。

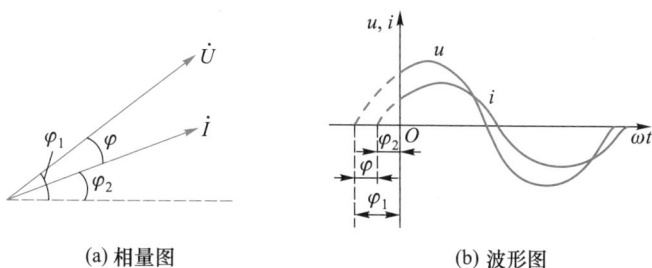

(a) 相量图   (b) 波形图

图 2-2 正弦量的相量图和波形图

正弦交流电通常可用最大值相量或有效值相量表示。

1. 最大值相量表示法

最大值相量表示法是用正弦交流电的最大值作为相量的模(长度大小)、初相位作为相量的辐角,如 $\dot{E}_m$、$\dot{U}_m$、$\dot{I}_m$。

例如,有三个正弦交流电(正弦交流电动势、电压、电流)分别为

$$\begin{cases} e = 60\sin(\omega t + 60°) \text{ V} \\ u = 30\sin(\omega t + 30°) \text{ V} \\ i = 5\sin(\omega t - 30°) \text{ A} \end{cases} \quad (2-4)$$

它们的最大值相量图如图 2-3 所示。

最大值相量可表示为

$$\begin{cases} \dot{E}_m = 60 \underline{/60°} \text{ V} \\ \dot{U}_m = 30 \underline{/30°} \text{ V} \\ \dot{I}_m = 5 \underline{/-30°} \text{ A} \end{cases} \quad (2-5)$$

2. 有效值相量表示法

有效值相量表示法是用正弦交流电的有效值作为相量的模(长度大小)、初相位作为相量的辐角,如 $\dot{E}$、$\dot{U}$、$\dot{I}$。

例如,有两个正弦交流电分别为

$$\begin{cases} u = 220\sqrt{2}\sin(\omega t + 53°) \text{ V} \\ i = 0.41\sqrt{2}\sin \omega t \text{ A} \end{cases} \quad (2-6)$$

PPT 课件

正弦量的相量表示法

动画

正弦量的相量表示法

它们的有效值相量图如图 2-4 所示。

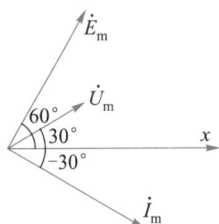

图 2-3 最大值相量图   图 2-4 有效值相量图

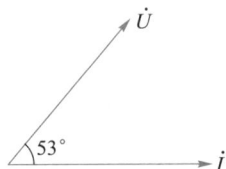

它们的有效值相量可表示为

$$\begin{cases} \dot{U} = 220 \underline{/53^\circ} \ \text{V} \\ \dot{I} = 0.41 \underline{/0^\circ} \ \text{A} \end{cases} \tag{2-7}$$

特别需要注意,相量只用于表示正弦量,它们之间只是对应关系,而不是等于关系。同一张相量图中不能出现不同频率的正弦量。

2.2 单一参数的正弦交流电路

在正弦交流电路中,纯电阻、纯电感、纯电容三种基本电路元件电压和电流之间的关系都是同频率正弦量,相关的运算也可以用相量进行。三种基本电路元件的功率也是按正弦规律变化的正弦量。

PPT 课件

电阻元件的正弦
交流电路

微课

纯电阻正弦交流
电路

2.2.1 电阻元件的正弦交流电路

1. 电流与电压的关系

图 2-5 所示为纯电阻正弦交流电路。取电压与电流参考方向相关联。其中,图 2-5(a)所示为用瞬时值表示的电路,图 2-5(b)所示为用相量表示的电路。

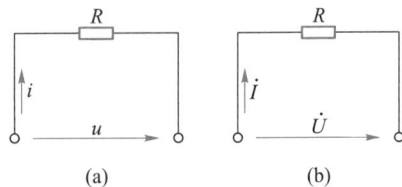

图 2-5 纯电阻正弦交流电路

设加在电阻 R 两端的电压为

$$u = U_{m} \sin(\omega t + \varphi_0) = \sqrt{2}\, U \sin(\omega t + \varphi_0) \tag{2-8}$$

电压的有效值相量表达式为

$$\dot{U} = U \underline{/\varphi_0} \tag{2-9}$$

电压的最大值相量表达式为

$$\dot{U}_{m} = U_{m} \underline{/\varphi_0} \tag{2-10}$$

电阻、电压与电流瞬时值之间满足欧姆定律,因此有

$$i = u/R = \frac{U_{m}\sin(\omega t + \varphi_0)}{R} = \frac{U_{m}}{R}\sin(\omega t + \varphi_0) = I_{m}\sin(\omega t + \varphi_0) = \sqrt{2} I \sin(\omega t + \varphi_0) \tag{2-11}$$

电流的有效值相量表达式为

$$\dot{I} = I \underline{/\varphi_0} \tag{2-12}$$

电流的最大值相量表达式为

$$\dot{I}_{\mathrm{m}} = I_{\mathrm{m}} \underline{/\varphi_0} \qquad (2\text{-}13)$$

电压的有效值(或最大值)、电流的有效值(或最大值)和电阻三者之间满足欧姆定律,即

$$I = \frac{U}{R} \quad 或 \quad I_{\mathrm{m}} = \frac{U_{\mathrm{m}}}{R} \qquad (2\text{-}14)$$

将电压与电流之间的关系用相量表示,则有

$$\dot{I} = \frac{\dot{U}}{R} \quad 或 \quad \dot{I}_{\mathrm{m}} = \frac{\dot{U}_{\mathrm{m}}}{R} \qquad (2\text{-}15)$$

结论:纯电阻正弦交流电路中电流、电压与电阻三者之间有以下关系:

① 电阻上电压与电流频率相同,相位与初相位相同。

② 电流和电压的有效值、瞬时值、最大值与电阻之间满足欧姆定律。

③ 电流和电压的有效值或最大值相量与电阻之间满足欧姆定律。

2. 电阻上功率的计算

当电流通过电阻时电阻上有电功率损耗,由于正弦交流电流是随时间变化的量,所以电阻上的功率也将是随时间变化的量,即瞬时功率是时间的函数 $p(t)$。

在图 2-5 所示的电路中,电流与电压的参考方向相关联,若电阻上电压为

$$u = U_{\mathrm{m}}\sin \omega t = \sqrt{2}\,U\sin \omega t \qquad (2\text{-}16)$$

那么,电阻上的电流瞬时值可写成

$$i = \frac{u}{R} = I_{\mathrm{m}}\sin \omega t = \sqrt{2}\,I\sin \omega t \qquad (2\text{-}17)$$

于是,电阻上的瞬时功率应为

$$p(t) = iu = I_{\mathrm{m}}U_{\mathrm{m}}\sin^2 \omega t = 2IU\sin^2 \omega t = IU - IU\cos 2\omega t \geq 0 \qquad (2\text{-}18)$$

在电流与电压参考方向一致的情况下,从电阻瞬时功率的表达式 $p(t) \geq 0$ 可知,在交流电路中,只有在某些时刻,电阻上电流、电压均为零,此刻不存在功率消耗,即 $p(t) = 0$;而在其余的时间内,电阻始终都在消耗电能,即 $p(t) > 0$;因此电阻是一个"耗能"元件。图 2-6 是电阻上电压、电流与功率的波形图。

由于瞬时功率是一个时间的函数,因此用它来描述电阻上的功率损耗时很不方便,也没有多少实际意义。在工程上用有功功率(P)来衡量电路元件消耗的功率大小。

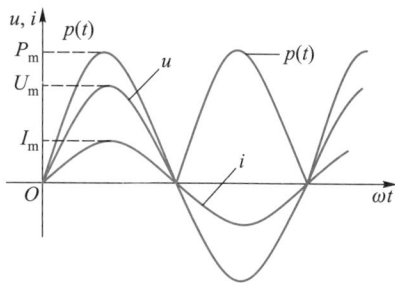

图 2-6　电阻上电压、电流与功率波形图

定义:正弦交流电一个周期内在电路元件上消耗的平均功率称为该电路元件的有功功率(P)。关于功率的部分在 2.3 节中讲述。

根据上述定义,电阻的有功功率的计算公式推导为

$$P = \frac{1}{T}\int_0^T p\,\mathrm{d}t = \frac{1}{T}\int_0^T (IU - IU\cos 2\omega t)\,\mathrm{d}t = IU = I^2 R = \frac{U^2}{R} \qquad (2\text{-}19)$$

可见,电阻在一个周期内消耗的有功功率只跟电压有效值或电流有效值有关,而跟频率、相位无关。

从上面的分析可知,电阻上有功功率的计算方法与直流电路中电阻上的功率计算方法相同,不同之处在于电压或电流应采用有效值。电路元件的有功功率反映了电路

元件实际消耗的功率,所以它具有现实意义。通常交流电路中负载的功率(如电灯的功率、电动机的功率、电视的功率等)指的就是有功功率。

[例 2-2] 电炉的额定电压 $U_N = 220$ V,额定功率 $P_N = 1\,000$ W,在 220 V 的交流电源下工作,求电炉的电流和电阻。使用 2 h 所消耗的电能是多少?

解:由于电炉可看成纯电阻负载,则

$$I_N = \frac{P_N}{U_N} = \frac{1\,000}{220} \text{ A} = 4.55 \text{ A}$$

电炉的电阻为

$$R = \frac{U}{I} = \frac{220}{4.55} \text{ } \Omega = 48.4 \text{ } \Omega$$

工作 2 h 所消耗的电能为

$$W = P_N t = 1\,000 \times 2 \text{ W·h} = 2\,000 \text{ W·h} = 2 \text{ kW·h}$$

PPT 课件

电感元件的正弦
交流电路

微课

纯电感正弦交流
电路(一)

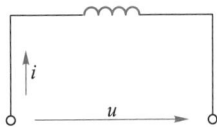

2.2.2 电感元件的正弦交流电路

1. 电流与电压的关系

纯电感正弦交流电路是由理想电感元件与正弦交流电源连接所组成的电路,如图 2-7 所示。

在图 2-7 所示电路中,设通过电感的电流为

$$i = I_m \sin(\omega t + \varphi_i) = \sqrt{2} I \sin(\omega t + \varphi_i) \tag{2-20}$$

由于电流与电压参考方向相关联,因此

$$u = L \frac{\mathrm{d}i}{\mathrm{d}t} = L \frac{\mathrm{d}[\sqrt{2} I \sin(\omega t + \varphi_i)]}{\mathrm{d}t} = \sqrt{2} L \omega I \cos(\omega t + \varphi_i)$$

$$= \sqrt{2} \omega L I \sin\left(\omega t + \varphi_i + \frac{\pi}{2}\right) = \sqrt{2} U \sin(\omega t + \varphi_u) \tag{2-21}$$

图 2-7 纯电感正弦
交流电路

由式(2-21)可以得到

$$\varphi_u = \varphi_i + \pi/2, \quad U = \omega L I$$

可见,电感上电压超前电流 90°(或 $\pi/2$),而电压与电流的数值关系有

$$U = \omega L I \quad \text{或} \quad U_m = \omega L I_m \tag{2-22}$$

令 $X_L = \omega L = 2\pi f L$,则

$$I_m = \frac{U_m}{X_L} \quad \text{或} \quad I = \frac{U}{X_L} \tag{2-23}$$

式中,X_L 称为感抗,单位是欧姆(Ω),感抗的大小体现电感对交流电流的阻碍作用。

结论:电感在正弦交流电路中的特点如下:

① 电流与电压频率相同,但初相位不同,电压超前电流 $\pi/2$(90°)。

② 电压、电流(有效值或最大值)及感抗三者之间在数值上满足欧姆定律。电压与电流之间的相量关系为

$$\dot{I} = \frac{\dot{U}}{\mathrm{j}X_L} \quad \text{或} \quad \dot{I}_m = \frac{\dot{U}_m}{\mathrm{j}X_L} \tag{2-24}$$

图 2-8 是电感上电压与电流的波形图和相量图,可以看出,电压超前电流 $\pi/2$（$90°$）。

[例 2-3] 把一个 $L=0.5$ H 的纯电感线圈接到 50 Hz、220 V 的正弦交流电源上,求:

（1）电感的感抗;

（2）电路中 I、U 以及电流与电压之间的相位差;

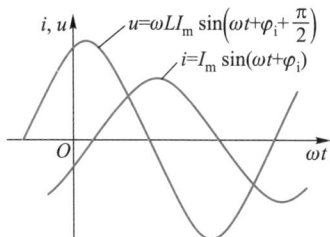

（3）若外加电压的大小不变,将频率升高到 $f=5\ 000$ Hz,以上各值应如何变化?

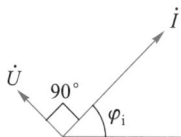

(a) 波形图　　(b) 相量图

图 2-8　电感上电压与电流波形图和相量图

解:（1）电感的感抗为

$$X_{\mathrm{L}}=\omega L=2\pi f L=2\times 3.14\times 50\times 0.5\ \Omega=157\ \Omega$$

（2）电路中的电压 U 和电流 I 分别为

$$U=220\ \mathrm{V},\ I=\frac{U}{X_{\mathrm{L}}}=(220/157)\ \mathrm{A}=1.4\ \mathrm{A}$$

根据电感上电流滞后电压 $90°$（$\pi/2$）的特点可知,电流与电压之间的相位差为

$$\Delta\varphi=\varphi_{\mathrm{i}}-\varphi_{\mathrm{u}}=-90°$$

（3）若将频率升高到 $f=5\ 000$ Hz 时,则感抗与电流分别为

$$X_{\mathrm{L}}=\omega L=2\pi f L=2\times 3.14\times 5\ 000\times 0.5\ \Omega=15\ 700\ \Omega$$

$$I=\frac{U}{X_{\mathrm{L}}}=\frac{220}{15\ 700}\ \mathrm{A}=0.014\ \mathrm{A}$$

可见,当频率升高时,电感的感抗将增大,而电流将减小。

2. 电感的功率计算

（1）瞬时功率

在图 2-7 所示电路中,设通过电感的正弦电流为 $i=I_{\mathrm{m}}\sin\omega t$,则电感上电压的瞬时值表达式为

$$u=I_{\mathrm{m}}X_{\mathrm{L}}\sin(\omega t+90°)=U_{\mathrm{m}}\sin(\omega t+90°) \tag{2-25}$$

电感的瞬时功率为

$$p=iu=I_{\mathrm{m}}\sin\omega t\times U_{\mathrm{m}}\sin(\omega t+90°)=IU\sin 2\omega t \tag{2-26}$$

式(2-26)表明,电感上的瞬时功率是一个两倍于电源频率的正弦波;根据电压、电流和功率瞬时值表达式画出它们的波形图如图 2-9 所示。

从波形图或瞬时值表达式可以看出,瞬时功率具有以下特点:

① 瞬时功率也是按正弦规律变化的正弦量,频率是电源频率的两倍。

② 当电感上电流与电压方向一致时,$p(t)>0$,说明此时电感在吸收电能;而当电压与电流方向不一致时,$p(t)<0$,说明此时电感在释放电能。

当电感中通以一定的电流 i 时,电感中储存的磁场能可表示为

微课

纯电感正弦交流电路(二)

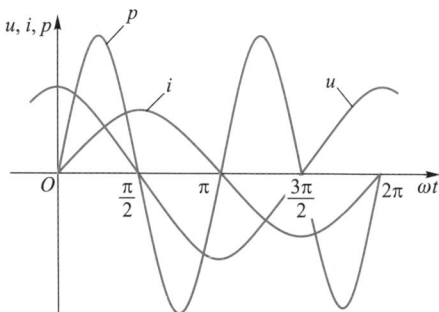

图 2-9　电感上电压、电流和功率瞬时值波形图

$$W = \frac{1}{2}LI^2 \qquad (2-27)$$

电感的单位为亨利（H），电流的单位为安培（A），则能量的单位为焦耳（J）。

由于电感储存的能量与通过电感的电流二次方成正比，而能量的变化需要一定的时间积累，因此电流不能发生"突变"。

总结：通过电感的电流是不能发生"突变"的。

（2）平均功率

电感在一个周期内向电路（或电源）吸取的电能为

$$W = \int_0^T p\,\mathrm{d}t = \int_0^T UI\sin 2\omega t\,\mathrm{d}t = 0 \qquad (2-28)$$

电感在一个周期内的平均功率为

$$P = W/T = 0 \qquad (2-29)$$

从图 2-9 所示的功率瞬时值波形图可以看出，在一个周期的第一个 $T/4$ 内（此时电流增加），瞬时功率 $p>0$，说明电感向电路吸收电能；而在第二个 $T/4$ 内（此时电流减小），瞬时功率 $p<0$，说明电感向电路释放电能；如此不断交替进行。

电感在一个周期内向电路吸取的电能（或平均功率）等于零，说明电感在一个周期内从电路吸收的电能恰好等于向电路释放的电能；因此电感是一种"储能"元件而非"耗能"元件。

总结：电感是一种"储能"元件，与电容的不同之处在于电感储存的能量是"磁场能"而非"电场能"。

在正弦交流电路中，由于通过电感的电流处在不断的变化之中，因此电感储存的"磁场能"也处在不断的变化中。

（3）无功功率

电感虽然不会消耗电能，但是能储存"磁场能"，把电感上电压（有效值）与电流（有效值）的乘积称为电感的无功功率，并用符号 Q_L 表示，即

$$Q_L = UI = I^2 X_L = \frac{U^2}{X_L} \qquad (2-30)$$

式（2-30）中，若电压的单位用伏（V），电流的单位用安（A），则无功功率的单位就是"乏"（var）。无功功率并不是电感实际消耗的功率，其大小反映了电感与外部电场能量交换的规模。

[例 2-4] 把一个 $L=0.5$ H 的纯电感线圈接到 220 V 的正弦交流电源上，当频率分别为 50 Hz 和 5 000 Hz 时，求电感的无功功率。

解：当 $f=50$ Hz 时

$$X_L = 2\pi f L = 2\times3.14\times50\times0.5 \ \Omega = 157 \ \Omega$$

$$Q_L = UI = \frac{U^2}{X_L} = \frac{220^2}{157} \ \mathrm{var} = 308 \ \mathrm{var}$$

当 $f=5\ 000$ Hz 时

$$X_L = 2\pi f L = 2\times3.14\times5\ 000\times0.5 \ \Omega = 15\ 700 \ \Omega$$

$$Q_L = UI = \frac{U^2}{X_L} = \frac{220^2}{15\ 700} \ \mathrm{var} = 3.08 \ \mathrm{var}$$

可见,在交流电路中,电感的电感量越大,则对电流的阻碍作用就越强,其上的无功功率越小。

[例 2-5] 流过 0.1 H 电感的电流为 $i = 15\sin(200t + 10°)$ A,试求关联参考方向下电感两端的电压 u 及无功功率、磁场能量的最大值各是多少。

解:用相量关系求取。首先计算出电感的感抗为

$$X_L = 2\pi f L = \omega L = 200 \times 0.1 \ \Omega = 20 \ \Omega$$

因为 $\dot{I}_m = 15 \ \underline{/10°}$ A,所以

$$\dot{U}_m = jX_L \dot{I}_m = 20j \times 15 \ \underline{/10°} \ \text{V} = 20 \ \underline{/90°} \times 15 \ \underline{/10°} \ \text{V} = 300 \ \underline{/100°} \ \text{V}$$

则电压瞬时值表达式为 $u = 300\sin(200t + 100°)$ V。

电感的无功功率为

$$Q_L = UI = 2\ 250 \ \text{var}$$

当流过电感的电流达到最大值时,磁场能量最大,有

$$W = \frac{1}{2}LI_m^2 = 11.25 \ \text{J}$$

2.2.3 电容元件的正弦交流电路

1. 电流与电压的关系

在正弦交流电路中,由于电压按正弦规律变化,因此电容上就出现了按正弦规律变化的充电电流与放电电流。那么电容上电流与电压之间存在着什么关系呢?

在图 2-10 所示电路中,取电容两端电压与通过电容的电流参考方向相关联,设电容两端电压的瞬时值表达式为

$$u = U_m\sin(\omega t + \varphi_u) \tag{2-31}$$

则通过电容的电流为

$$i = C\frac{du}{dt} = C\frac{d[U_m\sin(\omega t + \varphi_u)]}{dt} = \omega CU_m\cos(\omega t + \varphi_u)$$

$$= \omega CU_m\sin(\omega t + \varphi_u + \pi/2) = I_m\sin(\omega t + \varphi_i) \tag{2-32}$$

图 2-10 纯电容正弦交流电路

可见:

① 通过电容的电流超前电压 90°($\pi/2$),即 $\varphi_i = \varphi_u + \dfrac{\pi}{2}$。

② 电压与电流之间的数值(有效值和最大值)关系为 $I_m = \omega CU_m$ 或 $I = \omega CU$。令

$$X_C = \frac{1}{\omega C} = \frac{1}{2\pi f C}$$

则电压与电流之间的数值(有效值和最大值)关系可写成

$$I = \frac{U}{X_C} \quad 或 \quad I_m = \frac{U_m}{X_C} \tag{2-33}$$

式(2-33)中,X_C 称为容抗,容抗的单位是欧姆(Ω)。X_C 越大,电流就越小;反之则电流就越大。因此它体现了电容对电流的阻碍作用。

若将电容上电压与电流表达式写成相量形式,则有

PPT 课件

电容元件的正弦交流电路

微课

纯电容正弦交流电路(一)

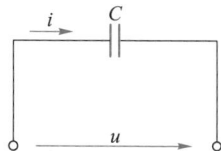

动画

电容元件的充电、放电过程

$$\dot{U} = U \underline{/\varphi_u} \quad , \quad \dot{U}_m = U_m \underline{/\varphi_u} \qquad (2-34)$$

$$\dot{I} = I \underline{/\varphi_i} \quad , \quad \dot{I}_m = I_m \underline{/\varphi_i} \qquad (2-35)$$

结合容抗、电流和电压之间的相位关系,可以得出电容上电压与电流的相量关系式,即相量欧姆定律为

$$\dot{I} = \frac{\dot{U}}{-jX_C} = j \frac{\dot{U}}{X_C} \qquad (2-36)$$

或

$$\dot{U} = -j\dot{I}X_C = \dot{I}X_C \underline{/-90°}$$

结论:电容在正弦交流电路中的特点如下:

(1) 电容上的电流与电压频率相同,但初相位不同,电流超前电压 $90°$($\pi/2$)。

(2) 电容上的电压、电流(有效值或最大值)及容抗三者之间在数值上满足欧姆定律。

(3) 在引入"j"后,电流相量、电压相量与复阻抗"$-jX_C$"三者之间也满足欧姆定律。

[例 2-6] 把一个 $C = 38.5~\mu F$ 的电容接到 $u = 220\sin(314t + \varphi_u)$ V 的电源上,求:

(1) 电容的容抗;

(2) 通过电容的电流最大值、瞬时值表达式和初相;

(3) 画出电容上电压与电流的相量图和波形图;

(4) 若外加电压的大小不变,频率变为 $f = 5~000$ Hz,以上各值如何变化?

解:

(1) 电容的容抗为

$$X_C = \frac{1}{2\pi f C} = \frac{1}{\omega C} = \frac{1}{314 \times 38.5 \times 10^{-6}}~\Omega = 82.7~\Omega$$

(2) 电容上电流最大值为

$$I_m = \frac{U_m}{X_C} = \frac{220}{82.7}~A = 2.66~A$$

由于电容上电流超前电压 $\pi/2$,所以电流的瞬时值表达式为

$$i = I_m \sin(314t + \varphi_u + 90°) = 2.66\sin(314t + \varphi_u + 90°)~A$$

电流初相位为

$$\varphi_i = \varphi_u + 90°$$

(3) 电压最大值相量和电流最大值相量分别为

$$\dot{U}_m = 220 \underline{/\varphi_u} \quad , \quad \dot{I}_m = 2.66 \underline{/\varphi_u + 90°}~V$$

电容上电压和电流的波形图及相量图如图 2-11 所示。

(4) 若外加电压的大小不变,频率变为 $f = 5~000$ Hz,则

$$X_C = \frac{1}{2\pi f C} = \frac{1}{2 \times 3.14 \times 5~000 \times 38.5 \times 10^{-6}}~\Omega \approx 0.827~\Omega$$

$$I_m = \frac{U_m}{X_C} = (220/0.827)~A = 266~A$$

$$i = I_m \sin(314t + \varphi_u + 90°) = 266\sin(314t + \varphi_u + 90°)~A$$

电源的频率越高,在电压有效值相同的情况下电流越大,即频率越高,电容对电流

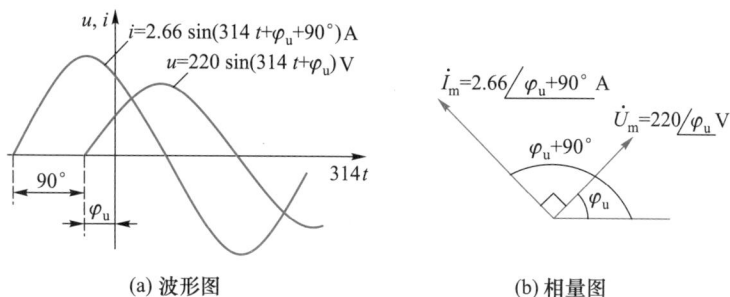

图 2-11　电容上电压和电流波形图及相量图

的阻碍作用越小。

2. 电容的功率计算

（1）瞬时功率

在图 2-10 所示电路中，设电容两端的电压为 $u = U_m \sin \omega t$，则电容上电流的瞬时值表达式为 $i = I_m \sin(\omega t + 90°)$。那么，电容上的瞬时功率为 $p = ui = U_m I_m \sin \omega t \cos \omega t = UI \sin 2\omega t$。

可见，电容上的瞬时功率是一个两倍于电源频率的正弦波；根据电压、电流和功率瞬时值表达式画出它们的波形图如图 2-12 所示。

从波形图或瞬时值表达式可以看出，瞬时功率具有以下特点：

① 瞬时功率也是按正弦规律变化的正弦量，频率是电源频率的两倍。

② 当电容上电流与电压方向一致时，$p(t) > 0$，说明此时电容在吸收电能；而当电压与电流方向不一致时，$p(t) < 0$，说明此时电容在释放电能。

一个电容量为 C 的电容，当其两端的电压为 u 时，该电容储存的能量（电场能）为

$$W = \frac{1}{2}CU^2 \tag{2-37}$$

式（2-37）中，电容的单位为 F，电压的单位为 V，则能量的单位为焦耳（J）。

由于电容储存的能量与电容电压的二次方成正比，因此能量是不能发生"突变"的，能量的变化需要经过一定的时间积累。

总结：电容上电压是不能发生"突变"的，这是电容的一个重要性质。

（2）平均功率

在正弦交流电路中，电容在一个周期内"消耗"的平均功率可表示为

$$P = \frac{1}{T}\int_0^T p\,dt = \frac{1}{T}\int_0^T UI \sin 2\omega t\,dt = 0 \tag{2-38}$$

从式（2-38）可以看出，电容在一个周期内"消耗"的电能为零；从图 2-12 所示的功率瞬时值波形图也可以看出，电容在交流电路中不断地与电网之间发生能量交换，在第一个 $T/4$ 内，$p(t) > 0$，电容向电网吸收电能（以电场能的形式储存在电容内），而在第二个 $T/4$ 内，$p(t) < 0$，电容将已经存储的电场能转变为电能反送给电网，如此不断交

微课

纯电容正弦交流电路（二）

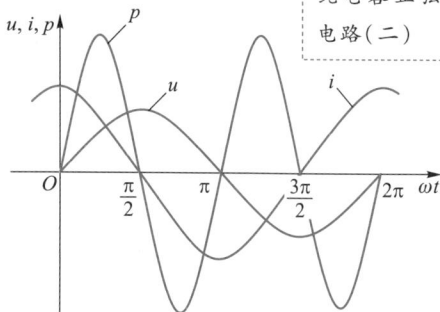

图 2-12　电压、电流和功率瞬时值波形图

替进行,电容并没有"消耗"电能。

　　总结:电容不是一种"耗能"元件,但它具有把电能转变为电场能并且将其储存起来的能力,所以电容是一种"储能"元件。

　　(3) 无功功率

　　电容虽然不会消耗电能,但是它也能吸收电能,与电阻的不同之处在于它把吸收的电能转变为电场能存储在电容内部。把电容上电压(有效值)与电流(有效值)的乘积称为电容的无功功率,并用符号 Q_C 表示,它可表示为

$$Q_C = UI = I^2 X_C = \frac{U^2}{X_C} \tag{2-39}$$

式(2-39)中,电压的单位为 V,电流的单位为 A,容抗的单位为 Ω,则无功功率的单位为乏(var)。无功功率并不是电容实际消耗的功率,其大小实际反映了电容与外部电场能量交换的规模。

　　[例 2-7]　把一个 $C = 38.5~\mu\text{F}$ 的电容接到 $u = 220\sin(314t + 30)$ V 的电源上,求该电容的无功功率 Q_C。

　　解:要求出电容的无功功率,必须先求出电容的容抗(或者电容上的电流)。

　　电容的容抗为

$$X_C = \frac{1}{2\pi f C} = \frac{1}{\omega C} = \frac{1}{314 \times 38.5 \times 10^{-6}}~\Omega = 82.7~\Omega$$

　　电容的无功功率为

$$Q_C = \frac{U^2}{X_C} = \frac{(0.707 U_m)^2}{X_C} = \frac{(0.707 \times 220)^2}{82.7}~\text{var} = 292.5~\text{var}$$

2.3　简单正弦交流电路的分析

　　在实际电子电路中,电路元件不再呈现单一特性,而是由电阻、电容、电感多种电路元件串联、并联组成。本节将对简单的 RLC 串联、并联电路进行分析,并介绍阻抗的求法和功率的计算。

📚 **PPT 课件**

RLC 串联交流电路的分析

💻 **微课**

[QR code]

RLC 串联交流电路的分析(一)

2.3.1　*RLC* 串联交流电路的分析

　　1. 瞬时值表达法

　　RLC 串联交流电路如图 2-13 所示,设电路中的电流为 $i = I_m \sin \omega t$,则 R、L、C 两端的瞬时电压分别为

$$u_R = Ri = R I_m \sin \omega t \tag{2-40}$$

$$u_L = L \frac{\mathrm{d}i}{\mathrm{d}t} = \omega L I_m \sin\left(\omega t + \frac{\pi}{2}\right) = X_L I_m \sin\left(\omega t + \frac{\pi}{2}\right) \tag{2-41}$$

$$u_C = \frac{1}{C}\int i\,\mathrm{d}t = \frac{1}{C\omega} I_m \sin\left(\omega t - \frac{\pi}{2}\right) = X_C I_m \sin\left(\omega t - \frac{\pi}{2}\right) \tag{2-42}$$

式中,X_L 称为感抗;X_C 称为容抗。它们的单位均为欧姆(Ω)。

　　根据基尔霍夫电压定律(KVL)可得

$$u = u_R + u_L + u_C \tag{2-43}$$

$$u = RI_\text{m}\sin\omega t + X_\text{L}I_\text{m}\sin\left(\omega t + \frac{\pi}{2}\right) + X_\text{C}I_\text{m}\sin\left(\omega t - \frac{\pi}{2}\right)$$

$$= U_\text{Rm}\sin\omega t + U_\text{Lm}\sin\left(\omega t + \frac{\pi}{2}\right) + U_\text{Cm}\sin\left(\omega t - \frac{\pi}{2}\right) \tag{2-44}$$

由式(2-44)可知,在正弦交流电路中采用瞬时值形式进行计算,涉及三角函数的换算,计算过程比较复杂,在电路分析中一般不采用这种方法。由于 u、u_R、u_L、u_C 均可以用相量的形式来表示,因此它们之间的关系也可用相量法表示。

微课

RLC 串联交流电路的分析(二)

2. 相量表达法

用相量形式表示的 *RLC* 串联交流电路如图 2-14 所示。

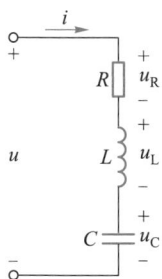 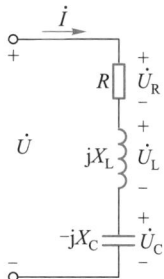

图 2-13　*RLC* 串联交流电路　　图 2-14　用相量形式表示的 *RLC* 串联交流电路

基尔霍夫定律、欧姆定律和戴维南定理等在正弦交流电路中同样适用。在此,将基尔霍夫定律用相量形式表示为

$$\dot{U} = \dot{U}_\text{R} + \dot{U}_\text{L} + \dot{U}_\text{C} \tag{2-45}$$

由于 $\dot{U}_\text{R} = \dot{I}R$，$\dot{U}_\text{L} = \text{j}X_\text{L}\dot{I}$，$\dot{U}_\text{C} = -\text{j}X_\text{C}\dot{I}$，则

$$\dot{U} = \dot{U}_\text{R} + \dot{U}_\text{L} + \dot{U}_\text{C} = \dot{I}\left[R + \text{j}(X_\text{L} - X_\text{C})\right] \tag{2-46}$$

式(2-46)为 *RLC* 串联交流电路总电压和总电流的相量关系式。从该式可以看出,*RLC* 串联交流电路的电路参数与电路性质表现如下:

① 当 $X_\text{L} > X_\text{C}$ 时,$\dot{U}$ 超前于 $\dot{I}$,电路呈感性,如图 2-15(a)所示。

② 当 $X_\text{L} < X_\text{C}$ 时,$\dot{U}$ 滞后于 $\dot{I}$,电路呈容性,如图 2-15(b)所示。

③ 当 $X_\text{L} = X_\text{C}$ 时,$\dot{U}$ 与 $\dot{I}$ 同相,电路呈阻性,如图 2-15(c)所示。

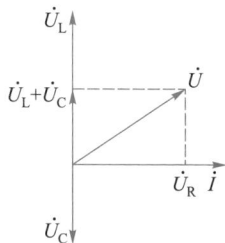 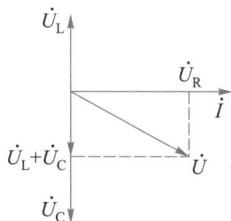 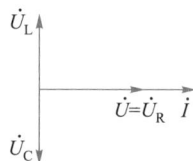

(a) *RLC* 串联交流电路感性相量图　　(b) *RLC* 串联交流电路容性相量图　　(c) *RLC* 串联交流电路阻性相量图

图 2-15　*RLC* 串联交流电路相量图

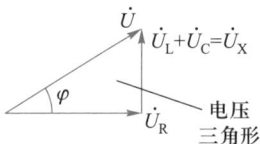

图 2-16   电压三角形
（相量形式）

设图 2-15 中，$\dot{U}_L + \dot{U}_C = \dot{U}_X$，那么 $\dot{U}$、$\dot{U}_X$、$\dot{U}_R$ 的关系可用电压三角形表示，如图 2-16 所示。

根据图 2-16，可得到

$$U = \sqrt{U_R^2 + (U_L - U_C)^2}$$

$$\varphi = \arctan \frac{U_L - U_C}{U_R} \tag{2-47}$$

$-90° < \varphi < 90°$，当电源频率不变时，改变电路参数 L 或 C 可以改变电路的性质，若电路参数不变，也可以通过改变电源频率来改变电路的性质。

[例 2-8]   荧光灯导通后，镇流器与灯管串联，其模型为电阻与电感串联。一个荧光灯电路的电阻为 $R = 300\ \Omega$，电感为 $L = 1.66\ \text{H}$，工频电源的电压为 $u = 220\sqrt{2}\sin 314t\ \text{V}$，试求灯管电流及其与电源电压的相位差、灯管电压、镇流器电压。

解：镇流器的感抗为

$$X_L = \omega L = 314 \times 1.66\ \Omega = 521.2\ \Omega$$

灯管电流为

$$\dot{I} = \frac{\dot{U}}{R + \mathrm{j}X_L} = \frac{220}{300 + \mathrm{j}521.2}\ \text{A} = \frac{220\ \underline{/0°}}{601.6\ \underline{/60.1°}}\ \text{A}, \quad |\dot{I}| = \frac{220}{601.6}\ \text{A} = 0.3657\ \text{A}$$

所以，灯管电压比灯管电流超前 60.1°。

灯管电压为

$$U_R = RI = 300 \times 0.3657\ \text{V} = 109.7\ \text{V}$$

镇流器电压为

$$U_L = X_L I = 521.2 \times 0.3657\ \text{V} = 190.6\ \text{V}$$

[例 2-9]   某 RLC 串联交流电路中，已知 $R = 3\ \Omega$，$X_L = 4\ \Omega$，$X_C = 7\ \Omega$，电路两端电流 $i = 30\sqrt{2}\sin(314t + 30°)\ \text{A}$，试求电路中各元件的电压和电路的总电压，并判断电路的性质。

解：电阻元件电压为

$$\dot{U}_{Rm} = \dot{I}_m R = 90\sqrt{2}\ \underline{/30°}\ \text{V}$$

电感元件电压为

$$\dot{U}_{Lm} = \dot{I}_m \mathrm{j}X_L = 120\sqrt{2}\ \underline{/120°}\ \text{V}$$

电容元件电压为

$$\dot{U}_{Cm} = -\dot{I}_m \mathrm{j}X_C = 210\sqrt{2}\ \underline{/-60°}\ \text{V}$$

电路的总电压为

$$\dot{U}_m = \dot{U}_{Rm} + \dot{U}_{Lm} + \dot{U}_{Cm} = \dot{I}_m[R + \mathrm{j}(X_L - X_C)] = \dot{I}_m \times 3\sqrt{2}\ \underline{/-45°}\ \Omega = 180\ \underline{/-15°}\ \text{V}$$

所以 $\dot{U}$ 滞后于 $\dot{I}$，电路呈容性。

PPT 课件

RLC 并联交流电路的分析

2.3.2   RLC 并联交流电路的分析

1. 瞬时值表达法

RLC 并联交流电路如图 2-17 所示，设电路中的电压为 $u = U_m \sin \omega t$，则 R、L、C 两端

的瞬时电流分别为

$$i_R = \frac{u}{R} = \frac{U_m}{R}\sin \omega t = GU_m\sin \omega t \tag{2-48}$$

$$i_L = \frac{1}{L}\int u\,dt = \frac{1}{\omega L}U_m\sin\left(\omega t - \frac{\pi}{2}\right) = B_L U_m\sin\left(\omega t - \frac{\pi}{2}\right) \tag{2-49}$$

$$i_C = C\frac{du}{dt} = C\omega U_m\sin\left(\omega t + \frac{\pi}{2}\right) = B_C U_m\sin\left(\omega t + \frac{\pi}{2}\right) \tag{2-50}$$

微课

RLC 并联交流电路的分析（一）

式中，G 称为电导；B_L 称为感纳；B_C 称为容纳。它们的单位均为西门子（S）。

根据基尔霍夫电流定律（KCL）可得

$$i = i_R + i_L + i_C$$

$$i = GU_m\sin \omega t + B_L U_m\sin\left(\omega t - \frac{\pi}{2}\right) + B_C U_m\sin\left(\omega t + \frac{\pi}{2}\right)$$

$$= I_{Rm}\sin \omega t + I_{Lm}\sin\left(\omega t - \frac{\pi}{2}\right) + I_{Cm}\sin\left(\omega t + \frac{\pi}{2}\right) \tag{2-51}$$

同 RLC 串联交流电路一样，采用瞬时值形式进行计算，计算过程比较复杂，一般采用相量表达法。

2. 相量表达法

用相量形式表示的 RLC 并联交流电路如图 2-18 所示。

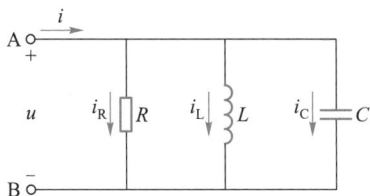

微课

RLC 并联交流电路的分析（二）

图 2-17　RLC 并联交流电路　　　图 2-18　用相量形式表示的 RLC 并联交流电路

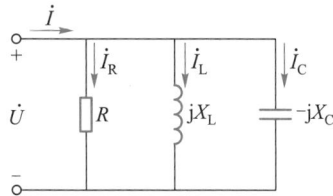

设电压 $\dot{U} = 220\angle 0°$ V 为参考相量，将基尔霍夫电流定律用相量形式表示为

$$\dot{I} = \dot{I}_R + \dot{I}_L + \dot{I}_C \tag{2-52}$$

由于 $\dot{I}_R = G\dot{U}$，$\dot{I}_L = -jB_L\dot{U}$，$\dot{I}_C = jB_C\dot{U}$，则

$$\dot{I} = \dot{I}_R + \dot{I}_L + \dot{I}_C = \dot{U}[G + j(B_C - B_L)] \tag{2-53}$$

式（2-53）为 RLC 并联交流电路总电压和总电流的相量关系式。从该式可以看出，RLC 并联交流电路的电路参数与电路性质表现如下：

① 当 $X_L > X_C$，即 $B_C > B_L$ 时，$\dot{I}$ 超前于 $\dot{U}$，电路呈容性，如图 2-19（a）所示。

② 当 $X_L < X_C$，即 $B_C < B_L$ 时，$\dot{I}$ 滞后于 $\dot{U}$，电路呈感性，如图 2-19（b）所示。

③ 当 $X_L = X_C$，即 $B_C = B_L$ 时，$\dot{I}$ 与 $\dot{U}$ 同相，电路呈阻性，如图 2-19（c）所示。

在 RLC 并联交流电路中，电流 $\dot{I}$、$\dot{I}_R$、$\dot{I}_C$、$\dot{I}_L$ 三个相量组成一个直角三角形，有

$$I = \sqrt{I_R^2 + (I_C - I_L)^2}$$

$$\varphi' = \arctan\frac{I_C - I_L}{I_R} \tag{2-54}$$

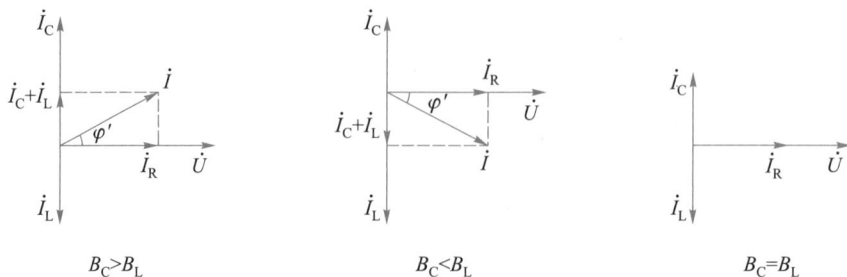

(a) *RLC* 并联交流电路容性相量图　(b) *RLC* 并联交流电路感性相量图　(c) *RLC* 并联交流电路阻性相量图

图 2-19　*RLC* 并联交流电路相量图

[例 2-10]　在图 2-20 所示正弦交流电路中,已知电流表 A₁ 的读数为 6 A,A₂ 的读数为 8 A,求电流表 A 的读数。

解:以电压 $\dot{U}$ 为参考相量,画出相量图如图 2-21 所示。

由相量图可见,$\dot{I}$、$\dot{I}_R$、$\dot{I}_C$ 组成直角三角形,可得

$$I = \sqrt{I_R^2 + I_C^2} = \sqrt{6^2 + 8^2}\ A = 10\ A$$

故电流表 A 的读数为 10 A。

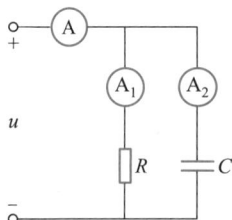

图 2-20　正弦交流电路

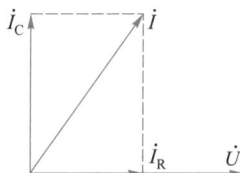

图 2-21　相量图

PPT 课件　2.3.3　正弦交流电路的阻抗

正弦交流电路的阻抗

2.3.1 节介绍了 *RLC* 串联交流电路的总电压与电流关系参考式,即 $\dot{U} = \dot{I}\left[R + j(X_L - X_C)\right]$,可以看到这与直流电路中欧姆定律 $U = IR$ 的表达形式类似。在交流电路中,令 $Z = \left[R + j(X_L - X_C)\right]$,那么

微课

正弦交流电路的阻抗和导纳

$$\dot{U} = \dot{I}Z \qquad (2\text{-}55)$$

式中,Z 为交流电路的阻抗,它的单位是 Ω,表示电阻、电抗(电感、电容)元件对正弦交流信号的阻碍作用。

1. 阻抗的表示

阻抗定义:无源二端网络中,端口电压相量与电流相量的比值称为该网络的阻抗,并用符号 Z 表示,如图 2-22 所示。说明:"无源"是指这个二端网络的内部没有电源。

由式(2-55)可得

$$Z = \frac{\dot{U}}{\dot{I}} = \frac{U\ \underline{/\varphi_u}}{I\ \underline{/\varphi_i}} = \frac{U}{I}\ \underline{/(\varphi_u - \varphi_i)} = |Z|\ \underline{/\varphi_z} \qquad (2\text{-}56)$$

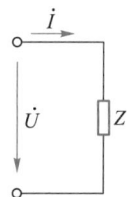

图 2-22　阻抗相量模型

由于其端口电压、电流相量都为矢量,因而阻抗也为矢量,可表示为

$$Z = |Z| \underline{/\varphi_z} = R + \mathrm{j}X \tag{2-57}$$

式中,R 为阻抗的实数部分(简称为"实部")或电阻部分;X 为阻抗的虚数部分(简称为"虚部")或电抗部分。阻抗模 $|Z|$ 等于电压的有效值与电流的有效值之比,阻抗角 φ 等于电压与电流的相位差,即

$$|Z| = \frac{U}{I} = \sqrt{R^2 + X^2}$$

$$\varphi_z = \varphi_\mathrm{u} - \varphi_\mathrm{i} = \arctan \frac{X}{R} \tag{2-58}$$

2. 阻抗的性质

电路等效阻抗 $Z = |Z| \underline{/\varphi_z} = R + \mathrm{j}X$ 的特点如下:

① 当 $X > 0$(或 $\sin \varphi_z > 0$)时,阻抗呈电感的性质(称为感性阻抗),电路总电流滞后总电压,电路称为感性电路。

② 当 $X < 0$(或 $\sin \varphi_z < 0$)时,阻抗呈电容的性质(称为容性阻抗),电路总电流超前总电压,电路称为容性电路。

③ 当 $X = 0$(或 $\sin \varphi_z = 0$)时,阻抗呈纯电阻的性质,总电流与总电压同相,电路称为阻性电路,这是一种很特殊的情况,电路此时工作在"谐振"状态,在 2.4 节详述。

纯电感电路、纯电容电路和纯电阻电路是以上三种情况的特例。

① 纯电感电路的阻抗是 $Z_\mathrm{L} = \mathrm{j}X_\mathrm{L} = X_\mathrm{L} \underline{/90°}$。

② 纯电容电路的阻抗是 $Z_\mathrm{C} = -\mathrm{j}X_\mathrm{C} = X_\mathrm{C} \underline{/-90°}$。

③ 纯电阻电路的阻抗是 $Z_\mathrm{R} = R = R \underline{/0°}$。

在一般的工业电网和民用电网中,主要的用电设备是电阻性负载和电感性负载,很少有电容性负载;所以在一般情况下,其等效阻抗往往是感性阻抗,其上的总电压超前总电流。

3. 阻抗的串并联

与直流电路中的电阻类似,阻抗也有串并联、混联,下面介绍阻抗的串联和并联,混联可以参考直流电路。

(1)阻抗的串联

当有 N 个阻抗串联时,等效阻抗为

$$Z = Z_1 + Z_2 + Z_3 + \cdots = \sum_{i=1}^{N} Z_i = \sum_{i=1}^{N} R_i + \mathrm{j} \sum_{i=1}^{N} X_i = |Z| \underline{/\varphi_z} \tag{2-59}$$

式中

$$|Z| = \sqrt{\left(\sum_{i=1}^{N} R_i \right)^2 + \left(\sum_{i=1}^{N} X_i \right)^2}$$

$$\varphi_z = \arctan \frac{\displaystyle\sum_{i=1}^{N} X_i}{\displaystyle\sum_{i=1}^{N} R_i} \tag{2-60}$$

图 2-23(a)所示电路中 Z_1、Z_2、Z_3 三个阻抗串联,可等效为图 2-23(b)所示的等

效阻抗 Z，$Z = Z_1 + Z_2 + Z_3$。其他性质与电阻串联相同。

（2）阻抗的并联

当有 N 个阻抗并联时，其等效阻抗的倒数等于各分支阻抗的倒数之和，即

$$\frac{1}{Z} = \frac{1}{Z_1} + \frac{1}{Z_2} + \cdots = \sum_{i=1}^{N} \frac{1}{Z_i} \tag{2-61}$$

图 2-24（a）所示电路中 Z_1、Z_2、Z_3 三个阻抗并联，可等效为图 2-24（b）所示的等

效阻抗 Z，$\frac{1}{Z} = \frac{1}{Z_1} + \frac{1}{Z_2} + \frac{1}{Z_3}$。其他性质与电阻并联相同。

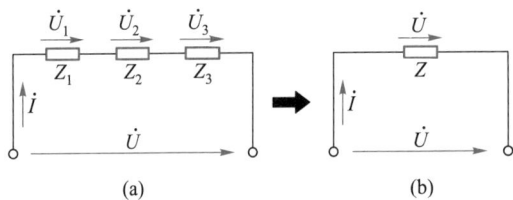

图 2-23　阻抗的串联与等效　　　　图 2-24　阻抗的并联与等效

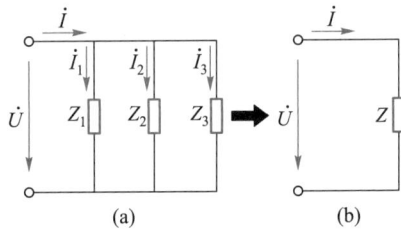

[例 2-11]　在图 2-25 所示电路中，已知 $R_1 =$
1.5 kΩ，$R_2 = 1$ kΩ，$L = 1/3$ H，$C = 1/6$ μF，$u_{\text{S}} =$
$40\sqrt{2}\sin 3\,000t$ V，试求电路总阻抗和电流 $\dot{I}$、$\dot{I}_{\text{L}}$、$\dot{I}_{\text{C}}$。

图 2-25　例 2-11 图

解：电源电压相量表达式为

$$\dot{U}_{\text{S}} = U_{\text{S}} \big/\!\!\underline{0°} = 40 \big/\!\!\underline{0°}\ \text{V}$$

电容和电感的阻抗分别为

$$Z_{\text{C}} = -jX_{\text{C}} = -j\frac{1}{\omega C} = -j\frac{1}{3\,000 \times (1/6) \times 10^{-6}}\ \Omega = -2j\ \text{kΩ} = 2 \big/\!\!\underline{-90°}\ \text{kΩ}$$

$$Z_{\text{L}} = jX_{\text{L}} = j\omega L = j(3\,000 \times 1/3)\ \Omega = j\ \text{kΩ} = 1 \big/\!\!\underline{90°}\ \text{kΩ}$$

R_2、C 串联后的阻抗为

$$Z_{\text{RC}} = R_2 + Z_{\text{C}} = [1 + (-2j)]\ \text{kΩ} = (1 - 2j)\ \text{kΩ} = 2.24 \big/\!\!\underline{-63°}\ \text{kΩ}$$

Z_{RC}、Z_{L} 并联后阻抗为

$$Z_{\text{RCL}} = \frac{Z_{\text{L}} Z_{\text{RC}}}{Z_{\text{L}} + Z_{\text{RC}}} = \frac{1 \big/\!\!\underline{90°} \times 2.24 \big/\!\!\underline{-63°}}{j + 1 - 2j}\ \text{kΩ} = \frac{2.24 \big/\!\!\underline{27°}}{1 - j}\ \text{kΩ}$$

$$= \frac{2.24 \big/\!\!\underline{27°}}{1.414 \big/\!\!\underline{-45°}}\ \text{kΩ} = 1.584 \big/\!\!\underline{72°}\ \text{kΩ} = 0.49 + 1.51j\ \text{kΩ}$$

电路总阻抗为

$$Z = Z_{\text{RCL}} + R_1 = (0.49 + 1.51j + 1.5)\ \text{kΩ} = (1.99 + 1.51j)\ \text{kΩ} = 2.5 \big/\!\!\underline{37°}\ \text{kΩ}$$

总电流相量为

$$\dot{I} = \frac{\dot{U}_{\text{S}}}{Z} = \frac{40 \big/\!\!\underline{0°}}{2.5 \big/\!\!\underline{37°}}\ \text{A} = 16 \big/\!\!\underline{-37°}\ \text{A}$$

由分流定律可得支路电流为

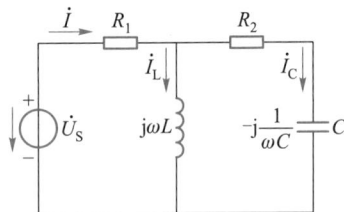

$$\dot{I}_C = \frac{Z_L}{Z_{RC}+Z_L}\dot{I} = \frac{1 \angle 90°}{j+1-2j}\times 16 \angle -37° \text{ A} = \frac{16 \angle 53°}{1.414 \angle -45°} \text{ A} = 11.3 \angle 98° \text{ A}$$

$$\dot{I}_L = \frac{Z_{RC}}{Z_{RC}+Z_L}\dot{I} = \frac{2.24 \angle -63°}{j+1-2j}\times 16 \angle -37° \text{ A} = \frac{35.84 \angle -100°}{1.414 \angle -45°} \text{ A} = 25.3 \angle -55° \text{ A}$$

各电流瞬时值表达式为

$$i = 16\sqrt{2}\sin(3\,000t-37°) \text{ A}$$

$$i_C = 11.3\sqrt{2}\sin(3\,000t+98°) \text{ A}$$

$$i_L = 25.3\sqrt{2}\sin(3\,000t-55°) \text{ A}$$

4. 导纳

在 2.3.2 节对 RLC 并联交流电路的分析中,为了方便计算,引入 G(电导)、B_L(感纳)、B_C(容纳)来表示电阻、感抗和容抗的倒数,得到 RLC 并联交流电路总电流和总电压关系式,即 $\dot{I} = \dot{I}_R + \dot{I}_L + \dot{I}_C = \dot{U}[G+j(B_C-B_L)]$,进一步令 $Y = G+j(B_C-B_L)$,则

$$\dot{I} = \dot{U}Y \tag{2-62}$$

已知用阻抗表示的总电流和总电压关系式有

$$\dot{I} = \frac{\dot{U}}{Z} \tag{2-63}$$

定义阻抗的倒数为导纳,并用符号 Y 来表示,即

$$Y = \frac{1}{Z} \tag{2-64}$$

式(2-64)中,若阻抗的单位为欧姆(Ω),那么导纳的单位就是西门子(S)。导纳与阻抗一样也是一个复数,也可以写成以下标准形式:

$$Y = G+jB = |Y| \angle \varphi_Y \tag{2-65}$$

式中,G 是导纳的实部,称为电导;B 是导纳的虚部,称为电纳;$|Y|$ 称为导纳的模;φ_Y 是导纳角。

当有 N 个导纳串联时,电路总导纳的倒数等于各分支导纳的倒数之和,即

$$\frac{1}{Y} = \frac{1}{Y_1} + \frac{1}{Y_2} + \cdots = \sum_{i=1}^{N}\frac{1}{Y_i} \tag{2-66}$$

同理,当有 N 个导纳并联时,电路的总导纳等于各分支导纳的和,即

$$Y = Y_1 + Y_2 + \cdots = \sum_{i=1}^{N}Y_i \tag{2-67}$$

2.3.4 正弦交流电路的功率

PPT 课件

正弦交流电路的功率

电路网络的最终目的就是进行能量的转换和输送,在交流电路中,由电源供给负载(或称电路元件)的电功率有两种:一种是在阻性元件上实际消耗的电能或转换为其他形式的能量,如机械能、光能、热能等,这种称为"耗能";另外一种是电路中的电容或电感元件暂时把电能通过电场能或磁场能的形式存储起来,在一定条件下再释放给电路,这种称为"储能"。用于描述这两种不同能量形式的功率也有有功功率和无功功率之分。

1. 视在功率、有功功率和无功功率

交流电路可以等效为一个电阻和一个电抗串联的电路,如图 2-26 所示。

电路阻抗等效为 $Z = R + jX$。设电路中的电流相量为参考相量,即 $\dot{I} = I \underline{/0°}$,则电压相量图如图 2-27 所示,以电压相量为参考相量时也同理,本节以下内容以 $\dot{I} = I \underline{/0°}$ 为参考相量。

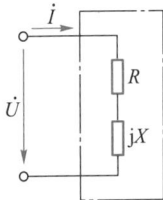

图 2-26　交流等效电路　　　　图 2-27　阻抗、电压及功率三角形

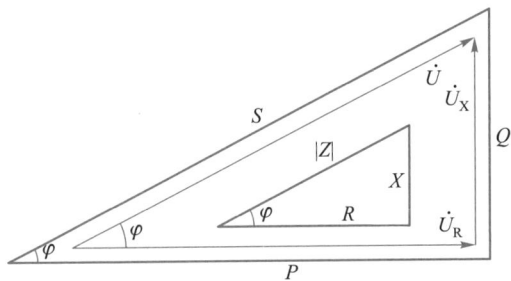

在直流电路中,功率可表示为电流与电压的乘积,由此推理到交流电路中,功率也应该是电流与电压乘积,在图 2-27 所示电压三角形中,有电路总电压相量、与 $\dot{I} = I \underline{/0°}$ 同相的阻抗部分电压相量及与 $\dot{I} = I \underline{/0°}$ 垂直的电抗部分电压相量。因此,交流电路的功率相应地分为视在功率、有功功率和无功功率。

视在功率定义:交流电源能够提供的总功率,又称为表现功率。在数值上表现为电流与电压的乘积,用 S 表示(见图 2-27):

$$S = IU \tag{2-68}$$

视在功率的单位为伏·安(V·A)或千伏·安(kV·A)。

有功功率的定义:电源在一个周期内发出瞬时功率的平均值或负载电阻所消耗的功率。在数值上表现为电流与阻抗部分电压的乘积,用 P 表示(见图 2-27):

$$P = IU\cos\varphi \tag{2-69}$$

有功功率的单位为瓦(W)、千瓦(kW)或兆瓦(mW),如 5.5 kW 的电动机就是把 5.5 kW 的电能转换为机械能,带动水泵抽水或脱粒机脱粒。

无功功率定义:在每半个周期内,电路元件把电源能量变成磁场(或电场)能量储存起来,然后再释放,又把储存的磁场(或电场)能量返回给电源,电路元件只是进行这种能量的交换,并没有真正消耗能量,把这个交换的功率值称为无功功率。在数值上表现为电流与电抗部分电压的乘积,用 Q 表示(见图 2-27):

$$Q = IU\sin\varphi \tag{2-70}$$

由于无功功率不对外做功,才被称之为“无功”,单位为乏(var)或千乏(kvar)。例如 40 W 的荧光灯,除需 40 多瓦有功功率(镇流器也需消耗一部分有功功率)来发光外,还需 80 var 左右的无功功率供镇流器的线圈建立交变磁场用。

有功功率的计算:电路所消耗的功率就是电路中所有耗能元件所消耗的功率的总和;根据有功功率的意义可知,电路中所有耗能元件消耗的功率的总和就是电路的有功功率。因此 $P = P_{R1} + P_{R2} + P_{R3} + \cdots = \sum\limits_{i=1}^{N} P_{Ri}$($P_{R1}$、$P_{R2}$、$P_{R3}$、$\cdots$、$P_{RN}$ 等均为各电阻上的功率)。在生活中,通常在计算家庭电器总功率时把各种电器的功率相加,就是采用这种办法来求取电路的有功功率。

[**例 2-12**] 荧光灯参数测试电路如图 2-28 所示。在电路中输入频率 $f = 50$ Hz 的信号,并由仪器仪表测得 $U = 120$ V、$I = 0.8$ A、$P = 20$ W,试求线圈的电阻 R 和电感 L。

解:由于电路的有功功率为 20 W,电流有效值为 0.8 A,所以有

$$R = P/I^2 = 20 \text{ W}/(0.8 \text{ A})^2 = 31.25 \ \Omega$$

电阻上电压有效值为

$$U_R = IR = 0.8 \times 31.25 \text{ V} = 25 \text{ V}$$

根据电压三角形,电感上电压有效值为

$$U_L = \sqrt{U^2 - U_R^2} = \sqrt{120^2 - 25^2} \text{ V} = 117.4 \text{ V}$$

电路的感抗为

$$X_L = \frac{U_L}{I} = 117.4 \text{ V}/0.8 \text{ A} = 146.75 \ \Omega$$

所以电感为

$$L = \frac{X_L}{2\pi f} = 146.75/(2 \times 3.14 \times 50) \text{ H} = 0.467 \text{ H}$$

图 2-28　荧光灯参数测试电路

2. 功率因数和功率因数角

式(2-69)中,有功功率的大小不但与其上的电压、电流有效值大小有关,而且还与电压与电流的夹角的余弦($\cos \varphi$)成正比;把 $\cos \varphi$ 称为功率因数,用符号 λ 表示。它可表示为

$$\lambda = \cos \varphi = \frac{P}{S} \tag{2-71}$$

功率因数体现了有功功率在视在功率中所占的比例。φ 表示总电压与总电流之间的相位差,即等效阻抗的阻抗角,通常也把它称为功率因数角。

3. 提高功率因数的方法

电网中的电力负荷如电动机、变压器、荧光灯及电弧炉等,大多属于感性负载,这些感性负载在运行过程中不仅需要向电力系统吸收有功功率,还同时吸收无功功率。而有功功率才是真正被用来为生产和生活服务的功率;无功功率则不能被人们利用,因此一般情况下总希望无功功率越小越好。

电路中的功率因数是反映电网效率高低的重要因素。电路的功率因数越大,则电网输送的有功功率就越多,输送的无功功率就越少,电网的效率就越高;反之,若电路的功率因数越低,则电网的效率就越低。

在提供同样多功率的情况下,由于工厂用电电网的功率因数低,采用的变压器容量比生活供电电网的变压器容量大得多;从另一角度来看就是工厂供电电网的变压器效率比生活供电电网的变压器效率要低得多。另一方面,在电压相同的情况下,变压器提供相同的功率,功率因数越低,则电路中的电流就越大,线路中的能量损耗和电压损耗就都越大,从而造成电网供电质量下降。

总结:功率因数对电网的影响很大,提高电网功率因数的意义重大。它能提高电

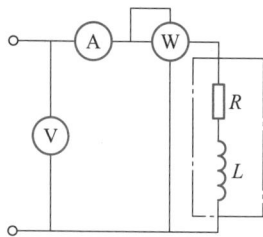

微课

功率因数及其提高方法

拓展阅读

提高功率因数的几种方法

源设备利用率,并能降低线路的能量损耗和电压降。

图 2-29(a)所示为一个感性负载,它的电阻为 R,感抗为 X_L。由图 2-29(b)可以看出,并联电容后感性负载的工作状态没有发生任何变化,即电路中

$$\dot{I} = \dot{I}_1 \tag{2-72}$$

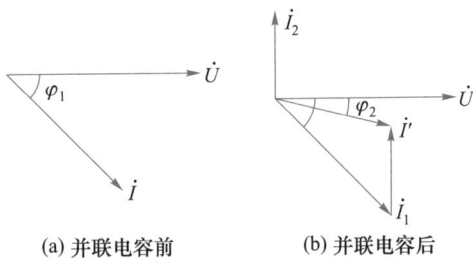

图 2-30(a)所示为并联电容前的相量图,图中 φ_1 为功率因数角,其大小为

$$\varphi_1 = \arctan \frac{X_L}{R} \tag{2-73}$$

图 2-30(b)所示为并联电容后的相量图,其功率因数角发生了变化,由原来的 φ_1 变为 φ_2,可见只要电容的容量合适,就可以使功率因数角变小,功率因数变大,即

$$\varphi_2 < \varphi_1$$
$$\cos \varphi_2 > \cos \varphi_1$$

动画

电容与感性负载并联来提高功率因数

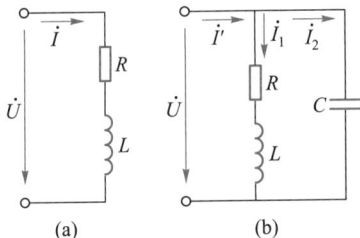

图 2-29　感性负载的功率因数　　图 2-30　并联电容前后的相量图

从相量图上可以看出,并联电容后电路的总电流减小,这意味着电网向负载输送相同的有功功率时,向负载提供的电流变小,从而提高了电网的利用率。

电路的功率因数低是因为负载与电网交换的无功功率过多,并联电容后感性负载与电容之间发生了能量交换,使得与电网的能量交换减少,从而降低电网提供的无功功率,使电网得到更充分的利用。

结论:在感性负载(或感性电路网络)两端并联上合适的电容可以提高电路的功率因数。

感性负载并联电容进行无功功率补偿前后的功率因数角与电容容量之间存在以下关系:

$$C = \frac{P(\tan \varphi_1 - \tan \varphi_2)}{2\pi f U^2} \tag{2-74}$$

式中,P 为感性负载(或电路)吸收的有功功率;U 为负载两端的电压;φ_1 和 φ_2 分别为补偿前后的功率因数角。

国家有关部门为了提高电网经济运行的水平,充分发挥供电设备的潜力,减少线路功率损失和提高供电质量,对一般工业用户要求其功率因数不得低于 0.85 的标准,若用户功率因数低于该标准则将增收电费。

[例 2-13]　某一个生活小区与一个小型工厂满负荷运行时都需要消耗 100 kW 的功率,但生活用电电网与工厂用电电网的功率因数不同,一般生活用电电网的功率因数为 $\lambda_1 = 0.9$,而工厂用电电网的功率因数为 $\lambda_2 = 0.5$,试计算每台变压器的容量。

解:设用电电网均为单相电网,额定电压为 220 V。

生活用电电网变压器的容量为

$$S_1 = \frac{P}{\lambda_1} = \frac{100 \times 10^3}{0.9} \text{ V} \cdot \text{A} = 111\ 111.11 \text{ V} \cdot \text{A} = 111.11 \text{ kV} \cdot \text{A}$$

工厂用电电网变压器的容量为

$$S_2 = \frac{P}{\lambda_2} = \frac{100 \times 10^3}{0.5} \text{ V} \cdot \text{A} = 200\ 000 \text{ V} \cdot \text{A} = 200 \text{ kV} \cdot \text{A}$$

生活用电电网变压器额定电流为

$$I_{N1} = \frac{S_1}{U_N} = \frac{111.11 \times 10^3}{220} \text{ A} = 505.0 \text{ A}$$

工厂用电电网变压器额定电流为

$$I_{N2} = \frac{S_2}{U_N} = \frac{200 \times 10^3}{220} \text{ A} = 909.1 \text{ A}$$

[例 2-14]　某电源 $S_N = 20$ kV $\cdot$ A,$U_N = 220$ V,$f = 50$ Hz。试求:

(1) 电源的额定电流;

(2) 若电源向功率为 40 W、功率因数为 0.5 的荧光灯供电,最多可点亮多少只荧光灯? 此时线路的总电流是多少?

(3) 若将电路的功率因数提高到 0.9,此时线路的电流是多少? 需并入多大电容? 能点亮多少只荧光灯?

解:(1) 电源的额定电流为

$$I_N = \frac{S_N}{U_N} = \frac{20 \times 10^3}{220} \text{ A} = 91 \text{ A}$$

(2) 设荧光灯的数量为 N,则总的功率(有功功率)为

$$P = N \times 40 \text{ W} = S_N \cos \varphi = U_N I_N \lambda_1 = 220 \times 91 \times 0.5 \text{ W}$$

$$N = \frac{220 \times 91 \times 0.5}{40} = 250.25$$

即可以点亮 250 只荧光灯,此时线路的总电流约为 91 A。

(3) 功率因数提高后,电路提供的有功功率不变,线路的总电流为

$$I = \frac{P}{U_N \lambda_2} = \frac{250 \times 40}{220 \times 0.9} \text{ A} = 50.5 \text{ A}$$

可见,电源功率因数提高后,线路电流下降了很多,这意味着电源还有能力给其他负载供电。

由式(2-74)可得提高功率因数到 0.9 所需并联的电容为

$$C = \frac{P(\tan \varphi_1 - \tan \varphi_2)}{2\pi f U_N^2} = \frac{250 \times 40 \times (\tan 60° - \tan 25.8°)}{2 \times 3.14 \times 50 \times 220^2} \text{ F} = 820 \text{ μF}$$

式中,$\varphi_1 = \arccos 0.5 = 60°$;$\varphi_2 = \arccos 0.9 = 25.8°$。

提高功率因数后可点亮的荧光灯个数为

$$N = \frac{U_N I_N \lambda_2}{40 \text{ W}} = \frac{220 \times 50.5 \times 0.9}{40} = 450.45$$

即可以点亮 450 只荧光灯。

2.4 电路的谐振

一般来讲,在交流电路中,由于电容、感元件的电抗存在,电路两端的电压 u 与通过电路的电流 i 并不同相,即存在着相位差。电容和电感性质相反,感抗和容抗值都与频率相关。当电源满足某一特定的频率时,就会出现电路两端的电压和其中的电流同相的情况,这种特殊现象称为谐振(resonance),有串联谐振和并联谐振两种。

PPT 课件

串联谐振

2.4.1 串联谐振

串联谐振的定义:含有 L、C 的电路,当 L 与 C 串联时,电压与电流同相,称电路发生了串联谐振。

微课

电路的谐振(串联谐振)

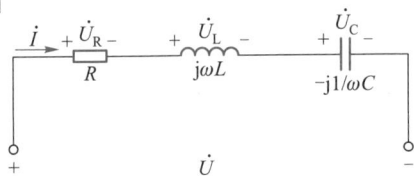

如图 2-31 所示,在正弦电压 $u = \sqrt{2}\,U\sin\omega t$ 的激励下,其输入复阻抗为

$$Z = R + \mathrm{j}(X_L - X_C) = R + \mathrm{j}\left(\omega L - \frac{1}{\omega C}\right) \quad (2\text{-}75)$$

当 $X_L = X_C$ 时,$Z = R$,电路呈电阻性,电压与电流没有相位差,这时电路的状态即为串联谐

图 2-31 RLC 串联谐振电路

振。所以,串联谐振的条件要求为

实验二

RLC 串联谐振仿真实验

$$X_L = X_C \quad \text{或} \quad \omega_0 L = \frac{1}{\omega_0 C} \quad (2\text{-}76)$$

即

$$\omega_0 = \frac{1}{\sqrt{LC}} \quad \text{或} \quad f_0 = \frac{1}{2\pi\sqrt{LC}}$$

式中,ω_0 为谐振角频率;f_0 为谐振频率。它们只由电路参数 L、C 决定,与电阻无关,反映了电路自身固有的性质。因此 ω_0、f_0 也分别称为谐振电路的固有角频率、固有频率。

要使电路发生谐振,电源频率(谐振频率)应等于谐振电路的固有频率。在实际应用中,通常通过调节 L 或 C 的大小来实现谐振。

串联谐振电路有下列特点:

(1) 阻抗最小,$Z = R$,电路呈阻性。

(2) 电流最大,$I_0 = \dfrac{U}{|Z|} = \dfrac{U}{R}$,电流与电压同相。

(3) 电路中的无功功率为 0,表明电源供给的能量全部被电阻消耗,电源与电路之间没有能量交换,只在电感和电容之间进行能量交换。

(4) 电阻电压等于电路总电压,电感电压与电容电压大小相等、相位相反,并且都为电路总电压的 Q 倍。

(5) 电感电压或电容电压与电路总电压之比称为串联谐振电路的品质因数,用 Q 表示,即

$$Q = \frac{\omega_0 L}{R} = \frac{1}{\omega_0 RC} \quad (2\text{-}77)$$

Q 的求取过程：

电感电压为

$$U_L = I_0 X_L = \frac{U}{R} \omega_0 L = \frac{\omega_0 L}{R} U$$

电容电压为

$$U_C = I_0 X_C = \frac{U}{R} \frac{1}{\omega_0 C} = \frac{1}{\omega_0 RC} U$$

所以，品质因数为

$$Q = \frac{U_L}{U} = \frac{U_C}{U} = \frac{\omega_0 L}{R} = \frac{1}{\omega_0 RC}$$

Q 值的大小是衡量谐振电路质量优劣的一个重要指标，Q 值越大，谐振电路的频率选择性越好，电路损耗的能量越少。一般串联谐振电路的 Q 值可达几十至几百，即 U_L 或 U_C 可达 U 的几十至几百倍，利用串联谐振电路可以在电感或电容两端获得很高的电压，因此串联谐振又称为电压谐振。

串联谐振在电子技术中具有广泛的应用，如调谐电路、反馈电路等。但是在电力工程上，串联谐振时过高的电压有可能击穿电感线圈或电容的绝缘，造成电气设备损坏及人身伤害。

串联谐振电路的应用：收音机

各地的广播电台以不同的频率发射无线电波，收音机为什么能让人们收听到某一电台的节目呢？

这是因为收音机中有一个能够选择无线电波频率的电路——调谐电路。调谐电路实际上是串联谐振电路，当可调电容的电容量为一定值时，电路就对某一频率的无线信号发生串联谐振，此时电路呈现的阻抗最小、电流最大，电容两端将产生一个高于信号电压 Q 倍的电压，使人们收听到该频率的电台节目。对于其他频率的无线电信号，电路不能发生谐振，电路电流很小，其信号被电路抑制掉。

因此，通过调节可调电容的电容量使调谐电路发生谐振，就可以从不同的频率中选择出所需的电台信号。

动画

谐振现象——收音机调台

2.4.2 并联谐振

并联谐振的定义：含有 L、C 的电路，当 L 与 C 并联时，电压与电流同相，称电路发生了并联谐振。

在图 2-32 所示的电路中，在正弦电压 $u = \sqrt{2}\,U\sin\omega t$ 的激励下，其输入复导纳为

$$Y = \frac{1}{R + j\omega L} + j\omega C = \frac{R}{R^2 + (\omega L)^2} + j\left[\omega C - \frac{\omega L}{R^2 + (\omega L)^2} \right] \quad (2\text{-}78)$$

图 2-32　并联谐振电路

PPT 课件

并联谐振

微课

电路的谐振（并联谐振）

当 $\omega C = \dfrac{\omega L}{R^2 + (\omega L)^2}$ 时，电路呈阻性，电压与电流没有相位差，这时电路的状态即为并联谐振。所以，此并联电路的并联谐振的条件要求为

$$\omega_0 C = \frac{\omega_0 L}{R^2 + (\omega_0 L)^2} \quad (2\text{-}79)$$

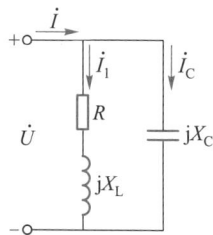

在实际电路中，当 $\omega_0 L \gg R$ 时，并联谐振电路发生谐振时角频率和频率分别为

$$\omega_0 \approx \frac{1}{\sqrt{LC}}$$

$$f_0 \approx \frac{1}{2\pi\sqrt{LC}} \tag{2-80}$$

调节 L、C 的值，或改变电路电源频率，均可发生谐振。

并联谐振电路具有下列特点：

（1）阻抗最大，电路呈阻性，阻抗模为

$$|Z_0| = \frac{(\omega_0 L)^2}{R} = \frac{L}{RC} \tag{2-81}$$

（2）总电流最小，并且与电压同相，则

$$I_0 = \frac{U}{|Z_0|} = \frac{RCU}{L} \tag{2-82}$$

（3）电感支路电流与电容支路电流近似相等，并且都为总电流 I_0 的 Q 倍，即 $I_1 \approx I_C = QI_0$。

（4）Q 为并联谐振电路的品质因数，其值为电感支路电流或电容支路电流与总电流之比，即

$$Q = \frac{I_1}{I_0} \approx \frac{I_C}{I_0} = \frac{\omega_0 L}{R} = \frac{1}{\omega_0 RC} \tag{2-83}$$

并联谐振时，需满足品质因数 $Q \gg 1$ 的条件，电感支路电流或电容支路电流比总电流大许多倍。因此，并联谐振又称为电流谐振。

（5）电路中的无功功率为 0，表明电源供给的能量全部被电阻消耗，电源与电路之间没有能量交换，只在电感和电容之间进行能量交换。

利用并联谐振电路高阻抗的特点，可将其用作选频器或振荡器，或在电力工程中用作高频阻波器等。

并联谐振频率的阻抗求法：

由图 2-33 所示的相量图可以看出，电路处于并联谐振状态时，电路电压与电流同相，即 $\varphi = 0$，此时电感支路电流 I_1 的分量 I_{1L} 和电容支路电流 I_C 相等，即

$$I_C = I_{1L} = I_1 \sin \varphi_1$$

即

$$\frac{U}{X_C} = \frac{U}{|Z_1|} \cdot \frac{X_L}{|Z_1|} = \frac{UX_L}{R^2 + X_L^2}$$

可得

$$X_C = \frac{R^2 + X_L^2}{X_L}$$

$$\frac{1}{\omega_0 C} = \frac{R^2 + (\omega_0 L)^2}{\omega_0 L}$$

即

$$\omega_0 C = \frac{\omega_0 L}{R^2 + (\omega_0 L)^2}$$

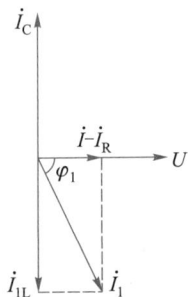

图 2-33　并联谐振电路相量图

一般情况下，$\omega_0 L \gg R$，所以谐振角频率和谐振频率分别为

$$\omega_0 \approx \frac{1}{\sqrt{LC}}, \quad f_0 \approx \frac{1}{2\pi\sqrt{LC}}$$

[例 2-15]　一个电感的损耗电阻为 10 Ω，自感系数 L 为 100 μH，与 100 pF 的电容 C 并联后，组成并联谐振电路，若激励为一正弦电流源，有效值 $I = 1$ μA，试求谐振时电路的角频率及阻抗、端口电压、电感电流、电容电流及谐振时回路吸收的功率。

解：谐振时，角频率为

$$\omega_0 = \sqrt{\frac{1}{LC} - \frac{R^2}{L^2}} \approx \sqrt{\frac{1}{100\times10^{-6}\times100\times10^{-12}} - \frac{10^2}{(100\times10^{-6})^2}} \text{ rad/s}$$

$$= \sqrt{10^{14} - 10^{10}} \text{ rad/s} \approx \sqrt{10^{14}} \text{ rad/s} = 10^7 \text{ rad/s}$$

谐振时，阻抗为

$$Z_0 = \frac{L}{RC} = \frac{100\times10^{-6}}{10\times100\times10^{-12}} \text{ Ω} = 10^5 \text{ Ω}$$

谐振时，端口电压为

$$U = Z_0 I = 10^5 \times 10^{-6} \text{ V} = 0.1 \text{ V}$$

谐振时，电感的品质因数为

$$Q = \frac{\omega_0 L}{R} = \frac{10^7 \times 100 \times 10^{-6}}{10} = 100$$

谐振时，电感和电容的电流为

$$I_L \approx I_C = QI = 100 \times 1 \text{ μA} = 100 \text{ μA}$$

谐振时，回路吸收的功率为

$$P = I_L^2 R = (10^{-4})^2 \times 10 \text{ W} = 10^{-7} \text{ W} = 0.1 \text{ μW}$$

实践任务

任务 1　　RLC 串联交流电路的测量

任务基本信息见表 2-1。

表 2-1　任务基本信息

任务名称	RLC 串联交流电路的测量		
关键词	RLC 串联交流电路	相量图	基尔霍夫定律
对应知识点	RLC 串联交流电路的分析		

任务描述如下：

如图 2-34 所示，在一个由 R、L、C 串联组成的交流电路中，已知 $R = 100$ Ω，$L = 100$ mH，$C = 5$ μF，输入 $u = 10\sin(2\pi ft)$ V、$f = 50$ Hz 的正弦交流电压，用万用表分别测量

各电路元件两端的电压及流过电路元件的电流。改变正弦交流电的频率,观察各电路元件的电压、电流变化情况。

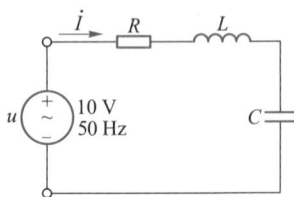

图 2-34　正弦交流电路

一、任务目标

(1)理解基本电路元件 R、L、C 在正弦交流电路中的性质。

(2)掌握万用表测交流电压、交流电流的方法。

(3)掌握信号发生器、示波器的使用。

(4)掌握正弦交流电路的分析方法。

二、任务分析

在一个正弦交流电路中,测量电路元件的电压和电流的方法与直流电路相同。电路的连接可采用面包板或万能板,也可采用 Multisim 软件仿真,观察数据的变化并记录。

三、任务实施

(1)用数字万用表的电压挡,测量 U_R、U_L、U_C 分别记入表 2-2,并记下电流表的数值。

(2)用数字万用表测量 $U_{输入}$,记入表 2-2。

(3)按表 2-2 中的数值改变电源的频率 f,重新测量 R、L、C 的电流和电压,数据记入表 2-2。

表 2-2　电路元件的电压、电流数据

f	$U_{输入}$	I	U_R	U_L	U_C
50 Hz					
100 Hz					
225 Hz					
300 Hz					
500 Hz					
1 000 Hz					

四、思考总结

(1)$U_{输入} = U_R + U_L + U_C$ 是否成立? 这一点跟直流电路有何区别?

(2)频率的大小变化会引起电阻、电感、电容的电压和电流变化吗? 为什么?

(3)当频率一定时,改变信号源的电压大小,电流将如何变化?

任务 2　荧光灯功率因数及其提高方法

任务基本信息见表 2-3。

表 2-3　任务基本信息

任务名称	荧光灯功率因数及其提高方法		
关键词	功率因数	交流电压表	交流电流表
对应知识点	功率因数及其提高方法		

一、任务目标

（1）掌握荧光灯电路的接线。

（2）理解改善功率因数的意义并掌握其方法。

二、任务分析

荧光灯原理图如图 2-35 所示。搭建荧光灯实际电路，并完成数据记录，掌握提高功率因数的方法。

本任务选用的仪表设备见表 2-4。

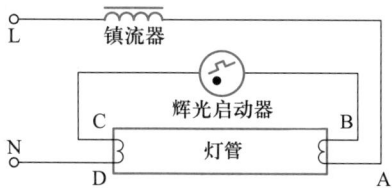

图 2-35　荧光灯原理图

表 2-4　仪 表 设 备

序号	名称	数量	备注
1	电源控制屏（自耦调压器、荧光灯管等）	1 套	
2	交流电压表	1	
3	交流电流表	1	
4	负载	1 个	
5	荧光灯、可变电容	各 1 个	
6	辉光启动器、镇流器、电容、插座	各 1 个	
7	功率表	1	

三、任务实施

1. 荧光灯电路（见图 2-36）接线与测量

（1）按图 2-36 接线。

（2）经指导教师检查后，接通实验台电源，调节自耦调压器的输出，使其输出电压缓慢增大，直到荧光灯慢慢启辉点亮，测量功率 P，电流 I，电压 U、U_L、U_A 等值，记入表 2-5 中。

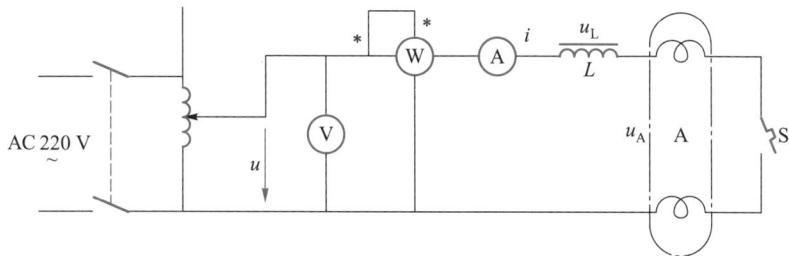

图 2-36　荧光灯电路

（3）将电压调至 220 V，测量功率 P，电流 I，电压 U、U_L、U_A 等值，记入表 2-5 中。

表 2-5　荧光灯电路参数记录

自耦调压器电压值	P/W	$\cos\varphi$	I/A	U/V	U_L/V	U_A/V
启辉值						
220 V						

2. 并联电路——功率因数的改善

（1）按图 2-37 连接实验电路。

（2）经指导教师检查后，接通实验台电源，将自耦调压器调至 220 V，记录功率表、电压表读数。

（3）通过一只电流表和三个电流插座分别测得三条支路的电流，改变电容值，进行 4 次重复测量，数据记入表 2-6 中。

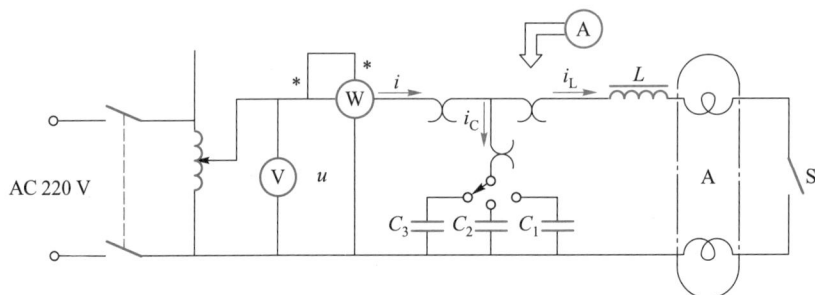

图 2-37 并联电路

表 2-6 并联电路——功率因数的改善

电容值	测量数据					
$C/\mu F$	P/W	$\cos \varphi$	U/V	I/A	I_L/A	I_C/A
0						
1						
2.2						
4.7						

3. 实验数据的处理

（1）完成数据表格中的计算，进行必要的误差分析。

误差分析：仪表准确度；读数时存在误差；电路温度升高，电阻变大。

（2）讨论改善电流功率因数的意义和方法。

意义：功率因数低会导致设备不能充分利用，电流已达到额定值，但功率容量还有。而且当输出相同的有功功率时，线路上电流大，$I = \dfrac{P}{U\cos \varphi}$，线路电压降损耗大。

方法：高压传输；改进自身设备；并联电容，提高功率因数。

四、任务总结

（1）接线、拆线和改装线路时，都必须在断开电源开关的情况下进行，严禁带电操作。应养成先接实验电路、后接通电源，实验完毕先断开电源开关、后拆实验电路的良好操作习惯。

（2）布线要合理安排，走线要清楚，便于接线和检查。

（3）实验时，尤其是刚闭合电源，设备刚投入工作时，要随时注意设备的运行情况。

任务 3   *LC* 并联谐振电路仿真

任务基本信息见表 2-7。

表 2-7　任务基本信息

任务名称	*LC* 并联谐振电路仿真		
关键词	并联谐振电路	谐振角频率	品质因数
对应知识点	电路的谐振（并联谐振）		

一、任务目标

（1）学习 Multisim 10 软件的使用方法。

（2）学习 Multisim 10 软件中虚拟仪器的使用方法。

（3）理解 *LC* 并联谐振回路的基本特性。

二、任务实施

1. 电路接线

在 Multisim 10 软件中创建 *LC* 并联谐振电路（见图 2-38）。

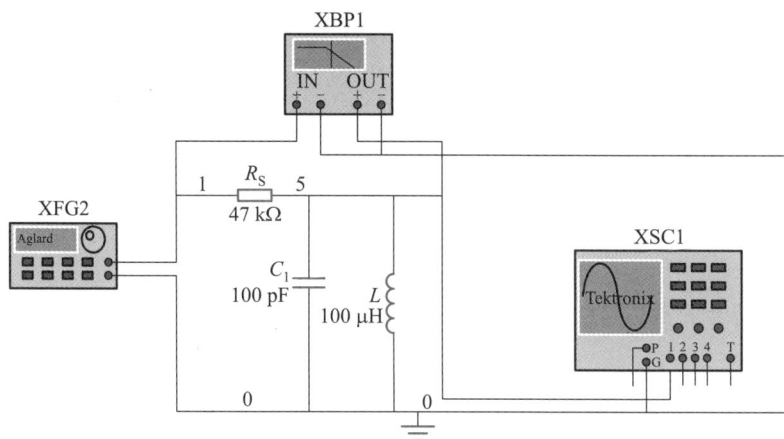

图 2-38　*LC* 并联谐振电路

2. 谐振电路的调谐

用示波器检测谐振电路，示波器波形显示如图 2-39 所示。

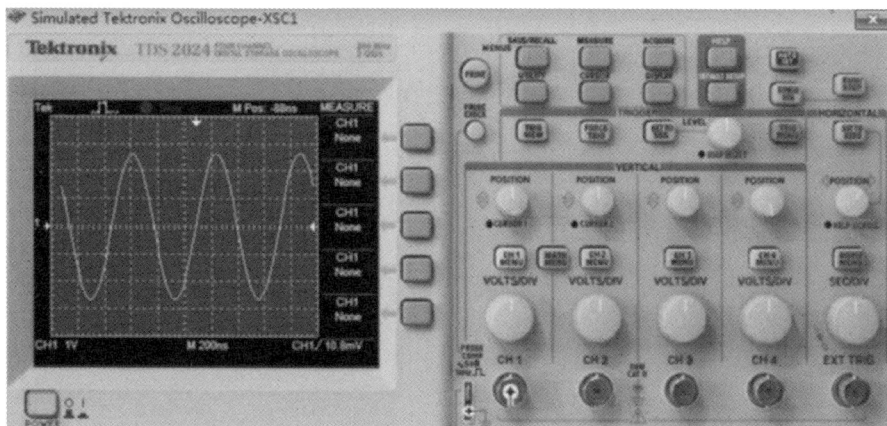

图 2-39　示波器波形显示

由图 2-40 和图 2-41 可知：谐振时，谐振频率 $f_0 = 1.59$ MHz，输出峰-峰值 $U_{OPP} = 2$ V。

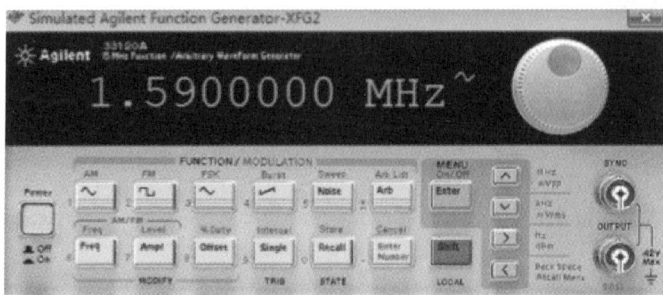

图 2-40　谐振频率

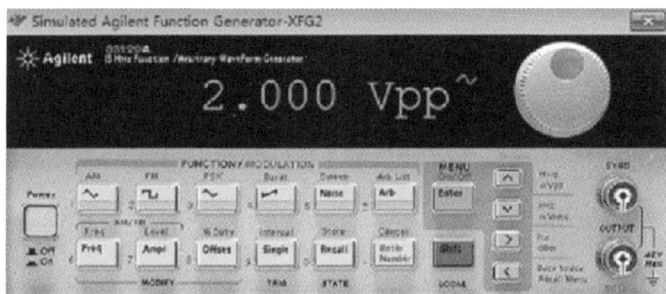

图 2-41　信号源电压

3. 幅频特性的测量（见表 2-8）

表 2-8　LC 并联谐振电路幅频特性

$f/$MHz	$f_{L0.1}$	...	$f_{L0.7}$	...	f_0	...	$f_{H0.7}$	...	$f_{H0.1}$
$U_{OPP}/$ V									

4. 幅频特性曲线和相频特性曲线的观测

由图 2-42 和图 2-43 所示的幅频特性和相频特性，得 $BW = 0.034$ MHz；$K = 9.970\,588\,24$。

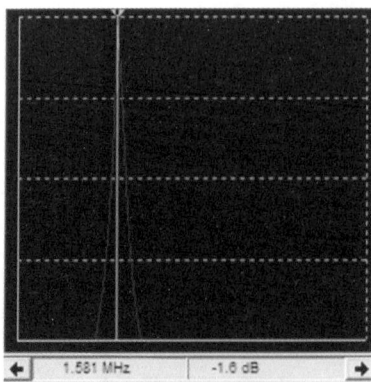

图 2-42　幅频特性

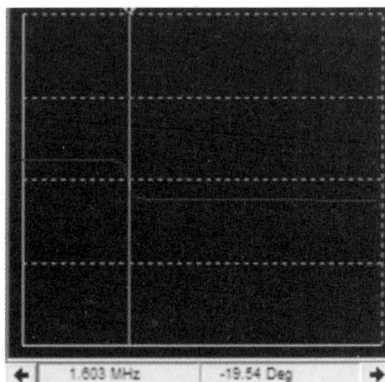

图 2-43　相频特性

三、任务总结

（1）根据表 2-8 所填的数据作出的幅频特性曲线，若与伯德（Bode）图幅频特性曲线基本吻合，说明示波器法与伯德图法都可以分析 LC 并联谐振电路的基本特性。

（2）LC 并联谐振电路在高频电子线路中的应用：移相电路；正弦波振荡电路的选频网络；陷波器（带阻滤波器）。

本章小结

1. 正弦量的基本概念

（1）选定参考方向后，一个正弦电流的瞬时值表达式为 $i = I_m \sin(\omega t + \varphi_i)$。其中 I_m 为正弦电流的振幅，ω 为角频率，φ_i 为初相，统称为正弦量的三要素。

（2）两个同频率正弦量之间的相位差 φ 与计时起点选择无关，若两正弦量 u_1、u_2 的初相分别为 φ_1、φ_2，则它们的相位差 $\varphi = \varphi_1 - \varphi_2$。若 $\varphi > 0$，称 u_1 超前 u_2，相位差为 φ 角度；若 $\varphi < 0$，称 u_1 滞后 u_2，相位差为 φ 角度。

（3）周期电压、电流有效值定义为其瞬时值的方均根，正弦交流电的有效值等于最大值的 $1/\sqrt{2}$（即有效值是最大值的 70.7%）。

2. 电路基本定律的相量形式

（1）KCL：在正弦交流电路中，任一节点 $\sum \dot{I} = 0$。

（2）KVL：在正弦交流电路中，任一回路 $\sum \dot{U} = 0$。

（3）电阻元件：电压、电流参考方向相关联时，$\dot{I} = \dfrac{\dot{U}}{R}$。

（4）电容元件：电压、电流参考方向相关联时，$\dot{I} = \dfrac{\dot{U}}{-jX_C} = j\dfrac{\dot{U}}{X_C}$。

（5）电感元件：电压、电流参考方向相关联时，$\dot{I} = \dfrac{\dot{U}}{jX_L}$。

3. 阻抗和导纳

（1）阻抗定义为无源二端网络端口电压相量与电流相量的比值（其端口电压与端口电流的参考方向相关联），并用符号 Z 表示，即

$$Z = \frac{\dot{U}}{\dot{I}} = \frac{U \angle \varphi_u}{I \angle \varphi_i} = \frac{U}{I} \angle (\varphi_u - \varphi_i)$$

（2）阻抗的倒数称为导纳，并用符号 Y 来表示，即 $Y = \dfrac{1}{Z}$，有 N 个导纳并联时，电路总导纳为 $Y = Y_1 + Y_2 + \cdots = \sum\limits_i Y_i$。

4. 有功功率、无功功率、视在功率和功率因数

（1）有功功率是指电路网络（或网络中的所有电路元件）实际消耗的功率，$P = IU\cos\varphi_Z$。

（2）无功功率是指电路网络与电网能量交换的规模，$Q = IU\sin\varphi_Z$。

（3）视在功率为 $S = IU$。

（4）功率因数 $\cos\varphi = \dfrac{P}{S}$。提高功率因数具有工程实际意义,并联电容进行补偿的方法是提高功率因数的常用方法。

5. 串联谐振与并联谐振

（1）串联谐振时,阻抗最小,电路呈阻性;电流最大,且与电压同相;电路中的无功功率为 0,表明电源供给的能量全部被电阻消耗,电源与电路之间没有能量交换,只在电感和电容之间进行能量交换;电阻电压等于电路总电压,电感电压与电容电压大小相等、相位相反,并且都为电路总电压的 Q 倍。串联谐振又称为电压谐振。

（2）并联谐振时,阻抗最大,电路呈阻性;总电流最小,且与电压同相;电路中的无功功率为 0,表明电源供给的能量全部被电阻吸收,电源与电路之间没有能量交换,只在电感和电容之间进行能量交换;电感支路电流与电容支路电流近似相等,并且都为总电流的 Q 倍。并联谐振又称为电流谐振。

自我检测

一、选择题（即测即评）

二、填空题

1. 正弦交流电的三要素是指正弦量的_____、_____和_____。

2. 已知一正弦量 $i = 7.07\sin(314t - 30°)$ A,则该正弦电流的最大值是_____ A,有效值是_____ A,角频率是_____ rad/s。

3. 正弦交流电路中,电阻元件上的阻抗 $|Z| =$ _____,与频率_____;电感元件上的阻抗 $|Z| =$ _____,与频率_____;电容元件上的阻抗 $|Z| =$ _____,与频率_____。

三、判断题

1. 正弦量的三要素是指它的最大值、角频率和相位。 （ ）

2. 只要在感性负载两端并联一个电容,即可提高电路的功率因数。 （ ）

3. 视在功率在数值上等于电路中有功功率和无功功率之和。 （ ）

四、简答题

1. 直流电、脉动直流电、交流电、正弦交流电的主要区别是什么?

2. 电压、电流相位如何时只吸收有功功率? 只吸收无功功率时,二者相位又如何?

3. 无功功率和有功功率有什么区别? 能否从字面上把无功功率理解为无用之功? 为什么?

五、计算题

1. 试求下列各正弦量的周期、频率和初相,二者的相位差如何?

（1）$3\sin 314t$;　　　　　　（2）$8\sin(5t + 17°)$

2. RL 串联电路接到 220 V 的直流电源时功率为 1.2 kW,接在 220 V、50 Hz 的电源时功率为 0.6 kW,试求它的 R、L 值。

3. 在如图 2-44 所示的电路中。已知 $C = 100$ pF,$L = 100$ μH,$i_C = 10\sqrt{2}\cos(10^7 t + 60°)$ mA,电路消耗功率 $P = 100$ mW,试求电阻 R 和电压 $u(t)$。

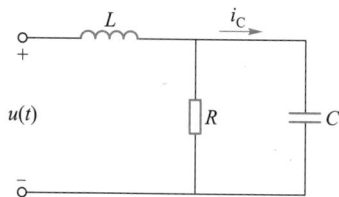

图 2-44

习题 2

一、单选题

1. 两个正弦交流电流的解析式分别为 $i_1 = 10\sin(314t + 30°)$ A 和 $i_2 = 10\sqrt{2}\sin(100\pi t + 45°)$ A,这两个交流电流相同的量是(　　)。

　　A. 初相　　　　　B. 角频率　　　　C. 最大值　　　　D. 有效值

2. 已知一交流电流,当 $t = 0$ 时,$i_1 = 1$ A,初相为 30°,则这个交流电的有效值为(　　)。

　　A. 0.5 A　　　　B. 1.414 A　　　C. 1 A　　　　D. 2 A

3. 一个电热器接在 10 V 的直流电源上和接在交流电源上产生的热量相同,则交流电源电压的最大值为(　　)。

　　A. 5 V　　　　　B. 10 V　　　　　C. 14.14 V　　　　D. 52 V

4. 纯电容正弦交流电路中,电压有效值不变,当频率增大时,电流将(　　)。

　　A. 增大　　　　　B. 减小　　　　　C. 不变　　　　D. 先增大后减小

5. 实验室中的功率表用来测量电路中的(　　)。

　　A. 有功功率　　　B. 无功功率　　　C. 视在功率　　　D. 瞬时功率

6. 交流电路采用相量分析时,应将电容写成(　　)。

　　A. $-jX_C$　　　　B. jX_C　　　　C. $-jX_L$　　　　D. jX_L

7. 若电路中某元件的端电压为 $u = 5\sin(314t + 125°)$ V,电流为 $i = 2\sin(314t + 35°)$ A,i、u 为关联参考方向,则该元件是(　　)。

　　A. 电阻　　　　　B. 电感　　　　　C. 电容　　　　D. 电抗

8. 无功功率的单位为(　　)。

　　A. 伏·安　　　　B. 瓦特　　　　　C. 乏　　　　　D. 度

9. 已知一正弦交流电流有效值为 10 A,作用于感抗为 10 Ω 的电感,则电感的无功功率为(　　)var。

　　A. 100　　　　　B. 1 000　　　　C. 1　　　　　D. 10

10. 在纯电感正弦交流电路中,下列说法中正确的是(　　)。

　　A. 电流超前电压 90°　　　　　　B. 电流滞后电压 90°

　　C. $I_L = U_{Lm}/X_L$　　　　　　　D. 消耗的功率为有功功率

11. 电阻是(　　)的元件,电感是(　　)的元件,电容是(　　)的元件。

　　A. 储存电场能量　　　　　　　　B. 储存磁场能量

　　C. 耗能

12. 在 RLC 串联交流电路发生谐振时,下列说法中正确的是(　　)。

A. Q 值越大,通频带越宽

B. 端电压是电容两端电压的 Q 倍

C. 电路的电抗为零,则感抗和容抗也为零

D. 总阻抗最小,总电流最大

13. 处于谐振状态的 RLC 串联交流电路,当电源频率升高时,电路呈(   )。

A. 感性   B. 容性   C. 阻性   D. 无法确定

二、多选题

1. 下列说法中正确的是(   )。

A. 正弦交流电流的瞬时值不随时间变化而变化

B. 正弦交流电流的有效值不随时间变化而变化

C. 正弦交流电流的相位角不随时间变化而变化

D. 正弦交流电流的初相为常数

E. 正弦交流电流的最大值为常数

2. 两个同频率的正弦交流电量在变化过程中存在以下关系(   )。

A. 超前   B. 滞后   C. 同相   D. 正交

E. 反相

3. 正弦交流电的表示方法有(   )。

A. 解析式法   B. 图解法   C. 相量法   D. 数值法

三、判断题

1. 正弦交流电的角频率表示其变化快慢。   (   )

2. 正弦交流电的初相表示其变化步调。   (   )

3. 交流电气设备铭牌上所示的电压值、电流值是最大值。   (   )

4. 两个频率相同的正弦交流电量的相位差为一常数。   (   )

5. 正弦量的相位表示交流电变化过程的一个角度,它和时间无关。   (   )

6. 不同频率的正弦交流电量不能比较相位差。   (   )

7. 两正弦交流电流,$i_1 = 2\sin\left(5\pi t - \dfrac{\pi}{3}\right)$ A,$i_2 = 3\sin\left(5\pi t + \dfrac{\pi}{6}\right)$ A,则 i_2 超前 i_1 90°。

(   )

8. 只有同频率的正弦量才可以用相量计算。   (   )

9. 有效值相量在横轴上的投影是该时刻正弦量的瞬时值。   (   )

10. 只有正弦量才能用相量表示。   (   )

11. 无功功率的概念可以理解为这部分功率在电路中不起任何作用。   (   )

12. 在正弦交流电路中,感抗与频率成正比,即电感具有通低频阻高频的特性。

(   )

13. 纯电感电路不吸收有功功率。   (   )

14. 串联电路的总电压超前电流时,电路一定呈感性。   (   )

15. 电感、电容相串联,$U_L = 120$ V,$U_C = 80$ V,则总电压等于 200 V。   (   )

16. 在 RLC 串联交流电路中,若 $R = X_L = X_C = 100$ Ω,则该电路处于谐振状态。

(   )

17. *RLC* 串联谐振又称为电流谐振。　　　　　　　　（　　　）

18. 串联谐振时,感抗等于容抗,此时电路中的电流最大。　（　　　）

19. 谐振电路的功率因数大于 1。　　　　　　　　　　（　　　）

20. 电容元件和电感元件组成并联谐振电路时,其电路的品质因数为无穷大。　　　　　　　　　　　　　　　（　　　）

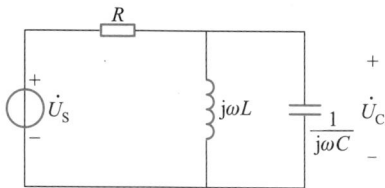

21. 电容元件和电感元件组成并联谐振电路时,其电路的等效阻抗为无穷大。　　　　　　　　　　　　　　　（　　　）

22. 图 2-45 所示电路,当发生电流谐振时,$U_C = 0$。（　　　）

图 2-45

四、填空题

1. _____ 和 _____ 都随时间 _____ 变化的电流称为交流电。

2. 正弦交流电的最大值 U_m 与有效值 U 之间的关系为 _____。

3. 人们日常用的 220 V 市电和 380 V 工业用电是交流电的 _____ 值,其频率都是 _____。

4. 相量是表示正弦交流电的 _____。

5. 在纯电容交流电路中,流过电容的电流有效值等于 _____ 除以它的 _____。

6. 在纯电容交流电路中,已知电流的初相角为 20°,则电压的初相角为 _____。

7. _____ 的电压和电流构成的是有功功率,用 P 表示,单位为 _____; _____ 的电压和电流构成的是无功功率,用 Q 表示,单位为 _____。

8. 能量转换过程不可逆的电路功率常称为 _____,能量转换过程可逆的电路功率常称为 _____,这两部分功率的总和称为 _____。

9. 采用并联电容的方法提高功率因数后,原负载支路中电流 _____。

10. 视在功率 $S = 10$ kV·A(输出电压 220 V)的交流电源,并联 220 V、40 W、$\cos \varphi = 0.44$ 的荧光灯,满载可接 _____ 只荧光灯。

11. 在 *RLC* 串联交流电路中,电路复阻抗虚部大于零时,电路呈 _____ 性;电路复阻抗虚部小于零时,电路呈 _____ 性;电路复阻抗虚部等于零时,电路呈 _____ 性。

12. *RL* 串联交流电路中,测得电阻两端电压为 120 V,电感两端电压为 160 V,则电路总电压为 _____ V。

13. *RLC* 串联交流电路的谐振频率仅由电路参数 _____ 和 _____ 决定,而与电阻 R 的大小 _____,它反映了电路本身的固有特性。

14. 串联谐振时,电阻上的电压等于 _____,电感和电容上的电压为端电压的 _____ 倍,因此串联谐振又称为 _____。

15. 在图 2-46 所示正弦交流电路中,电流表的读数为 0 时,L 和 C 应满足的条件为 _____。

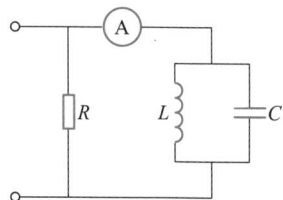

16. *RLC* 并联交流电路中,当正弦电源的角频率 $\omega_0 < \dfrac{1}{\sqrt{LC}}$ 时,该电路呈 _____ 性;当 $\omega_0 > \dfrac{1}{\sqrt{LC}}$ 时,该电路呈 _____ 性。

图 2-46

17. 电感 $L = 500$ mH，与电容 $C = 20$ μF 并联，其谐振角频率 $\omega_0 = $ _____，其并联谐振时的阻抗 $Z_0 = $ _____。

五、分析计算题

1. 已知某正弦电压 $u = 220\sqrt{2}\sin(314t+45°)$ V，试求它的最大值、有效值、角频率、周期和初相。

2. 一正弦交流电，最大值为 311 V，$t = 0$ 时的瞬时值为 269 V，频率为 50 Hz，写出其解析式。

3. 电流 $i_1 = 10\sin\left(100\pi t - \dfrac{\pi}{3}\right)$ A，$i_2 = 60\sin\left(100\pi t + \dfrac{\pi}{3}\right)$ A。问它们的三要素各为多少？相位差为多少？哪个超前？哪个滞后？

4. 电流 $i = 100\sin\left(100\pi t - \dfrac{\pi}{3}\right)$ A，电压 $u_1 = 60\sin\left(314t - \dfrac{\pi}{6}\right)$ V，$u_2 = 80\sin\left(314t + \dfrac{\pi}{3}\right)$ V。i、u_1、u_2 之间的相位关系怎样？求 $u = u_1 + u_2$ 的瞬时值解析式。

5. 两个频率相同的正弦交流电流，它们的有效值是 $I_1 = 8$ A，$I_2 = 6$ A，求在下面各种情况下，合成电流的有效值各是多少。

（1）i_1 与 i_2 同相；（2）i_1 与 i_2 反相；（3）i_1 超前 i_2 90°；（4）i_1 滞后 i_2 60°。

6. 纯电容交流电路（见图 2-47）中，电容的电容量 $C = 580$ μF，其端电压 $u_C = 110\sqrt{2}\sin(314t-60°)$ V。求：

（1）电容的容抗 X_C；（2）电容电流 i_C；（3）无功功率 Q_C。

7. 电容在交流电路中电压与电流的相位差为多少？容抗与频率有何关系？判断下列表达式的正误。

（1）$i = \dfrac{u}{X_C}$；（2）$I = \dfrac{U}{\omega C}$；（3）$i = \dfrac{u}{\omega C}$；（4）$I = U_m\omega C$。

8. 在纯电感正弦交流电路中，电感的电感量 $L = 318$ mH，电流 $i = 2.2\sqrt{2}\sin(314t + 30°)$ A，求：

（1）电感的感抗 X_L；（2）电感的端电压 u_L；（3）无功功率 Q_L。

9. 图 2-48 所示电路中，开关 S 打开前电路已处于稳态。$t = 0$ 时开关 S 打开，求 $t \geq 0$ 时的 $i_L(t)$、$u_L(t)$ 和电压源发出的功率。

10. 在图 2-49 所示电路中，已知电压表读数为 50 V，电流表读数为 1 A，功率表读数为 30 W，电源的频率为 50 Hz。求 L、R 和功率因数 λ。

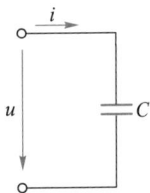

图 2-47

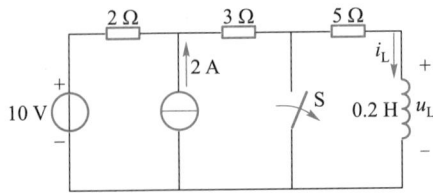

图 2-48

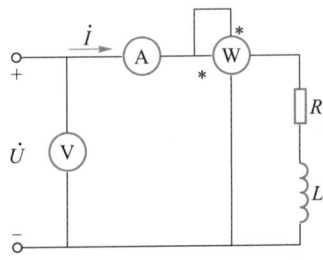

图 2-49

11. 收音机的输入调谐回路为 RLC 串联谐振电路，当电容为 160 pF，电感为

250 μH,电阻为 20 Ω 时,求谐振频率和品质因数。

12. 在 RLC 串联谐振电路中,已知信号源电压为 1 V,频率为 1 MHz,现调节电容使电路达到谐振,这时电流为 100 mA,电容两端电压为 100 V,求电路元件参数 R、L、C 和电路的品质因数。

13. 图 2-50 所示电路,欲使 $\dot{U}_C$ 滞后 $\dot{U}_S$ 45°,求 RC 与 ω 之间的关系。

14. 图 2-51 所示电路工作在正弦稳态,已知 $u = 141.4\cos 314t$ V,电流有效值 $I = I_C = I_L$,电路消耗的有功功率为 866 W,求 i、i_L、i_C。

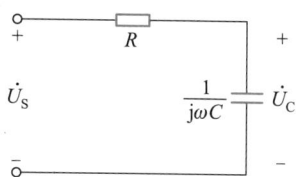

图 2-50

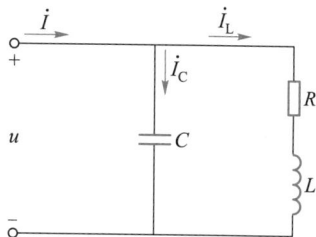

图 2-51

15. RLC 串联交流电路的端电压 $u(t) = 10\sqrt{2}\cos(2\,500t + 10°)$ V,当 $C = 8$ μF 时,电路中吸收的功率为最大,$P_m = 100$ W,求电感 L 和 Q 值及电感和电容上的电压相量。

第**3**章

三相电路

知识目标：

■ 理解三相电源的基本概念。

■ 掌握三相电源和负载的星形联结、三角形联结。

■ 掌握三相电源星形联结和三角形联结相电压、电流，线电压、
电流的计算。

■ 掌握三相电路视在功率、无功功率和有功功率的计算。

■ 熟悉安全用电的方法。

能力目标：

■ 具备正确连接三相交流电源和负载的应用能力。

■ 具备读懂简单的三相交流电路图的能力。

■ 具备分析三相交流电路的能力。

■ 学会发现问题、探究问题和解决问题的方法，会应用电路理论
解决生产、生活中的实际问题。

■ 初步具有学习和应用电工新知识、新技术的能力。

素养目标：

■ 树立安全意识，牢固把握安全红线。

■ 树立世界大局观，关注国家形势和政策。

■ 养成求真务实的职业精神。

PPT 课件

三相电源

微课

三相电源

3.1 三相电源

三相制（three-phase system）又称为三相供电系统,自 19 世纪末问世以来,已广泛应用于发电、输电、配电和动力用电等方面。由三个频率相同,但初相位不同的正弦电源与三组负载按特定方式连接组成的电路称为三相电路。当今各国的电力系统大多采用三相电路来产生和传输电能。三相供电系统由三相电源、三相输电线路和三相负载组成。

三相电源是能产生三相电压、输出三相电流的电源。其通常由三相同步发电机产生,三相绕组在空间上互差 120°,当转子以速度 n 转动时,在三相绕组中产生感应电压,从而形成三相电源,如图 3-1 所示。

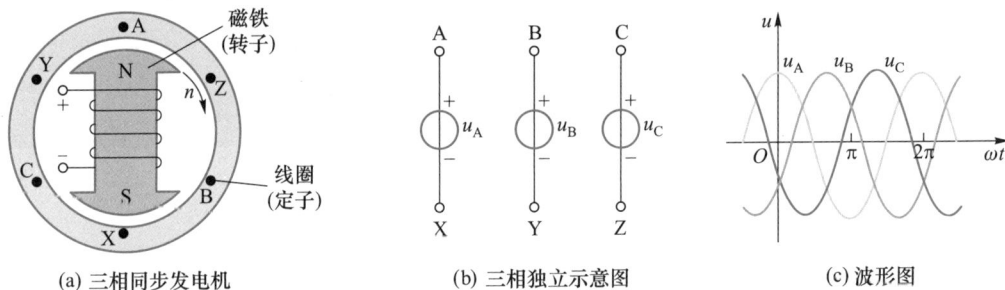

(a) 三相同步发电机   (b) 三相独立示意图   (c) 波形图

图 3-1   三相电源

电压 u_A、u_B、u_C 构成一组三相电压,由三相同步发电机提供的电压是对称三相电压（symmetrical three-phase voltages）,即一组频率相同、幅值相等而在相角上互差 120° 的正弦电压:

$$u_A(t) = U_m \sin \omega t = \sqrt{2} U \sin \omega t \tag{3-1}$$

$$u_B(t) = U_m \sin(\omega t - 120°) = \sqrt{2} U \sin(\omega t - 120°) \tag{3-2}$$

$$u_C(t) = U_m \sin(\omega t - 240°) = \sqrt{2} U \sin(\omega t - 240°) = \sqrt{2} U \sin(\omega t + 120°) \tag{3-3}$$

以 A 相电压 u_A 作为参考相量,则上列对称三相电压的相量表达式为

$$\dot{U}_A = U \underline{/0°} \tag{3-4}$$

$$\dot{U}_B = U \underline{/-120°} \tag{3-5}$$

$$\dot{U}_C = U \underline{/-240°} = U \underline{/120°} \tag{3-6}$$

式（3-4）~式（3-6）表示的对称三相电压的相角关系为 B 相滞后于 A 相 120°,C 相又滞后于 B 相 120°。这种由超前相到滞后相按 A-B-C 排序的相角关系,称为正相序,简称正序（positive sequence）,或称顺序;反之,若 C 相超前于 B 相 120°,B 相又超前于 A 相 120°,即 C-B-A 的相序,称为负相序,简称负序（negative sequence）,或称逆序。本书如无特殊声明,均按正序处理。

图 3-2 所示为对称三相电压的波形图和相量图,从该图可以清楚地看出,此正序对称三相电压的相角关系。

对称三相电压的代数和为

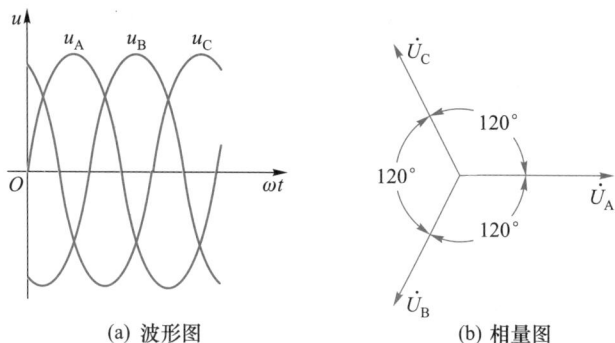

(a) 波形图　　　　　　(b) 相量图

图 3-2　对称三相电压的波形图和相量图

$$\dot{U}_A + \dot{U}_B + \dot{U}_C = U\underline{/0°} + U\underline{/-120°} + U\underline{/120°} = U\left(1 - \frac{1}{2} - j\frac{\sqrt{3}}{2} - \frac{1}{2} + j\frac{\sqrt{3}}{2}\right) = 0$$

$$(3-7)$$

这与相量图上对称三相电压相量的几何和为零是一致的。二者都反映了对称三相电压的时间函数式之和恒等于零,即

$$u_A(t) + u_B(t) + u_C(t) = 0 \qquad (3-8)$$

同理,对称三相电流是一组频率相同、幅值相等而相角互差120°的正弦电流。因此,对称三相电流的相量代数和及时间函数式之和必然恒等于零。

3.2　三相制的联结方式

三相发电机或三相变压器的二次侧都有三个绕组,每个绕组相当于一个单相电源。在不计绕组的阻抗时,三相电源的每一绕组的电路模型都是一个电压源。三相电源的三个绕组一般都要按某种方式连接成一个整体后再对外供电,这种方式称为联结。三相电源的基本联结方式有两种:一种是星形联结(star connection),或称丫联结(丫-connection);另一种是三角形联结(delta-connection),或称△联结(△connection)。三相负载也有星形和三角形两种基本联结方式,现分别讨论。

3.2.1　三相星形联结

PPT 课件

三相星形联结

三相电源的每一绕组都有一个始端和一个末端,如图 3-1 所示,A、B、C 为始端,X、Y、Z 为末端。如果规定各相电压的参考方向都是由始端指向末端,则三相电压的相角互差120°。将三相电源的三相绕组的"末端"连接起来,而从"始端"A、B、C 引出三根导线以连接负载或电力网,这种接法就称为三相电源的星形联结。在不计电源内阻抗时,其电路模型如图 3-3(a) 所示。由末端连接成的节点 O 称为中性点,简称中点(neutral point)。图 3-3(a) 中三相负载也接成星形联结,三相负载中性点与三相电源中性点间的连接线即为中性线。这样的三相系统就是三相四线制。

由三个始端引出的导线即为端线,端线上的电流称为线电流(line current),即 $\dot{I}_A$、$\dot{I}_B$、$\dot{I}_C$,而流经每相电源或负载的电流则称为相电流(phase current),即 $\dot{I}_0$。在星形联结中,每一根端线的线电流就是该端线所连接的电源或负载的相电流。简言之,在星形联结中,线电流等于相电流。

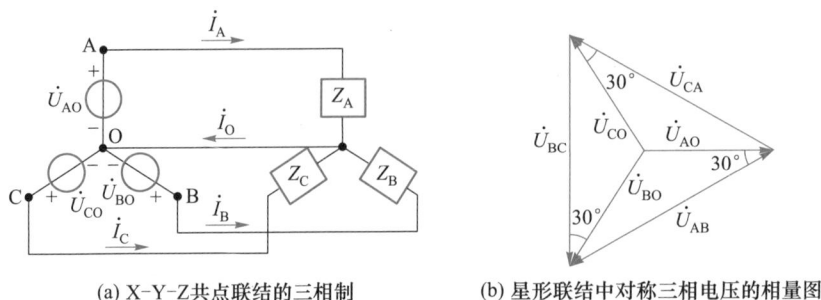

(a) X-Y-Z共点联结的三相制   (b) 星形联结中对称三相电压的相量图

图 3-3　三相星形联结

三相电路中,任意两端线间的电压称为线电压(line voltage),而每相电源或负载的电压则称为相电压(phase voltage)。在星形联结中,根据基尔霍夫电压定律的相量形式,线电压相量 $\dot{U}_{AB}$、$\dot{U}_{BC}$、$\dot{U}_{CA}$ 与相电压相量 $\dot{U}_{AO}$、$\dot{U}_{BO}$、$\dot{U}_{CO}$ 间的基本关系为

$$\dot{U}_{AB} = \dot{U}_{AO} - \dot{U}_{BO} \tag{3-9}$$

$$\dot{U}_{BC} = \dot{U}_{BO} - \dot{U}_{CO} \tag{3-10}$$

$$\dot{U}_{CA} = \dot{U}_{CO} - \dot{U}_{AO} \tag{3-11}$$

画出相量图,便可求得线电压与相电压之间的关系。画相量图的步骤是,先画出三个相电压相量,然后依次取两个相电压相量之差,就得到各线电压相量。不难看出,连接三个相电压相量顶点所得三角形的三边,就代表了三个线电压相量(注意箭头指向),如图 3-3(b)所示。在相电压是对称的情况下,线电压是和相电压大小不同、相角也不一样的另一组对称三相电压。线电压与相电压有效值之间的关系为

$$U_L = 2U_P \cos 30° = \sqrt{3}\, U_P \tag{3-12}$$

式中,U_L 为线电压有效值;U_P 为相电压有效值。这就是说,在对称三相星形联结中,线电压的有效值等于相电压有效值的 $\sqrt{3}$ 倍。例如,在常见的对称三相四线制中,相电压为 220 V,线电压为 380 V,就是符合上述关系的,即 $\sqrt{3} \times 220$ V ≈ 380 V。

在对称三相星形联结中,线电压相量与相电压相量之间的关系根据相量图求出:

$$\dot{U}_{AB} = \sqrt{3}\, \dot{U}_{AO} \underline{/30°} \tag{3-13}$$

$$\dot{U}_{BC} = \sqrt{3}\, \dot{U}_{BO} \underline{/30°} \tag{3-14}$$

$$\dot{U}_{CA} = \sqrt{3}\, \dot{U}_{CO} \underline{/30°} \tag{3-15}$$

在图 3-3(a)所示三相电路中,中性线电流可按如下的基尔霍夫电流方程确定

$$\dot{I}_O = \dot{I}_A + \dot{I}_B + \dot{I}_C \tag{3-16}$$

即中性线电流相量等于各相电流相量之和。如果三相负载阻抗 $Z_A = Z_B = Z_C$(这种负载称为对称三相负载),则在对称三相电压源作用下各相电流也必然是对称三相电流,这时中性线电流 $\dot{I}_O = 0$。中性线电流既然为零,即使中性线上有阻抗也不会影响电路的工作状态;甚至将中性线断开后,电路的工作状态仍与有中性线时相同。这种电源与负载均作星形联结而无中性线的三相系统,称为三相三线制(three-phase three-wire

微课

负载星形联结的
三相电路

system）。

3.2.2 三相三角形联结

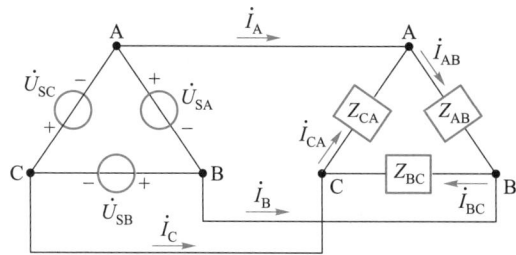

三相电源的三角形联结是将电源每相绕组的末端 X、Y、Z（见图 3-4）与其后一相绕组的始端 B、C、A 相连（见图 3-4），形成一个闭合路径,再从三个连接点引出端线以连接负载或电力网。在不计电源内阻抗时,其电路模型如图 3-4(a)所示。图 3-4(a)中负载也接成三角形联结。电源和负载均作三角形联结的三相电路是另一种形式的三相三线制。

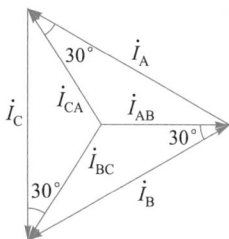

(a) △-△联结的三相制   (b) 三角形联结中对称三相电流的相量

图 3-4 三相三角形联结

三角形联结的三相电源虽然自成一个回路,但是只要接法是正确的,并且电源电压是对称的,则电源回路中各相电压源的电位升之和为零,即

$$\dot{U}_{SA} + \dot{U}_{SB} + \dot{U}_{SC} = 0 \tag{3-17}$$

因而在空载状态下电源回路中并无电流通过。

在 △-△ 联结的三相电路中,由于每相电源(或每相负载)是直接连接在两端线之间,所以三角形联结的线电压等于相电压。但线电流则不等于相电流。根据基尔霍夫电流定律的相量形式可以写出

$$\dot{I}_A = \dot{I}_{AB} - \dot{I}_{CA} \tag{3-18}$$

$$\dot{I}_B = \dot{I}_{BC} - \dot{I}_{AB} \tag{3-19}$$

$$\dot{I}_C = \dot{I}_{CA} - \dot{I}_{BC} \tag{3-20}$$

画出相量图,便可求得线电流与相电流之间的关系。画相量图的步骤是,先画出三个相电流相量,然后根据式(3-18)~式(3-20),依次取两个相电流相量之差,就得到各线电流相量。不难看出,连接三个相电流相量顶点所得三角形的三边,就代表了三个线电流相量(注意箭头指向),如图 3-4(b)所示。在相电流是对称的情况下,线电流是和相电流大小不同、相角也不一样的另一组对称三相电流,线电流与相电流有效值之间的关系为

$$I_L = 2I_P \cos 30° = \sqrt{3} I_P \tag{3-21}$$

式中,I_L 为线电流有效值;I_P 为相电流有效值。这就是说,在对称三相三角形联结中,线电流的有效值等于相电流有效值的 $\sqrt{3}$ 倍。

对称三相线电流相量与对称三相相电流相量之间的关系根据相量图求出:

$$\dot{I}_A = \sqrt{3}\,\dot{I}_{AB}\,e^{-j30°} \tag{3-22}$$

$$\dot{I}_B = \sqrt{3}\,\dot{I}_{BC}\,e^{-j30°} \tag{3-23}$$

$$\dot{I}_C = \sqrt{3}\,\dot{I}_{CA}\,e^{-j30°} \tag{3-24}$$

显而易见,三角形联结的线电流与相电流之间的关系和星形联结的线电压与相电压之间的关系是互为对偶的。

💻 **微课**

负载三角形联结的三相电路

应当注意,在三相电路中,三相负载是由三个单相负载按照一定的规律连接组合起来的。常见的三相交流电路中的负载有动力负载(如三相电动机)、电热负载(如三相电炉)或照明负载(如白炽灯、荧光灯等)。三相负载有三相对称负载和三相不对称负载两种。三相对称负载是指大小相等、性质相同的三相负载。大小是指负载的阻抗,性质是指负载呈电阻性、感性,还是容性。只有同时符合这两个条件的负载才是三相对称负载。三相不对称负载是指大小不相等或者性质不相同的三相负载。

三相负载的联结方式取决于负载每相的额定电压和电源线电压。例如,额定相电压为 220 V 的三相电动机,要连接到线电压为 380 V 的三相电源时,就应接成星形,而不能接成三角形。如果电动机的额定相电压等于电源线电压,则应接成三角形。

3.3   三相电路的功率

📚 **PPT 课件**

三相功率的计算

3.3.1   三相功率的计算

1. 三相功率的一般关系

💻 **微课**

有功功率的计算

在三相交流电路中,无论负载是星形联结还是三角形联结,负载是对称还是不对称,三相电路的有功功率等于各相负载的有功功率之和,即

$$P = P_A + P_B + P_C \tag{3-25}$$

或

$$P = U_A I_A \cos\varphi_A + U_B I_B \cos\varphi_B + U_C I_C \cos\varphi_C \tag{3-26}$$

式中,U_A、U_B、U_C 是各相的相电压;I_A、I_B、I_C 是各相的相电流;$\cos\varphi_A$、$\cos\varphi_B$、$\cos\varphi_C$ 是各相的功率因数。

三相电路的无功功率等于各相负载的无功功率之和,即

$$Q = Q_A + Q_B + Q_C = U_A I_A \sin\varphi_A + U_B I_B \sin\varphi_B + U_C I_C \sin\varphi_C \tag{3-27}$$

三相电路的视在功率为

$$S = \sqrt{P^2 + Q^2} \tag{3-28}$$

2. 三相对称电路的功率

在三相电路中,如三相负载是对称的,则三相电路的总有功功率等于每相负载上消耗的有功功率的三倍,即

$$P = 3P_P = 3U_P I_P \cos\varphi$$

式中,φ 是相电压 U_P 与相电流 I_P 的相位差。

在实际应用中,负载有星形与三角形两种联结方式,同时三相电路中的线电压和线电流的数值比较容易测量,所以一般用线电压和线电流来表示三相电路的功率。

当三相对称负载是星形联结时,有

$$U_L = \sqrt{3}\, U_P, \quad I_L = I_P \tag{3-29}$$

当三相对称负载是三角形联结时,有

$$U_L = U_P, \quad I_L = \sqrt{3}\, I_P \tag{3-30}$$

所以,不论是星形联结还是三角形联结,将上述关系代入功率表达式均可得

$$P = \sqrt{3}\, U_L I_L \cos\varphi \tag{3-31}$$

式中,φ 仍为相电压 U_P 和相电流 I_P 的相位差,即负载阻抗的阻抗角。

同理可得,三相电路的无功功率和视在功率分别为

$$Q = 3U_P I_P \sin\varphi = \sqrt{3}\, U_L I_L \sin\varphi \tag{3-32}$$

$$S = 3U_P I_P = \sqrt{3}\, U_L I_L \tag{3-33}$$

三相负载的总功率因数为

$$\lambda = \frac{P}{S} \tag{3-34}$$

[例 3-1] 有一个三相对称感性负载,其中每相负载参数为 $R = 12\ \Omega$、$X_L = 16\ \Omega$,接在 $U_L = 380$ V 的三相对称电源上。

(1)若负载为星形联结,计算 I_L、I_P 及 P。

(2)如负载接成三角形联结,再计算上述各量,并比较两种接法的结果。

解:因三相电源和三相负载对称,所以根据对称电路的特点,只要计算一相,另两相就可以根据对称关系直接写出。

(1)当负载为星形联结时,有

$$U_P = \frac{U_L}{\sqrt{3}} = \frac{380}{\sqrt{3}}\ V = 220\ V$$

$$|Z| = \sqrt{R^2 + X^2} = \sqrt{12^2 + 16^2}\ \Omega = 20\ \Omega$$

$$I_P = \frac{U_P}{|Z|} = \frac{220}{20}\ A = 11\ A$$

$$I_L = I_P = 11\ A$$

$$P = 3I^2 R = 3 \times 11^2 \times 12\ W = 3 \times 1\,452\ W = 4\,356\ W$$

(2)当负载为三角形联结时,因线电压和相电压相等,所以

$$I_P = \frac{U_P}{|Z|} = \frac{380}{20}\ A = 19\ A$$

$$I_L = \sqrt{3}\, I_P = 19 \times \sqrt{3}\ A = 32.8\ A$$

$$P = 3I^2 R = 3 \times 19^2 \times 12\ W = 3 \times 4\,332\ W = 12\,996\ W$$

可见,三角形联结时由于每相负载的电压升高,所以有功功率增大。

总结:接在同一三相电源上的同一三相对称负载,当其联结方式不同时,其三相有功功率是不同的,接成三角形联结时的有功功率是接成星形联结时的 3 倍,即 $P_\triangle = 3P_Y$。

3.3.2 三相功率的测量

在实验室里或工程上,除用三相功率表测量三相功率外,一般也可用单相功率表

拓展阅读

新技术——高精度双路径功率分析仪

PPT 课件

三相功率的测量

来测量三相功率,其测量方法有一表法、两表法和三表法。

微课

三相功率的测量

（1）一表法

在三相对称负载电路中,若三相负载是对称的,则每相负载的功率都相等,这时可以用一个单相功率表测量其中任一相负载的功率,将结果乘以 3,就是三相负载的总功率。一表法接线图如 3-5（a）所示。

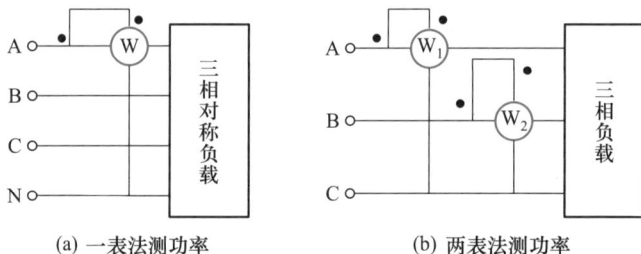

(a) 一表法测功率　　　　(b) 两表法测功率

图 3-5　测功率

实验三

三相电路功率的
测量

（2）两表法

两表法常用来测量三相对称或不对称负载的功率,尤其是测量中性点不外露的星形联结或是端点不易打开的三角形联结的负载时最为方便。正确的接法是把两个单相功率表的电流线圈串接在任意两根相线中,两个电压线圈同时接在未接表的一根相线上,如图 3-5（b）所示。

（3）三表法

PPT 课件

安全用电常识

这种方法用于测量三相四线制不对称负载的功率,测量时把三个单相功率表分别接在被测量的每相电路中,如图 3-6 所示,三个单相功率表的读数加起来就是三相负载的总功率。

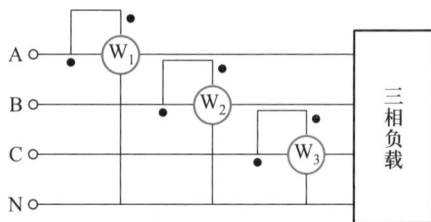

图 3-6　三表法测功率

3.4　安全用电技术

微课

安全用电常识

3.4.1　安全用电常识

触电泛指人体触及带电体,有电流流过人体。触电时电流会对人体造成各种不同程度的伤害。触电事故分为两类:一类称为电击;另一类称为电伤。所谓电击,是指电流通过人体时所造成的内部伤害,它会破坏人的心脏、呼吸及神经系统的正常工作,甚至危及生命;电伤是指由于电流效应引起对人体外部的伤害,如皮肤的灼伤、电烙印等。

微课

触电危害与急救

根据欧姆定律,触电电流等于加在人体的电压除以人体电阻。一般来说,工频电流 10 mA 以下和直流电流 50 mA 以下流过人体时,人能摆脱电源,危险性不太大,但时间过长同样有危险。

动画

触电的急救

1. 安全电压

通过人体的电流大小和电压有关,电压越高,通过人体的电流越强。经验证明,对于人体来说,低于 36 V 的电压是安全的,故把 36 V 的电压作为安全电压。照明电路和动力电路的电压都比 36 V 高得多,因此,在这些情况下,必须防止发生触电事故。国际电工委员会规定接触电压的限定值为 50 V,并规定在 25 V 以下时,不需要考虑防止电击的安全措施。我国规定的安全电压等级有 42 V、36 V、24 V、12 V 和 6 V 五个等级。

【特别提示】不能认为安全电压就是绝对安全的,如果人体在汗湿、皮肤破裂等情况下,长时间触及电源,也可能发生严重的电击伤害。

2. 人体电阻

人体电阻越大,通过人体的电流越小。人体电阻主要是皮肤电阻。皮肤干燥时,人体电阻可达 $10^4 \sim 10^6$ kΩ;若皮肤潮湿,人体电阻急剧下降,约为 1 000 Ω。

3.4.2 防触电的安全技术

经常发生的触电形式有单相触电、两相触电、跨步电压触电、接触电压触电和雷击触电。

1. 单相触电

人体接触一根相线造成的触电称为单相触电。单相触电又分为两种:中性点接地电网的单相触电和中性点不接地电网的单相触电,如图 3-7 所示。

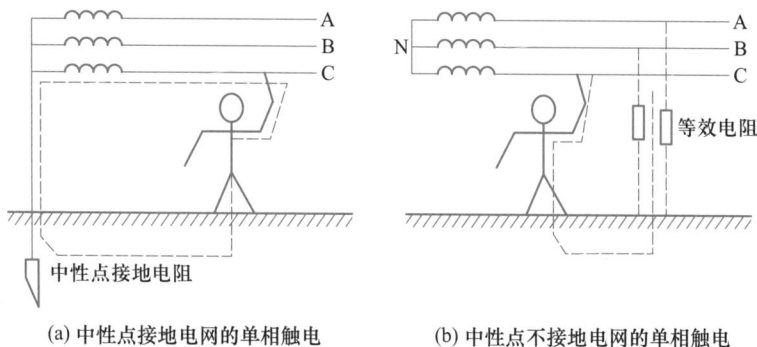

(a) 中性点接地电网的单相触电　　　　(b) 中性点不接地电网的单相触电

图 3-7　单相触电

（1）中性点接地电网的单相触电

若人体触及相电压为 220 V 的电网,如图 3-7(a)所示,则电流通过人体→大地→中性点接地电阻→中性点形成闭合回路。此时流过人体触电电流为

$$I_P = \frac{U_P}{R_0 + R_人} \approx \frac{U_P}{R_人} \tag{3-35}$$

式中,R_0 为中性点接地电阻。

接地通常用专用钢管或钢板深埋大地中,并与中性点牢固相接,不大于 4 Ω。

若地面潮湿且人未穿绝缘性能良好的鞋子,人体电阻约为 1 000 Ω,此时计算得到的触电电流约为 220 mA,远远高于 50 mA,非常危险。在已经发生的人体触电事故中,这种触电方式占大多数。例如,由于开关、灯头、电动机或其他设备绝缘损坏等发生的触电都属于中性点接地电网的单相触电。

PPT 课件

防触电的安全技术

微课

防触电的安全技术

动画

触电的形式

拓展阅读

安全警示案例

动画

单相触电

（2）中性点不接地电网的单相触电

当人体接触一根相线，如图 3-7(b) 所示，触电电流通过人体→大地→对地绝缘电阻→线路形成两条闭合回路。绝缘电阻主要指空气阻抗、分布电容，如果线路绝缘良好，则空气阻抗、容抗很大，人体承受的电流就比较小，一般不会发生危险。

动画

两相触电

2. 两相触电

人体的两个部位同时接触两根相线造成的触电为两相触电，如图 3-8 所示。当人体同时触及两根相线如图 3-8(a) 所示，电流经一根相线→人体→另一根相线→中性点构成闭合回路，触电电流约为 380 mA。当人体不同部位同时触及一根相线、一根中性线，如图 3-8(b) 所示，电流经一根相线→人体→中性线→中性点构成闭合回路，触电电流约为 220 mA。

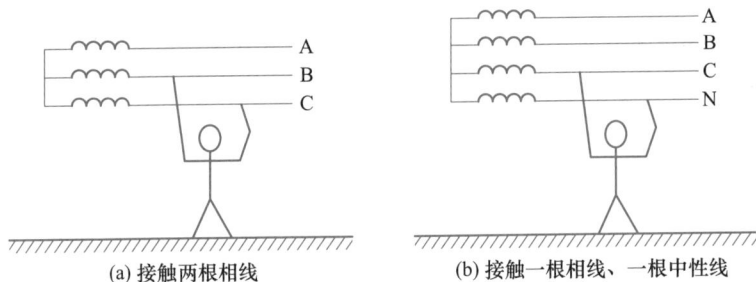

(a) 接触两根相线   (b) 接触一根相线、一根中性线

图 3-8   两相触电

动画

跨步电压触电

3. 跨步电压触电

当一根带电导线断落在地上或运行中的电气设备绝缘损坏漏电时，电流会以导线落地点或设备接地体为圆心向大地流散，在半径 20 m 的圆面积内形成分布电场，当人进入此范围时，两脚之间的电位不同，将形成跨步电压，如图 3-9 所示。

【特别提示】一旦不小心步入断线落地区且感觉到跨步电压时，应赶快把双脚并在一起或用一条腿跳着离开断线落地区。当必须进入断线落地区救人或排除故障时，应穿绝缘靴。

相线

落地点

图 3-9   跨步电压触电

4. 接触电压触电

人站在发生接地短路故障设备旁边，触及漏电设备的外壳时，手、脚之间所承受的电压引起的触电，称为接触电压触电。家用电器引起的触电事故通常都是接触电压触电。

PPT 课件

触电防护

5. 触电防护

在供电系统中，对用电设备采用保护接地和保护接零的方法防止设备漏电，这也是防止触电事故发生的有效手段。

（1）保护接地

在电源中性点不接地的供电系统(三相三线制)中，将用电设备外壳与大地用接地体或导线可靠接地，一旦设备的绝缘损坏，设备外壳带电，其电位也基本为零，人触及设备外壳时,流经人体的电流很小。

（2）保护接零

在动力和照明用的低压系统中,即电源中性点接地的供电系统（三相四线制）中,保护接地的作用不很完善,应将用电设备外壳与中性线连接。若有一根相线发生事故,相线与中性线之间的瞬时电流将熔体熔断,起到保护作用。

注意:在同一配电系统中,不允许一部分设备采用保护接地,另一部分设备采用保护接零。

实践任务

任务 1　三相电源的使用

任务基本信息（见表 3-1）

表 3-1　任务基本信息

任务名称	三相电源的使用		
关键词	三相四相制	三相电源	照明电路
对应知识点	三相制		

一、任务目的

（1）掌握三相四线制照明电路的构成、原理及安装方法。

（2）掌握零线在不对称负载电路中的作用。

二、任务器材

（1）电工电子综合实训台（含三相交流可调电源）。

（2）15 W/220 V 灯泡（含灯座）6 只。

（3）单刀单掷开关 9 只。

（4）300 mA 交流电流表 1 只。

（5）万用表 1 块。

三、任务要求

用三相四线制交流电源为三层楼的用户供电,设计电路并安装的要求如下:

（1）每相安装总开关。

（2）每层楼安装 2 盏灯,每盏灯均安装开关。

（3）中性线串接 300 mA 交流电流表监测中性线电流 I_N。

四、任务实施

（1）用万用表将实训台三相交流可调电源输出的相电压调节到 150 V。注意:不要调到 220 V,防止负载不对称时电压过高烧坏灯泡。

（2）按表 3-2 中的四种工作状态,用万用表测量相电压,用交流电流表监测中性线电流 I_N,并观察灯泡工作情况,记录于表中。

表 3-2 四种工作状态相电压的测量

工作状态		相电压			中性线电流 I_N/A	灯泡工作情况
		U_{PA}/V	U_{PE}/V	U_{PC}/V		
中性线正常时	灯泡全点亮时					
	关闭其中某灯泡时					
中性线断开时	灯泡全点亮时					
	关闭其中某灯泡时					

任务 2 照明电路的安装与调试

一、任务目的

(1) 了解家用照明电路的分类。

(2) 掌握照明电路的构成。

(3) 按照室内照明电路的控制要求和工艺标准,完成照明电路安装与调试。

二、任务分析

1. 家用电路的分类

(1) 照明电路:用于家中的照明和装饰。

(2) 空调电路:电流大,需要单独控制。

(3) 插座电路:用于家用电器。

为了避免在日常生活中这三种电路互相影响,常将这三种电路分开安装布线,并根据需要来选择相应的低压断路器。

2. 照明电路的构成

室内照明电路示意图如图 3-10 所示。室内照明电路主要由电能表、低压断路器、熔断器,以及各种照明器具、开关、插座等组成。

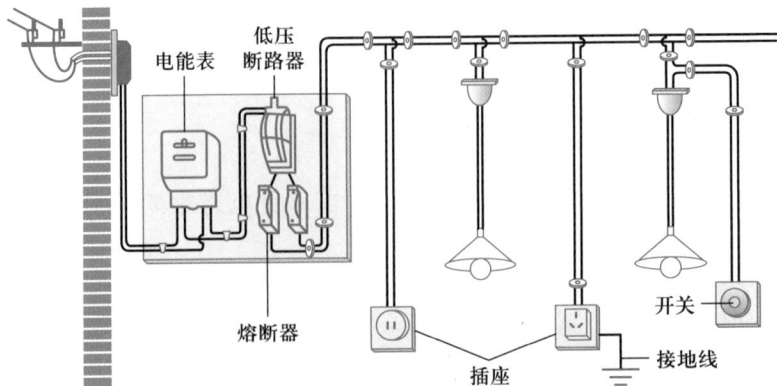

图 3-10 室内照明电路示意图

三、任务所用仪器、设备

任务所用仪器、设备见表 3-3。

表 3-3　任务所用仪器、设备

序号	名称	规格/型号
1	电能表	DDS777、220 V、2.5(10 A)、50 Hz
2	低压断路器	DZ47-63C 10
3	熔断器	
4	单联单控开关	
5	单联双控开关	
6	单联两孔插座	
7	单联三孔插座	
8	灯座	
9	白炽灯	

四、任务实施

照明电路原理图如图 3-11 所示。根据如图 3-12 所示的电器元件布置图,在实验板上合理布置电器元件。根据照明电路原理图,安装并调试实物电路。

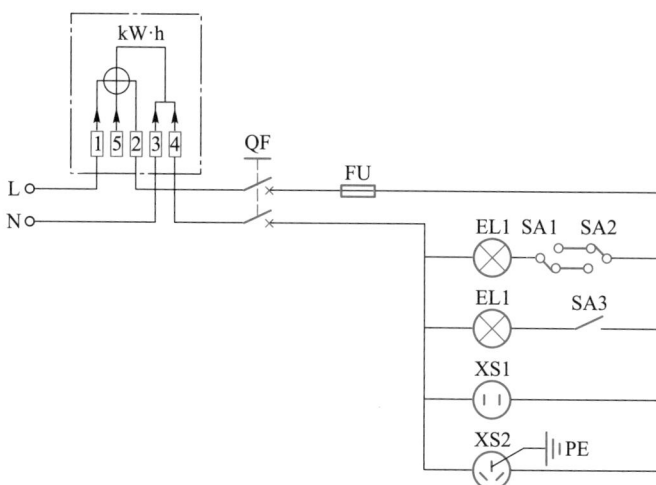

图 3-11　照明电路原理图

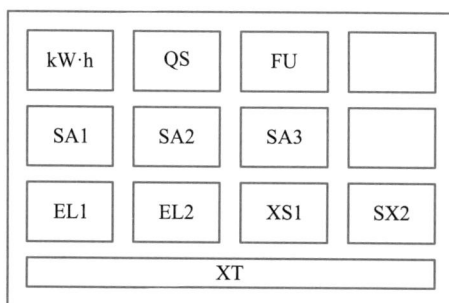

图 3-12　电器元件布置图

（1）写出照明电路的安装步骤。

（2）写出照明电路的调试结果。

五、评分标准

评分标准见表 3-4。

表 3-4　评 分 标 准

序号	考核内容	评分要素	配分	评分标准	得分
1	槽板配线	1. 按要求正确安装电器元件 2. 电器元件安装牢固,整齐合理 3. 不损坏电器元件	40	1. 槽板敷设不平直,垂直度不够,扣 5 分 2. 槽板、接线盒安装不牢固,扣 10 分 3. 导线刨削损伤,扣 5 分	
2	灯具、插座安装	1. 按照明电路原理图正确接线 2. 布线横平竖直,接线紧固美观,接点符合要求 3. 不损坏导线绝缘或线芯	60	1. 安装错误造成断路、短路,每通电一次扣 20 分 2. 相线未进开关,扣 5 分;插座接线不正确,扣 5 分 3. 电器元件安装松动,扣 5 分 4. 开关、灯座、插座安装歪斜,扣 5 分	
3	安全文明操作	遵守安全文明操作规程	0	1. 违反操作规程,扣 5 分 2. 工作场地不整洁,扣 5 分	
日期:　　年　　月　　日				教师签名:	

本章小结

1. 三相交流电的基本概念

（1）三相电路:由三个频率相同,但初相位不同的正弦电源与三组负载按特定方式连接组成的电路称为三相电路。

（2）三相电源:能产生三相电压,能输出三相电流的电源。

（3）三相对称交流电:频率相同、大小相等,相位彼此相差 120° 的三个正弦交流量（电压、电流或电动势）统称为三相对称交流电。对称三相电压的时间函数式之和恒等于零。

2. 三相交流电的联结方式

三相电源有星形联结和三角形联结两种方式。

（1）将三相电源的三相绕组的末端连接到一起,而从始端 A、B、C 引出三根导线连接负载或电力网,这种接法称为三相电源的星形联结。电源作星形联结时,线电压的有效值等于相电压有效值的 $\sqrt{3}$ 倍。

（2）三相电源的三角形联结是将电源每相绕组的末端 X、Y、Z 与其后一相绕组的始端相连 B、C、A,形成一个闭合路径,再从三个连接点引出端线以连接负载或电力网。电源作三角形联结时,线电压有效值和相电压有效值相等,线电流的有效值等于相电流有效值的$\sqrt{3}$倍。

（3）三相负载同样有星形联结和三角形联结两种方式。

3. 三相功率的计算

在三相交流电路中,无论负载是星形联结还是三角形联结,负载是对称还是不对称,三相电路的有功功率等于各相负载的有功功率之和,无功功率等于各相负载的无功功率之和。

自我检测

一、选择题（即测即评）

二、填空题

1. 三相负载同样有_____和_____两种方式;若三相对称负载为星形联结时,负载线电压的有效值等于相电压有效值的_____倍,线电流等于相电流;三相对称负载为三角形联结时,负载线电压等于相电压,线电流有效值等于相电流有效值的_____倍。

2. 对称三相电路中,三相总有功功率 $P =$_____;三相总无功功率 $Q =$_____;三相总视在功率 $S =$_____。

3. 在三相四线制电路中,已知 $\dot{I}_A = 10\underline{/20°}$ A,$\dot{I}_B = 10\underline{/-100°}$ A,$\dot{I}_C = 10\underline{/140°}$ A,则中性线电流 $\dot{I}_N$ 为_____ A。

三、判断题

1. 三相电路只要作星形联结,则线电压在数值上是相电压的$\sqrt{3}$倍。　　　（　　）

2. 三相总视在功率等于总有功功率和总无功功率之和。　　　（　　）

3. 星形联结三相电源若测出线电压两相为 220 V、一相为 380 V 时,说明有一相接反。　　　（　　）

四、简答题

1. 三相四线制供电系统中,中性线的作用是什么?

2. 为什么实际应用中三相电动机可以采用三相三线制供电,而三相照明电路必须采用三相四线制供电系统?

五、计算题

1. 已知对称三相电源 A、B 相线间的电压解析式为 $u_{AB} = 380\sqrt{2}\sin(314t+30°)$ V,试写出其余各线电压和相电压的解析式。

2. 一台三角形联结的三相异步电动机的功率因数为 0.86,效率 $\eta = 0.88$,额定电压为 380 V,输出功率为 2.2 kW,求该电动机向电源取用的电流。

习题 3

一、填空题

1. 三相对称星形联结负载,其线电流 I_L 与对应相电流 I_P 的关系为 $I_L =$ _____。

2. 在采用三表法测量交流电路参数时,若单相功率表、电压表和电流表的读数均为已知(P、U、I),则阻抗角为 $\varphi_Z =$ _____。

3. 采用并联电容器提高功率因数后,原负载支路中电流_____。

4. 在 $f = 50$ Hz 的交流电路中,容抗 $X_C = 314$ Ω,电容 $C =$ _____。

5. 视在功率 $S = 10$ kV · A(输出电压 220 V)的交流电源,并联接上 220 V、40 W、$\cos \varphi = 0.44$ 的荧光灯,满载可接_____只荧光灯。

6. 用交流电表测得交流电的数值是其_____值。

7. 并联一个合适的电容可以提高感性负载电路的功率因数。并联电容后,电路的有功功率_____,感性负载的电流_____,电路的总电流_____。

8. 在三相四线制中,若负载不对称,则熔体不允许装在_____线中,否则可能导致负载无法正常工作。

二、计算题

1. 三相电路在什么情况下产生负载的中性点位移? 当中性线阻抗为 Z_N 时,是否一定会产生中性点的位移? 中性点的位移对负载的相电压有何影响?

2. 有一星形联结的三相负载,每相电阻为 10 Ω,感抗为 8 Ω。电源电压对称,设 $\dot{U}_A = 220 \angle 0°$ V,试求电流 I_P、I_L 并画相量图。

3. 有一三相对称负载,每相的电阻 $R = 8$ Ω,$X_L = 6$ Ω,如果负载为星形联结,接到 $U_L = 380$ V 的三相电源上,求负载的相电流、线电流及有功功率。

4. 一个三相异步电动机,其绕组连成三角形接于 $U_L = 380$ V 的三相电源上,从电源取用的功率 $P = 11.43$ kW,功率因数 $\cos \varphi = 0.87$,试求该电动机的相电流和线电流。

5. 星形联结负载的 $Y_A = -jG$,$Y_B = Y_C = G$,接到三相电源时,试求 B、C 两相电路中两个电阻上电压的比值,并画出相量图。

6. 在图 3-13 所示的对称三相电路中,若 $U_{AB} = 380$ V,$Z = 10 \angle 30°$ Ω,求线电流及三相负载的有功功率。

7. 在图 3-14 所示的对称三相电路中,$R = 6$ Ω,$Z = (1+j4)$ Ω,线电压为 380 V,求线电流和负载吸收的平均功率。

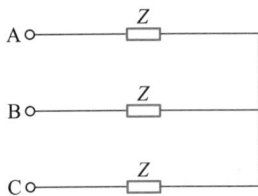

图 3-13

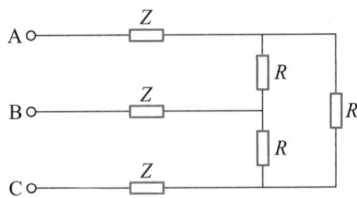

图 3-14

第 **4** 章

电路的暂态分析

知识目标：

■ 理解换路定律。

■ 掌握电路初始值的求法，零输入响应、零状态响应、全响应的
概念和物理意义。

■ 能描述一阶电路的零输入响应、零状态响应和全响应的规律和
特点。

■ 掌握一阶电路的三要素方法。

能力目标：

■ 具备正确计算时间参数的能力。

■ 具备使用仿真软件测量时间常数的能力。

■ 具备分析一阶电路的能力。

■ 学会发现问题、探究问题和解决问题的方法，会应用电路理论
解决生产、生活中的实际问题。

■ 初步具备学习和应用电工新知识、新技术的能力。

素养目标：

■ 具备较强的专业归属感。

■ 具备团队合作、沟通协调的能力。

■ 树立规范操作与安全文明生产的意识。

■ 养成高尚的道德品质和公德意识。

微课

换路定律与初始
值的计算

4.1   换路定律与初始值的计算

电容储能式点焊机如图 4-1(a)所示,它利用电容储存能量在瞬时释放出电流,同时集中大电流穿过小面积点,而达到熔接效果,焊接过程在几千分之一秒内完成,其间通过数千安电流,常用于焊接低碳钢、不锈钢、镍铬丝和其他导电、导热性好的金属。

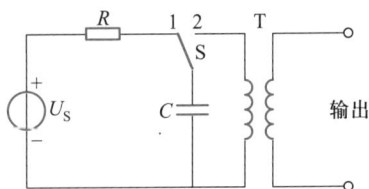

(a) 实物   (b) 电路原理图

图 4-1   电容储能式点焊机及其电路原理图

电容储能式点焊机的电路原理图如图 4-1(b)所示,它利用电容 C 充电,达到所需电压后,电容 C 通过焊接变压器 T 的一次绕组放电使点焊机焊头动作,放电结束则完成一次点焊过程。由于焊接回路的电阻很小,因此放电电流很大,产生的瞬时热量多。电阻 R 用于控制充电电流和充电时间。

此外,上述能产生短时间大电流脉冲的 RC 电路还应用于照相闪光灯、雷达发射管等装置中。类似的 RL 电路有什么特点?这些含有电感、电容(即动态元件)的电路该如何分析呢?

PPT 课件

过渡过程的产生

动画

过渡过程的概念

4.1.1   过渡过程的产生

电容在直流稳态电路中相当于开路,电感在直流稳态电路中相当于一条导线,这时的电路处于稳定状态。如果电路的结构、元件参数或电源发生了变化,电路中的电压与电流也会发生相应的变化,但最后将趋于另一个稳定状态。

包含电容或电感元件的电路,从一个稳定状态到另一个稳定状态需要经历一段时间,这一阶段称为过渡过程。在过渡过程中,电路中电流、电压均在不断地发生变化,因此过渡过程也称为动态过程,这种电路通常称为动态电路。

凡是伴随有能量变化的过程都不是突然完成的。例如,车辆启动(动能增加)、物体降温(热能减小)等都需要一定的时间。也就是说,能量只能连续地发生变化,而不能突变。

电感元件上的电流 i_L 与它所储存的磁场能量 W_L 有着对应关系,即 $W_L = \frac{1}{2}Li_L^2$。电

容元件两端的电压 u_C 也与它所储存的电场能量 W_C 有着对应关系,即 $W_C = \dfrac{1}{2}Cu_C^2$。因为磁场、电场能量不能发生突变,流过电感的电流不能突变,电容两端的电压不能突变,这也是分析过渡过程的重要原则。

4.1.2 换路定律

换路的定义:引起过渡过程的电路变化称为换路。如电路的接通、断开、元件参数的变化、电路连接方式的改变以及电源的变化等。如图 4-2 所示,开关 S 从 1 换到 2 位置即电路发生换路。

换路的瞬间流过电感的电流和电容两端的电压都应保持换路前瞬间的值,不能发生突变,电路换路后,就以此值作为初始值,进行连续变化,直至达到新的稳定值,这就是换路定律。

换路定律(换路条件):换路前后瞬间电容电压和电感电流不能突变。

通常认为,换路是在瞬间完成的,并把换路的瞬间作为计算时间的起始点,记为 $t=0$,而把换路前的瞬间记为 $t=0-$,换路后的瞬间记为 $t=0+$。这样就可以利用公式来表示换路定律,即

$$u_C(0+) = u_C(0-)$$
$$i_L(0+) = i_L(0-)$$

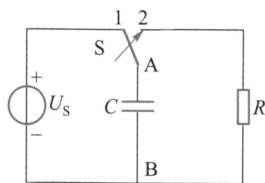

图 4-2 换路

小　提　示

换路瞬间流过电容的电流、电感两端的电压以及电路中其他部分的电流和电压是否发生突变,要根据电路的具体情况而定,它们不受换路定律的约束。

4.1.3 初始值的计算

初始值是指电路在换路后的最初瞬间各部分的电流 $i(0+)$、电压 $u(0+)$。电路在过渡过程中各部分的电压和电流就是从这些初始值开始变化的,因此,要分析过渡过程,就得先确定初始值。

确定初始值的方法如下:

(1)确定换路前电路中电容两端的电压 $u_C(0-)$ 和电感上的电流 $i_L(0-)$。

(2)由换路定律求出电容两端的电压初始值 $u_C(0+)$ 和流过电感的电流初始值 $i_L(0+)$。

(3)再画出电路在换路后瞬间($t=0+$)的等效电路。

(4)然后根据 $u_C(0+)$ 和 $i_L(0+)$,并结合欧姆定律和基尔霍夫定律(KCL、KVL)进一步求出其他参量的初始值。

在画等效电路时应该指出,如果动态元件在换路前未储能,则在换路后瞬间 $u_C(0+)$ 和 $i_L(0+)$ 均为零,即电容相当于短路、电感相当于开路;如果动态元件在换路前已经储能,则在换路后瞬间 $u_C(0+)$ 和 $i_L(0+)$ 保持其在换路前的数值不变,即在 $t=0+$ 的瞬间,电容相当于一个端电压等于 $u_C(0+)$ 的电压源,电感相当于一个电流为

$i_L(0+)$ 的电流源。

[例 4-1] 在图 4-3(a)所示电路中,已知 $R_1 = 4\ \Omega$, $R_2 = 2\ \Omega$, $R_3 = 6\ \Omega$, $U_S = 12\ V$, 电路原来处于稳定状态,在 $t = 0$ 时开关 S 闭合,求初始值 $u_C(0+)$、$i_C(0+)$ 和 R_2 两端电压 $u_2(0+)$。

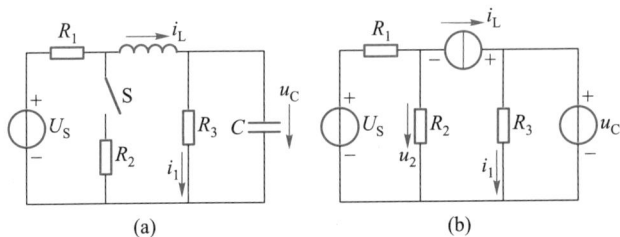

图 4-3   例 4-1 图

解:由于在换路前电路处于稳定状态,因此电感 L 短路,电容 C 开路。所以换路前瞬间 $t = 0-$ 时有

$$i_L(0-) = \frac{U_S}{R_1 + R_3} = \frac{12}{4 + 6}\ A = 1.2\ A$$

$$u_C(0-) = i_L(0-)R_3 = 1.2 \times 6\ V = 7.2\ V$$

由换路定律可得

$$u_C(0-) = u_C(0+) = 7.2\ V$$

$$i_L(0-) = i_L(0+) = 1.2\ A$$

因此,换路后瞬间 $t = (0+)$ 时的电路可画成图 4-3(b)所示电路。求解电路可得

$$i_1(0+) = \frac{u_C(0+)}{R_3} = \frac{7.2}{6}\ A = 1.2\ A$$

$$i_C(0+) = i_L(0+) - i_1(0+) = 1.2\ A - 1.2\ A = 0$$

$$u_2 = u_2(0+) = 2.4\ V$$

做一做

在图 4-4 所示电路中,在 $t = 0$ 时开关 S 闭合,求开关闭合后瞬间各支路电流及电容两端的电压值。

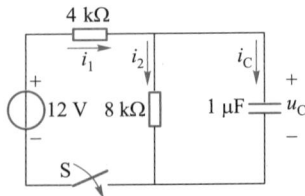

图 4-4   练习图

PPT 课件

零输入响应的认识

4.2   零输入响应

对这种外加激励为零,仅由动态元件初始储能使电路产生电流、电压的现象称为

电路的零输入响应。零输入响应实际上就是储能元件的放电过程。

4.2.1 零输入响应的认识

零输入响应的"零"输入,是指没有外部输入的意思。电容对电阻放电时产生的电流、电感对电阻放电时产生的电压等都是零输入响应现象。

在图 4-5 所示电路中,将开关 S 先置于位置 1,电路处于稳态,即电容已被充电,其两端电压与电源电压相等,即 U_S。在 $t = 0$ 时,将 S 置于位置 2,电源被断开,电容 C 与电阻 R 构成回路,如图 4-6 所示,电容开始对电阻放电,电路中形成放电电流,这一过程就是一个零输入响应过程。

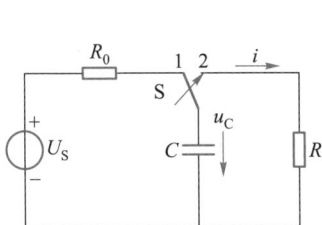

图 4-5   RC 零输入响应(放电)　　　　图 4-6   RC 换路电路

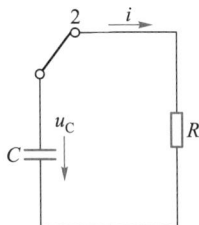

4.2.2 RC 串联电路的零输入响应

由图 4-6 所示电路,利用 KVL 可以得到换路后电路的方程为

$$u_C - iR = 0 \qquad (4-1)$$

因为

$$i = -C \frac{\mathrm{d} u_C}{\mathrm{d} t} \qquad (4-2)$$

式中,负号表示 i 和 u_C 参考方向不关联。将式(4-2)代入式(4-1),得

$$u_C + RC \frac{\mathrm{d} u_C}{\mathrm{d} t} = 0 \qquad (4-3)$$

在式(4-3)方程中,u_C 是要求解的未知数,在数学上该方程称为一阶微分方程,因此这类动态电路又称为一阶动态电路。

求解式(4-3)(过程省略),并结合初始条件 $u_C(0+) = U_S$,可得

$$u_C = U_S \mathrm{e}^{-\frac{t}{RC}} \qquad (4-4)$$

根据电容上电压与电流的关系可得电路中电流为

$$i = -C \frac{\mathrm{d} u_C}{\mathrm{d} t} = \frac{U_S}{R} \mathrm{e}^{-\frac{t}{RC}} \qquad (4-5)$$

因为电阻上电压与电容上电压相等,所以有

$$u_R = u_C = U_S \mathrm{e}^{-\frac{t}{RC}} \qquad (4-6)$$

由式(4-4)~式(4-6)可知,换路后电容两端的电压 u_C 从初始值 U_S 开始随时间 t 按指数函数的规律衰减,而电阻两端电压 u_R 和电路中的电流 i 也分别从各自的初始值

PPT 课件

RC 串联电路的零输入响应

微课

RC 串联电路的零输入响应

U_S 和 U_S/R 按同一指数规律衰减。

图 4-7 所示为换路后电容、电阻元件两端电压和电路中电流随时间变化的曲线。

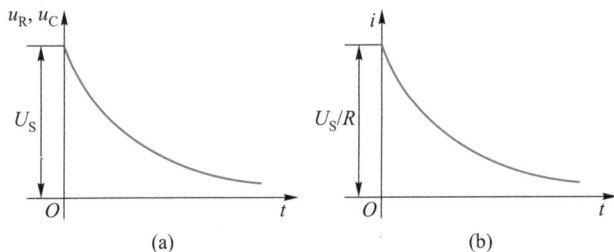

图 4-7 RC 电路零输入响应曲线

由式(4-4)可知,电容两端电压衰减的速度取决于 RC。设 $\tau=RC$,τ 称为电路的时间常数,而当 R 的单位为欧姆(Ω),C 的单位为法拉(F)时,τ 的单位为秒(s)。

当 $t=\tau$ 时,电容两端电压为

$$u_C=U_S\mathrm{e}^{-1}=0.368U_S=36.8\%U_S$$

即时间常数 τ 就是电容电压衰减至初始值的 36.8% 时所需的时间。同样可以算出当 $t=2\tau,3\tau,\cdots$ 时电容两端电压 u_C,见表 4-1。

表 4-1   不同时刻的 u_C

t	0	1τ	2τ	3τ	4τ	5τ	$\cdots$	∞
$u_C(t)$	U_0	$0.368U_0$	$0.135U_0$	$0.05U_0$	$0.018U_0$	$0.007U_0$	$\cdots$	0

由表 4-1 可知,从理论上来看,过渡过程要经过无限长的时间才能结束。但实际上只要经过 $3\tau\sim5\tau$ 的时间,电容两端的电压就衰减到可以忽略不计的程度,即电路中的电流小到可以忽略不计,此时即可认为过渡过程已经结束,电路进入另一个稳定状态。显然,电路中的时间常数 τ 越大,过渡过程持续的时间就越长,时间常数 τ 越小,过渡过程持续的时间就越短。图 4-8 给出了不同时间常数 τ 与 u_C 的关系曲线。

[例 4-2]   如图 4-9 所示的电路处于稳态。已知 $C=4\ \mu F$,$R_1=R_2=10\ k\Omega$,电容原先有电压 100 V。试求开关 S 闭合后 50 ms 时电容的电压 u_C 和放电电流 i。

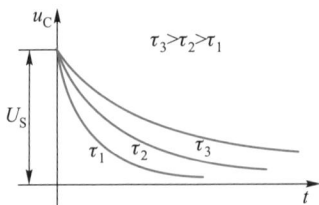

图 4-8   时间常数与放电速度   图 4-9   例 4-2 图

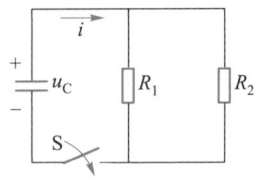

解:电路的时间常数为

$$\tau=RC=(R_1/\!/R_2)C=5\times10^3\times4\times10^{-6}\ \mathrm{s}=0.02\ \mathrm{s}$$

将 $t=50\ \mathrm{ms}=0.05\ \mathrm{s}$ 代入式(4-4)中,则有

$$u_C=U_S\mathrm{e}^{(-t/RC)}=100\times\mathrm{e}^{(-0.05/0.02)}\ \mathrm{V}=100\times0.082\ \mathrm{V}=8.2\ \mathrm{V}$$

$$i=\frac{U_S}{R}\mathrm{e}^{(-t/RC)}=\frac{u_C}{R}=\frac{8.2}{5\times10^3}\ \mathrm{A}=1.64\times10^{-3}\ \mathrm{A}=1.64\ \mathrm{mA}$$

4.2.3 RL 串联电路的零输入响应

如图 4-10 所示电路,开关 S 原先置于 1,电路处于稳态,电感上流有电流 I_0,所储磁场能量为 $W = \frac{1}{2}LI_0^2$,在 $t = 0$ 时 S 置于 2,电源被断开,电感 L 与电阻 R 构成回路,电感开始对电阻放电,这一过程也是一个零输入响应过程。

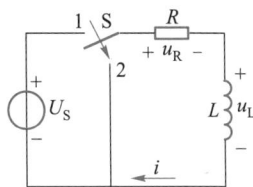

图 4-10 RL 零输入响应

小 提 示

如图 4-10 所示,在发生零输入响应的 RL 电路中只有一个电阻,当电路中有多个电阻时,时间常数 $\tau = L/R$ 中的 R 要理解为将电感 L 移去后,从所形成的二端网络处看进去的等效电阻。

在换路瞬间,因为电感上电流不能突变,依然保持为 I_0,此时电阻两端的电压为

$$u_R(0+) = I_0 R$$

由 KVL 可知,此时电感 L 两端的电压将从零突变为 $I_0 R$。换路后,随着电阻不断地消耗能量,电流 i 也不断减小,同时电阻电压 u_R 与电感电压 u_L 也逐渐降低,直到全部降为零,过渡过程结束,电路进入一个新的稳态。在这个过程中,电感原先所储存的能量逐渐被电阻以热能的形式所消耗。

由图 4-11 所示的电路可以得到换路后电路的 KVL 方程为

$$u_R + u_L = 0$$

因为 $u_R = iR$,$u_L = L\mathrm{d}i/\mathrm{d}t$,并结合初始条件 $i(0+) = I_0$,可得

$$i = I_0 \mathrm{e}^{-\frac{R}{L}t} \tag{4-7}$$

电阻与电感上的电压分别为

$$u_R = iR = RI_0 \mathrm{e}^{-\frac{R}{L}t} \tag{4-8}$$

$$u_L = -u_R = -RI_0 \mathrm{e}^{-\frac{R}{L}t} \tag{4-9}$$

由式(4-7)~式(4-9)可知,换路后的电流从初始值 I_0 开始随时间 t 按指数函数的规律衰减,电阻和电感两端电压 u_R 和 u_L 也分别从各自的初始值 I_0R 和 $-I_0R$ 按同一指数规律衰减。图 4-12 所示为换路后电路元件电压和电流随时间变化的曲线。

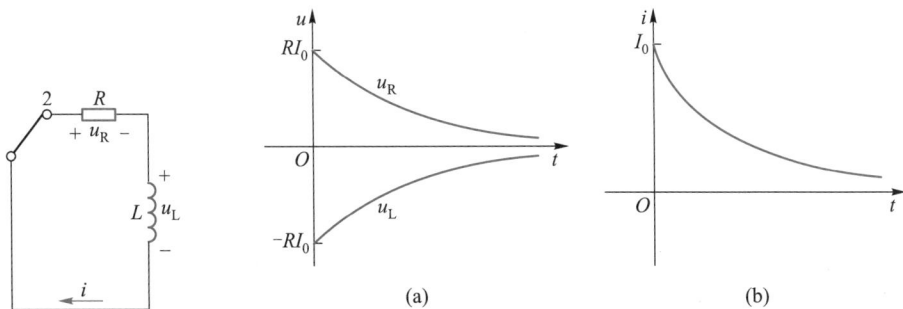

图 4-11 RL 零输入响应
换路后电路

(a)　　　　(b)

图 4-12 RL 零输入响应曲线

电路中各电量的衰减速度取决于 L/R。设 $\tau = L/R$ 为电路的时间常数, τ 越大, 过渡过程持续的时间越长。

[例 4-3]   在图 4-13 所示的电路中, 一实际电感线圈(图中点画线部分)和电阻 R_0 并联后与直流电源接通。已知 $U_S = 220$ V, $R_0 = 60$ Ω, 电感线圈的电感 $L = 1$ H, 内阻 $R_S = 20$ Ω, 电路处于稳态。试求开关 S 打开后, 电流 i 的变化规律和电感线圈两端电压的初始值 $u_L'(0+)$。

解:电路的时间常数为

$$\tau = \frac{L}{R_0 + R_S} = \frac{1}{80} \text{ s}$$

过渡过程的初始电流为

$$I_0 = i(0+) = i(0-) = \frac{U_S}{R_S} = \frac{220}{20} \text{ A} = 11 \text{ A}$$

电流 i 的变化规律为

$$i = I_0 e^{-\frac{R}{L}t} = 11 e^{-80t} \text{ A}$$

电感线圈两端的初始电压为

$$u_L'(0+) = -I_0 R_0 = -11 \times 60 \text{ V} = -660 \text{ V}$$

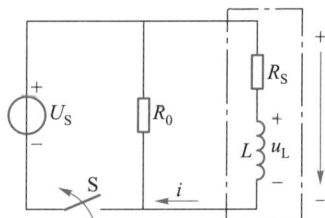

图 4-13   例 4-3 图

由例 4-3 可知, 在换路瞬间, u_{R0} 和 u_L' 均从原来的 220 V 突变到 -660 V, 因此放电电阻 R_0 不能选得过大, 否则一旦电源断开, 会在电感线圈两端产生很大的电压, 容易损坏;如果 R_0 是一只内阻很大的电压表, 则此表也容易受到损坏。为了安全起见, 在断开电源前, 要将与电感线圈并联的元件或测量仪表拆除。

4.3   零状态响应

一个零初始状态的电路, 如果在换路后受到(直流)激励作用而产生的电流、电压, 则称为电路的零状态(充电)响应。零状态响应实际上就是储能元件的充电过程。

4.3.1   零状态响应的认识

如果动态元件在换路前没有储能, 那么换路后瞬间电容两端的电压为零, 电感上的电流为零, 称电路的这种状态为零初始状态。一个零初始状态的电路, 如果在换路后受到(直流)激励作用而产生的电流、电压, 则称为电路的零状态(充电)响应。

如图 4-14 所示, 电容不带电(电压为零), 电路处于稳态, 当 $t = 0$ 时, 将开关 S 合上即发生换路, 换路后瞬间到电路进入新的稳定状态这段时间内, 电容、电阻两端的电压 u_R 和 u_C 有怎样的变化? 为什么?

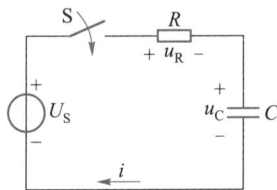

图 4-14 RC 零状态响应
(充电)

4.3.2 RC 串联电路的零状态响应

在换路瞬间, 电容两端电压不能突变, 保持为 $u_C(0+) = 0$, 电容视为短路, 电源电压 U_S 全部加在电阻 R 上, 即 R 两端的电压 u_R 将从零突变为 U_S, 相应地, 电路中的电流也由零突变为 U_0/R。换路后, 电容开始充电, 两极板上积聚的电荷越来越多, 其两端电

压 u_C 不断增大,同时电阻电压 u_R 却逐渐减小,电流 i 也不断地减小,直到电容充电结束,电容两端电压 $u_C = U_S$,而电阻上的电压 u_R 和电路中的电流 i 全部降为零,过渡过程结束,电路进入一个新的稳态。

在这个过程中,电源提供的能量逐渐以电场能的形式储存于电容中。

由图 4-14 所示电路,可以写出换路后电路的 KVL 方程为

$$u_R + u_C = U_S$$

由于 $u_R = iR$, $i = C\dfrac{\mathrm{d}u_C}{\mathrm{d}t}$,并结合初始条件 $u_C(0+) = 0$,可得

$$u_C = U_S(1 - e^{-\frac{t}{RC}}) = U_S - U_S e^{-\frac{t}{RC}} \tag{4-10}$$

$$u_R = U_S - u_C = U_S e^{-\frac{t}{RC}} \tag{4-11}$$

$$i = \frac{u_R}{R} = \frac{U_S}{R} e^{-\frac{t}{RC}} \tag{4-12}$$

由式(4-10)~式(4-12)可知,换路后电容两端电压 u_C 由两部分组成,第一项 U_S 是电容充电完毕后的电压值,是一个稳态值,称为"稳态分量";第二项 $-U_S e^{-\frac{t}{RC}}$ 随时间按指数函数的规律衰减,最后为零,称为"暂态分量"。

在整个过渡过程中,u_C 可看作是稳态分量和暂态分量叠加而成。电阻两端电压 u_R 和电路中的电流的最终稳态值为零,只有动态分量,也随时间按同一指数规律衰减。图 4-15 所示为换路后电路中各元件两端电压和电路中电流随时间变化的曲线。

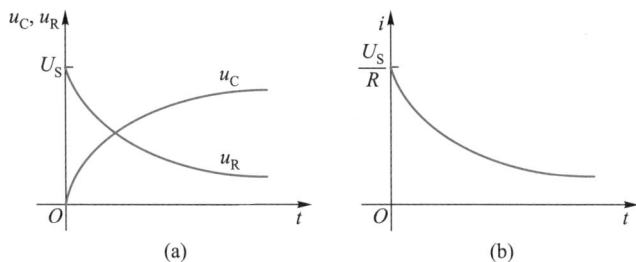

图 4-15 RC 电路零状态响应曲线

电路中各变量的暂态分量衰减的速度取决于 RC。如同零输入响应,将 $\tau = RC$ 称为电路的时间常数。同样,时间常数 τ 越大,过渡过程持续的时间越长。

小 提 示

说明:在这里,时间常数 $\tau = RC$ 中的 R 也要理解为将电容 C 移去后,从所形成的二端网络处看进去的等效电阻。

当 $t = \tau$ 时,电容上电压为

$$u_C = U_S(1 - e^{-1}) = U_S(1 - 0.368) = 63.2\% U_S$$

$$u_R = U_S e^{-1} = 0.368 U_S = 36.8\% U_S$$

$$i = \frac{U_S}{R} e^{-1} = 0.368 \frac{U_S}{R} = 36.8\% \frac{U_S}{R}$$

微课

RC 串联电路的零状态响应

即经过 1τ 的时间,电容两端的电压已达到稳态值的 63.2%,而电路中的电流也衰减到其初始值的 36.8%。通常认为,电路换路后在经过 5τ 的时间后,各电路变量的暂态分量都衰减到初始值的 1% 以下,其过渡过程就可当作结束,电路进入了另一个稳定状态。

[例 4-4] 在图 4-14 所示电路中,已知 $U_S = 220$ V, $C = 2$ μF, $R = 200$ Ω,电容原先未储能,在 $t = 0$ 时开关 S 合上。试求 S 闭合后 1 ms 时的电流 i 和电容上的电压 u_C。

解:以开关 S 闭合时刻为计时起点。电路的时间常数为

$$\tau = RC = 200 \times 2 \times 10^{-6} \text{ s} = 4 \times 10^{-4} \text{ s}$$

当 $t = 1$ ms $= 10^{-3}$ s 时,有 $i = \dfrac{U_S}{R} e^{-\frac{t}{RC}} = 1.1 \times e^{-2.5}$ A $= 1.1 \times 0.082$ A $= 0.090\ 2$ A

$$u_C = U_S(1 - e^{-\frac{t}{RC}}) = 220(1 - e^{-2.5}) \text{ V} = 201.96 \text{ V}$$

做一做

在 Multisim 仿真软件中绘制电路如图 4-16 所示,仿真开始闭合开关对电容充电,绘制电容、电阻两端的电压 u_R 和 u_C 曲线,并按表 4-2 记录数据。

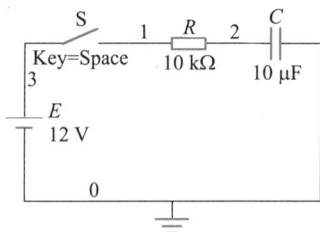

图 4-16   RC 零状态响应仿真电路

表 4-2   记 录 数 据

	0	τ	2τ	3τ	4τ	5τ	6τ	7τ
t/ms	0							
u_C/V								

4.3.3   RL 串联电路的零状态响应

图 4-17 所示电路中,电感的电流为零,电路处于稳态,在 $t = 0$ 时开关 S 闭合。现在来分析换路后瞬间起到电路进入新的稳定状态这段时间内电感、电阻两端的电压 u_L 和 u_R 及电感上电流 i 的变化。

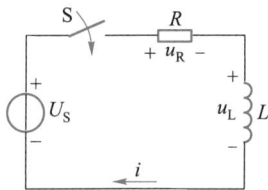

图 4-17   RL 电路
零状态响应

在换路瞬间,因为电感上电流不能突变,电路中的电流保持零不变,即此时电阻上电压 u_R 为零,电源电压全部加在电感两端,所以电感 L 两端

的电压 u_L 从零突变为 U_S。随着时间的推移,电路中的电流 i 也逐渐加大,u_R 也随着逐渐加大,但同时电感电压 u_L 却逐渐降低,直到电路进入一个新的稳态,即

$$u_L = 0, \quad u_R = U_S, \quad i = \frac{U_S}{R}$$

此时过渡过程结束。在过渡过程中,电源所提供的能量逐渐以磁场能量的形式储存于电感器中。

在图 4-17 所示的电路中可以得到换路后电路的 KVL 方程为

$$u_R + u_L = U_S \tag{4-13}$$

因为 $u_R = Ri$,$u_L = L\dfrac{\mathrm{d}i}{\mathrm{d}t}$,并结合初始条件 $i(0+) = 0$,可得

$$i = \frac{U_S}{R}(1 - \mathrm{e}^{-\frac{R}{L}t}) = \frac{U_S}{R} - \frac{U_S}{R}\mathrm{e}^{-\frac{R}{L}t} \tag{4-14}$$

$$u_L = L\frac{\mathrm{d}i}{\mathrm{d}t} = U_S\mathrm{e}^{-\frac{R}{L}t} \tag{4-15}$$

$$u_R = Ri = U_S(1 - \mathrm{e}^{-\frac{R}{L}t}) = U_S - U_S\mathrm{e}^{-\frac{R}{L}t} \tag{4-16}$$

从式(4-14)~式(4-16)可知,换路后的电流 i 由两部分组成,第一项 U_S/R 是电路进入稳态时的电流值,称为"稳态分量";第二项 $U_S/R \times \mathrm{e}^{-t/RC}$ 随时间按指数函数的规律衰减,最后为零,称为"暂态分量"。在整个过渡过程中,i 可看作是稳态分量和暂态分量叠加而成。

换路后电感两端的电压 u_L 从 U_S 开始随时间按指数函数的规律衰减,最后为零;电阻两端电压 u_R 从零开始上升,最终达到稳态值 U_S;其暂态分量 $U_S\mathrm{e}^{-t/RC}$ 也随时间按同一指数规律衰减至零。图 4-18 所示为换路后电路中各元件两端电压和电路中电流随时间变化的曲线。

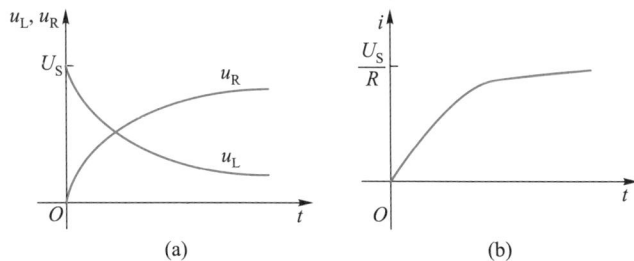

图 4-18 RL 电路零状态响应曲线

同样,电路各电量的衰减速度取决于时间常数 $\tau = L/R$,其意义同前。一般电路换路后在经过 5τ 的时间后,过渡过程就可当作结束,电路进入了另一个稳定状态。图 4-17 中发生零状态响应的 RL 电路中只有一个电阻,当电路中有多个电阻时,时间常数 $\tau = L/R$ 中的 R 要理解为将电感 L 移去后,从所形成的二端网络处看进去的等效电阻。

[例 4-5] 在图 4-17 所示的电路中,已知 $U_S = 20\ \mathrm{V}$,$R = 20\ \Omega$,$L = 5\ \mathrm{H}$,电感原先无电流,电路处于稳态。试求开关 S 闭合后 τ 时的电流。

解:以开关 S 闭合时刻为计时起点,则有

$$i(0)=i(0+)=i(0-)=0$$

$$u_\mathrm{L}=U_\mathrm{S}\mathrm{e}^{-\frac{R}{L}t}=20\mathrm{e}^{-4t}$$

$$i=\frac{U_\mathrm{S}}{R}\left(1-\mathrm{e}^{-\frac{R}{L}t}\right)=\frac{20}{20}\left(1-\mathrm{e}^{-4t}\right)=\left(1-\mathrm{e}^{-4t}\right)\ \mathrm{A}$$

当 $t=\tau=L/R=5/20$ s $=1/4$ s 时,电路中电流 i 和电感两端电压的 u_L 分别为

$$i(\tau)=\left(1-\mathrm{e}^{-4\times\frac{1}{4}}\right)\ \mathrm{A}=(1-0.368)\ \mathrm{A}=0.632\ \mathrm{A}$$

$$u_\mathrm{L}=20\mathrm{e}^{-4t}=20\mathrm{e}^{-4\times\frac{1}{4}}\ \mathrm{V}=20\mathrm{e}^{-1}\ \mathrm{V}=20\times0.368\ \mathrm{V}=7.36\ \mathrm{V}$$

4.4   一阶电路的全响应

电路中只有一个储能元件,即含有一个独立的电容元件或一个独立的电感元件,其他部分由电阻和独立电源构成,所列的方程是一阶常系数方程,把这种可用一阶微分方程描述的电路称为一阶动态电路,而称储能元件电容和电感为动态元件。

如果电路中的动态元件原先已经储能,如图 4-19 中,电容已充电,其两端电压为 $u_\mathrm{C}(0_-)=u_\mathrm{o}$,$t=0$ 时将开关 S 合上,过渡过程分析起来是不是就很复杂了呢? 又该如何进行分析? 本节将讨论全响应。

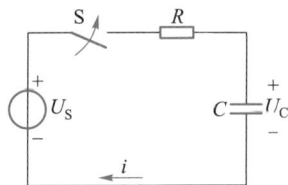

图 4-19   一阶 RC
电路全响应

4.4.1   一阶电路全响应的认识

一阶电路存在外加激励作用,同时初始条件不为零的响应称为一阶电路的全响应。全响应可以看成零输入响应和零状态响应二者的叠加,即全响应=零输入响应+零状态响应。

$$u_\mathrm{C}=u_\mathrm{o}\mathrm{e}^{-\frac{t}{RC}}+U_\mathrm{S}\left(1-\mathrm{e}^{-\frac{t}{RC}}\right)=U_\mathrm{S}+(U_0-U_\mathrm{S})\mathrm{e}^{-\frac{t}{RC}} \tag{4-17}$$

$$i=\frac{U_\mathrm{S}-U_0}{R}\mathrm{e}^{-\frac{t}{RC}} \tag{4-18}$$

由式(4-17)可以看出,右边第一项 U_S 是稳态分量,第二项 $(U_0-U_\mathrm{S})\mathrm{e}^{-\frac{t}{RC}}$ 为暂态分量,因此,一阶电路的全响应又可表示为:全响应=稳态分量+暂态分量。

根据 U_S 和 U_S0 的值,把电路分成以下三种情况来讨论:

(1) 若 $U_\mathrm{S}>U_\mathrm{S0}$,则在过渡过程中 $i>0$,电流始终流向电容的正极板;电容继续充电,u_C 从 U_S0 起按指数规律增大到 U_S。

(2) 若 $U_\mathrm{S}<U_\mathrm{S0}$,则在过渡过程中 $i<0$,电流始终由电容的正极板流出;电容放电,u_C 从 U_S0 起按指数规律下降到 U_S。

(3) 若 $U_\mathrm{S}=U_\mathrm{S0}$,则开关换位置后 $i=0$,$u_\mathrm{C}=U_\mathrm{S}$,电路立即进入稳定状态,不发生过渡过程。

4.4.2   一阶电路的三要素

经过分析(分析过程省略),可以总结出电路中变量的全响应公式的一般形式,即

$$f(t) = f(\infty) + [f(0+) - f(\infty)] e^{-\frac{t}{\tau}} \qquad (4-19)$$

式中,$f(t)$ 是待求电路变量的全响应;$f(0+)$ 是待求变量的初始值;$f(\infty)$ 是待求变量的稳态值;τ 是电路换路后的时间常数。

初始值、稳态值、时间常数则称为三要素。

对于一个变量的初始值 $f(0+)$,先求出换路前的数值,再利用换路定律即可得到。$f(\infty)$ 是待求变量新的稳态值,可以将电路中的电感短路、电容开路,再由 KVL、KCL、欧姆定律列出电路方程进行求解。τ 是反映过渡过程持续时间长短的时间常数,由换路后的电路本身决定,与激励无关,在 RC 电路中 $\tau = RC$,RL 电路中 $\tau = L/R$,其中的 R 是换路后电路在移去动态元件后所形成的二端网络看进去的等效电阻,即戴维南等效电路中的等效电阻,在同一电路中 τ 只有一个值。

PPT 课件

一阶电路的三要素

微课

一阶电路的三要素

[**例 4-6**] 如图 4-20 所示的电路,已知 $R_1 = 1\ \text{k}\Omega$,$R_2 = 2\ \text{k}\Omega$,$C = 3\ \mu\text{F}$,$U_{S1} = 3\ \text{V}$,$U_{S2} = 6\ \text{V}$,开关 S 长期合在位置 1 上,如果在 $t = 0$ 时将 S 合到位置 2 上,求电容器上电压的变化规律。

解:当 S 合在位置 1 上,电路已经处于稳定状态,因此在 $t = (0-)$ 时,有

$$u_C(0-) = U_{S1} \frac{R_2}{R_1 + R_2} = 3 \times \frac{2}{2+1}\ \text{V} = 2\ \text{V}$$

当 S 合到位置 2 上后,由换路定律可得换路后 u_C 的初始值为

$$u_C(0+) = u_C(0-) = 2\ \text{V}$$

根据电容"隔直"的特点,可得 u_C 的稳态值为

$$u_C(\infty) = U_{S2} \frac{R_2}{R_1 + R_2} = 6 \times \frac{2}{3}\ \text{V} = 4\ \text{V}$$

换路后电路的时间常数为

$$\tau = (R_1 /\!/ R_2) C = \frac{2 \times 1}{2+1} \times 10^3 \times 3 \times 10^{-6}\ \text{s} = 2\ \text{ms}$$

根据三要素法,可得电容两端电压为

$$u_C = u_C(\infty) + [u_C(0+) - u_C(\infty)] e^{-\frac{t}{\tau}} = 4\ \text{V} + (2-4) e^{-500t}\ \text{V} = 4 - 2e^{-500t}\ \text{V}$$

[**例 4-7**] 如图 4-21 所示电路,已知 $R_1 = R_3 = 10\ \Omega$,$R_2 = 40\ \Omega$,$L = 0.1\ \text{H}$,$U_S = 180\ \text{V}$。在 $t = 0$ 时开关 S 闭合。求 S 闭合后电感上的电流。

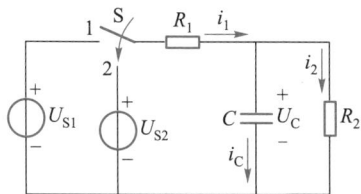

图 4-20 例 4-6 图

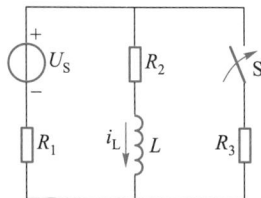

图 4-21 例 4-7 图

解:S 闭合前,即 $t = (0-)$ 时,电感上的电流 i_L 为

$$i(0-) = \frac{U_S}{R_1 + R_2} = \frac{180}{10+40}\ \text{A} = 3.6\ \text{A}$$

S 闭合后,电路进入新的稳态,时间常数为

$$\tau = \frac{L}{R_2 + R_1 // R_3} = \frac{0.1}{40 + 10 // 10} \text{ s} = 0.002\ 2 \text{ s}$$

i_L 的稳态值为

$$i_L(\infty) = \frac{U_S}{R_1 + R_2 // R_3} \times \frac{R_3}{R_2 + R_3} = 2 \text{ A}$$

于是有

$$i_L = i_L(\infty) + [i_L(0+) - i_L(\infty)] e^{-\frac{t}{\tau}} = (2 + 1.6 e^{-\frac{t}{0.002\ 2}}) \text{ A}$$

实验四

一阶线性电路
过渡过程的观测

做一做

在 Multisim 软件中绘制仿真电路如图 4-22 所示。

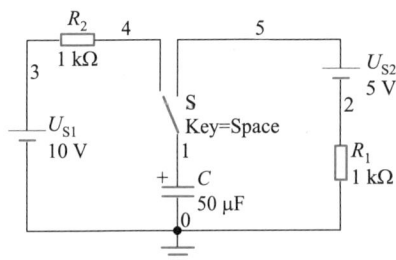

图 4-22 全响应仿真电路

(1) 取 $U_{S1} = 10$ V,$U_{S2} = 5$ V,电路稳定后变换开关位置,过渡过程开始,用示波器观察电容电压变化情况,绘制变化波形。

(2) 取 $U_{S1} = 10$ V,$U_{S2} = 10$ V,绘制过渡过程电容电压变化波形。

(3) 取 $U_{S1} = 10$ V,$U_{S2} = 15$ V,绘制过渡过程电容电压变化波形。

4.5 微分电路和积分电路

微分电路和积分电路实际上就是 RC 串联的充放电电路,只是由于所选的电路时间常数不同,从而构成了激励(输入)与响应(输出)之间的特定关系(微分或积分)。

(1) 构成微分电路的条件:RC 串联电路,输出电压为电阻 R 两端电压,如图 4-23 所示。

(2) 构成积分电路的条件:RC 串联电路,输出电压为电容 C 两端的电压,如图 4-24 所示。

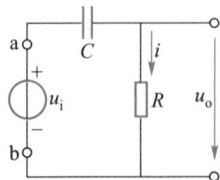

图 4-23 微分电路

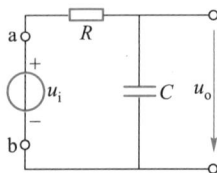

图 4-24 积分电路

PPT 课件

微分电路

4.5.1 微分电路

当信号 u_i 开始作用时,由于电容两端电压 u_C 不能突变,由 KCL 可知,电阻 R 上的

电压 u_R 将从零突变为 E。接着电容开始充电，如果电路时间常数很小，即 $\tau \ll t_P$，电容充电很快就完毕，使 u_C 达到 E，同时 u_R 也随之衰减到零。这时的输出信号 u_o 为一个正的尖脉冲；在 $t = t_P$ 时信号消失，因此时 u_C 保持不变，则 u_R 立即由零下降到 $-E$，之后电容又放电结束，u_R 的绝对值也很快衰减至零，此时输出信号为一个负的尖脉冲。即在一个矩形脉冲信号的作用下，在 RC 串联电路中的电阻上将产生两个幅值相等方向相反的尖脉冲。

根据图 4-23 所示微分电路，有

$$u_o = u_R = Ri = RC\frac{du_C}{dt} \tag{4-20}$$

因为 $\tau \ll t_P$，电容的充放电很快就结束，电容两端的电压 u_C 近似等于输入电压 u_i，即

$$u_i \approx u_C$$

所以有

$$u_o = RC\frac{du_i}{dt} \tag{4-21}$$

即输出信号 u_o 与输入信号 u_i 的微分成正比，将这种从电阻两端输出且满足 $u_o = RC\dfrac{du_i}{dt}$ 关系的 RC 串联电路称为微分电路。

微分电路能把输入信号进行微分处理后再输出。在脉冲电路中，常用微分电路把矩形脉冲电压变换为尖脉冲，作为触发信号。如果电路时间常数 $\tau \gg t_P$，该 RC 电路将变成一个 RC 耦合电路，输出波形与输入波形一样。

4.5.2 积分电路

当信号 u_i 开始作用时，电容开始充电，因为电路的时间常数很大，即 $\tau \gg t_P$，电容充电很慢，u_C 的变化近似一条斜率很小的直线。在 $t = t_P$ 时脉冲信号消失，电容开始放电，因 $\tau \gg t_P$，放电速度也很慢，这样在一个脉冲信号周期内，u_C 的图像就近似为一个锯齿波（或三角波）。

图 4-24 所示积分电路，因为 $\tau \gg t_P$，电容的充放电过程很长，电阻两端的电压 u_R 近似等于输入电压 u_i，即

$$u_i = u_R + u_o \approx u_R \tag{4-22}$$

$$i = \frac{u_R}{R} \approx \frac{u_i}{R} \tag{4-23}$$

所以有

$$u_o = u_C = \frac{1}{C}\int i\,dt = \frac{1}{RC}\int u_i\,dt \tag{4-24}$$

即输出信号 u_o 与输入信号 u_i 的积分成正比，将这种从电容端输出且满足关系 $u_i \approx u_R$ 的 RC 串联电路称为积分电路。

积分电路能把输入信号进行积分处理后再输出。在脉冲电路中，常用积分电路把矩形脉冲电压变换为近似三角波，作为电视接收机场扫描信号。

做一做

在 Multisim 软件中绘制仿真电路如图 4-25 所示。当 $t=0$ 时，在 a、b 两端施加一个矩形脉冲信号 u_i，如图 4-25（a）所示。脉冲信号参数如图 4-25（c）对话框设置。

计算此时 $t_P =$ _____ s，$\tau =$ _____ s。是否满足 $\tau \ll t_P$？

观察输出信号 u_o（即电阻两端电压 u_R）的变化规律，绘于图 4-25（b）。

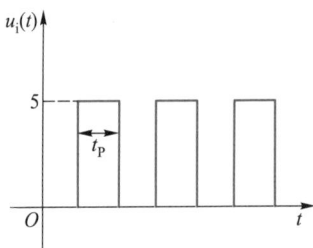

(a) 输入波形

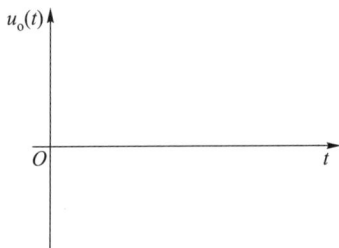

(b) 输出波形

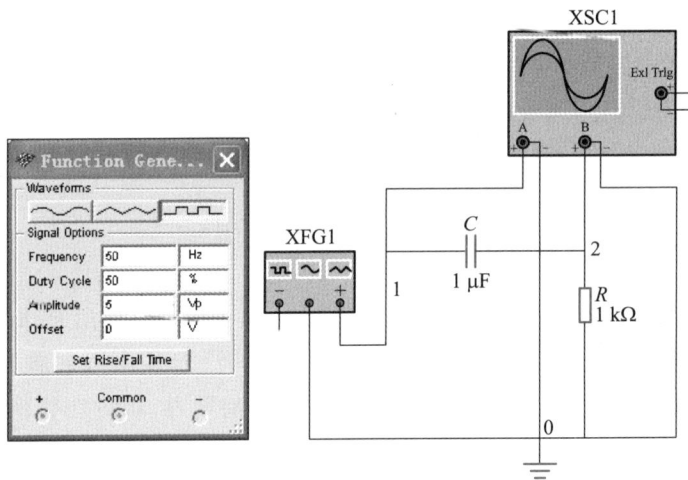

(c) 信号参数设置

图 4-25　微分电路仿真

实践任务

| 任务 1 | 零输入响应的认识 |

一、任务目的

（1）通过本任务理解零输入响应的电路特点。

（2）理解零输入响应曲线。

（3）了解时间常数对电路响应的影响。

二、任务分析

对于这种外加激励为零，仅由动态元件初始储能使电路产生电流、电压的现象称为电路的零输入响应。这里的"零"输入是指没有外部输入。也就是电容对电阻放电时产生的电流、电感对电阻放电时产生的电压等都是零输入响应现象。

三、任务器材

本任务器材清单见表4-3。

表4-3　任务器材清单

名称	规格型号	编号	单位	数量	备注
仿真软件	Multisim		套	1	
电容	120 μF	C	个	1	
电阻	1 kΩ	R_1、R_2	个	2	
电压源	10 V	E	个	1	
示波器		XSC1	个	1	
开关		S	个	1	

四、任务实施

（1）在Multisim仿真软件中绘制仿真电路如图4-26所示。仿真开始，先对电容充电，待电容电压等于电源电压后，选定某一时刻作为$t=0$，改变开关S位置，观察示波器参数，并将观察的数据填入表4-4。根据表4-4记录的数据在图4-27中绘制零输入响应曲线。

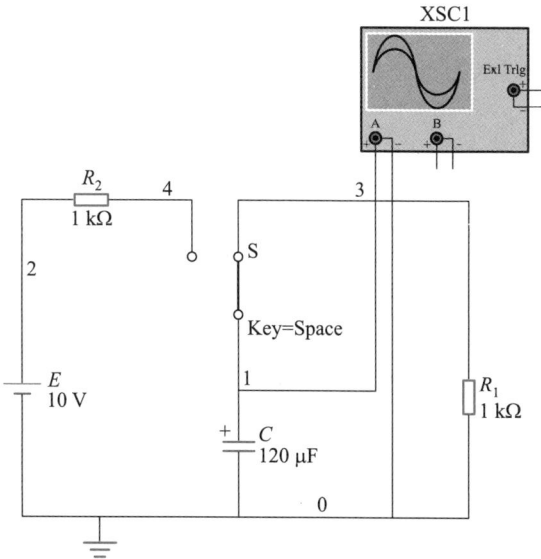

图4-26　零输入响应仿真电路

表 4-4　记录数据 1

$t/$ms	0	120	240	360	480	600	720	840
$u_C/$V								

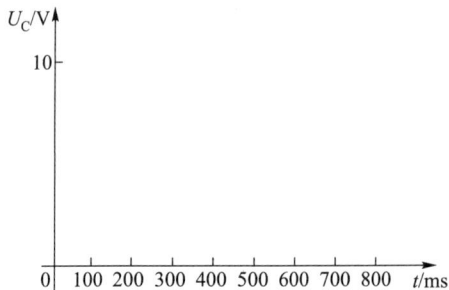

图 4-27　零输入响应曲线

（2）改变图 4-26 中 C 值为 50 μF，重复上述步骤，将数据填入表 4-5。

表 4-5　记录数据 2

$t/$ms	0	50	100	150	200	250	300	350
$u_C/$V								

电容两端电压衰减的速度取决于 RC。设 $\tau = RC$，τ 称为电路的时间常数，当 R 的单位为欧姆（Ω），C 的单位为法拉（F）时，τ 的单位为秒（s）。

思考：
① 时间常数 $\tau = RC$，R 在图 4-26 中取 R_1 还是 R_2？
② 电路中的时间常数 τ 越大，过渡过程持续的时间就越_____。
③ 过渡过程结束需要_____ s。该时间与 τ 有什么关系（约为 τ 的几倍）？
过渡过程结束即电容两端的电压衰减到可以忽略不计的程度，电路中的电流小到可以忽略不计，电路进入另一个稳定状态。

五、评分标准

评分标准见表 4-6。

表 4-6　评 分 标 准

序号	考核内容	评分要素	配分	评分标准	得分
1	原理图的正确绘制	1. 仿真软件的使用 2. 原理图是否正确	30	原理图绘制错误，每处扣 5 分	
2	电路元件的选择	正确选择实训所需电路元件	10	选择错误，每项扣 2 分	
3	实验内容	理解零输入响应电路特点	30	根据原理图在仿真软件里面虚拟仿真，仿真错误每处扣 5 分	

续表

序号	考核内容	评分要素	配分	评分标准	得分
4	实验结果	1. 正确绘制零输入响应曲线 2. 分析实验结果	20	1. 零输入响应曲线,错误扣 5 分 2. 改变开关 S1 位置,观察示波器参数,记录数据,每缺失一处数据扣 5 分	
5	安全生产	1. 工具使用 2. 仪表使用 3. 安全操作规程	10	1. 工具使用正确,无损坏 2. 仪表使用正确,无损坏 3. 按规程操作,无违纪行为出现工具、仪表损坏及违纪行为,本项不得分	
日期:　　年　　月　　日			教师签名:		

任务 2　零状态响应的认识

一、任务目的

(1) 通过本任务理解零状态响应电路特点。

(2) 理解零状态响应曲线。

(3) 了解时间常数对电路响应的影响。

二、任务分析

一个零状态的电路,如果在换路后受到激励(直流)作用而产生电流、电压,则称为电路的零状态响应。零状态响应实际上就是储能元件的充电过程。

三、任务器材

本任务器材清单见表 4-7。

表 4-7　任务器材清单

名称	规格型号	编号	单位	数量	备注
仿真软件	multisim		套	1	
电容	120 μF	C	个	1	
电阻	100 kΩ	R	个	1	
电压源	12 V	E	个	1	
示波器		XSC1	个	1	
开关		S	个	1	

四、任务实施

(1) 在 Multisim 仿真软件中绘制电路如图 4-28 所示,仿真开始先将开关打在下位置,使电容初始电压为 0,满足零状态响应,观察示波器参数,并将数据填入表 4-8。

根据表 4-8 记录的数据在图 4-29 中绘制零状态响应曲线。

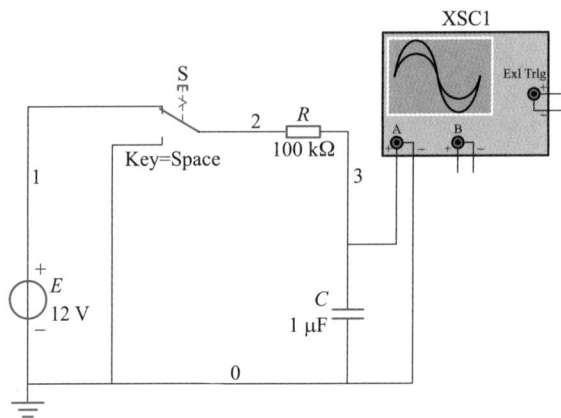

图 4-28   零状态响应仿真电路

表 4-8   记录数据 1

t/ms	0	120	240	360	480	600	720	840
u_C/V								

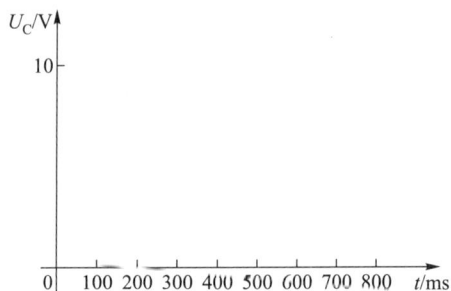

图 4-29   零状态响应曲线

（2）改变图 4-28 中 C 值为 50 μF，重复上述步骤，将数据填入表 4-9。

表 4-9   记录数据 2

t/ms	0	50	100	150	200	250	300	350
u_C/V								

五、评分标准

评分标准见表 4-10。

表 4-10   评 分 标 准

序号	考核内容	评分要素	配分	评分标准	得分
1	原理图的 正确绘制	1. 仿真软件的使用 2. 原理图是否正确	34	原理图绘制错误，每处扣 5 分	

续表

序号	考核内容	评分要素	配分	评分标准	得分
2	电路元件的选择	正确选择实训所需电路元件	10	选择错误,每项扣2分	
3	实验内容	零状态响应电路	30	根据原理图在仿真软件里面虚拟仿真,仿真错误每处扣5分	
4	实验结果	1. 正确绘制零状态、响应曲线 2. 分析实验结果	16	改变 C 值,记录电压表数值不正确,每处扣1分	
5	安全生产	1. 工具使用 2. 仪表使用 3. 安全操作规程	10	1. 工具使用正确,无损坏 2. 仪表使用正确,无损坏 3. 按规程操作,无违纪行为 出现以上问题,本项不得分	
日期:　　年　　月　　日			教师签名:		

本章小结

含有电感、电容(即动态元件)的电路称为动态电路,RC 电路能产生短时间大电流脉冲,RL 电路阻止电流快速变化。许多电子设备就是利用 RC 或 RL 电路短或长的时间常数的特点设计而成。本章知识点包括:

(1)含有电容或电感元件的电路,从一个稳定状态到另一个稳定状态不能在瞬间完成,而是需要经历一段时间,这一个阶段称为过渡过程。

(2)在换路瞬间,电容元件的电流值有限时,其电压不能跃变;电感元件的电压值有限时,其电流不能跃变。这一结论称为换路定律。

(3)电路中其他响应在换路的瞬间,即 $t=0+$ 时的值,统称为初始值。求解初始值,通常采用0+等效电路法。

(4)外加激励为零,仅由动态元件初始储能使电路产生电流、电压现象,称为电路的零输入响应。

(5)零初始状态的电路,在换路后受到(直流)激励作用而产生的电流、电压,则称为电路的零状态响应。

(6)全响应是指电路处于非零初始状态下,在(直流)激励作用下,电路中产生电流、电压的过程。全响应可以看成是零输入响应和零状态响应二者的叠加。

(7)一阶电路的三要素法:一阶电路中变量的全响应公式的通常形式为

$$f(t)=f(\infty)+[f(0+)-f(\infty)]e^{-\frac{t}{\tau}}$$

式中,$f(t)$ 为待求电路变量的全响应;$f(0+)$ 为待求变量的初始值;$f(\infty)$ 为待求变量的稳态值;τ 为电路换路后的时间常数。

(8)三要素法的关键是确定 $f(0+)$、$f(\infty)$ 和时间常数 τ。$f(0+)$ 可利用换路定律

和 $t=0+$ 的等效电路求得;$f(\infty)$ 可由换路后 $t=\infty$ 的等效电路求得;时间常数 τ 只与电路的结构和参数有关,RC 电路的 $\tau=RC$,RL 电路的 $\tau=L/R$,其中电阻 R 是换路后电路的等效内阻。

（9）微分电路 $u_{o}=RC\mathrm{d}u_{i}/\mathrm{d}t$。构成微分电路的条件:$RC$ 串联电路,输出电压为电阻 R 两端电压;电路的时间常数要比输入脉冲的宽度小得多,即 $\tau \ll t_{p}$。

（10）积分电路 $u_{o}=\dfrac{1}{RC}\displaystyle\int u_{i}\mathrm{d}t$。构成积分电路的条件:$RC$ 串联电路,输出电压为电容 C 两端的电压;电路的时间常数要比输入脉冲的宽度大得多,即 $\tau \gg t_{p}$。

自我检测

一、选择题（即测即评）

二、填空题

1. 换路定律指出,在电路发生换路后的一瞬间,_____元件上通过的电流和_____元件上的端电压,都应保持换路前一瞬间的原有值不变。

2. 只含有一个_____元件的电路可以用_____方程进行描述,因而称为一阶电路。仅由外激励引起的电路响应称为一阶电路的_____响应;只由元件本身的原始能量引起的响应称为一阶电路的_____响应;既有外激励、又有元件原始能量的作用所引起的电路响应称为一阶电路的_____响应。

3. 一阶电路全响应的三要素是指待求响应的_____值、_____值和_____。

4. 换路定律指出:一阶电路发生换路时,状态变量不能发生跳变。该定律用公式可表示为_____和_____。

5. 由时间常数公式可知,RC 一阶电路中,C 一定时,R 值越大,过渡过程进行的时间就越_____;RL 一阶电路中,L 一定时,R 值越大,过渡过程进行的时间就越_____。

三、判断题

1. 换路定律指出,电容两端的电压是不能发生跃变的,只能连续变化。　　　　（　　）

2. 单位阶跃函数除了在 $t=0$ 处不连续,其余都是连续的。　　　　　　　　（　　）

3. 一阶电路的全响应,等于其稳态分量和暂态分量之和。　　　　　　　　　（　　）

4. 一阶电路中所有的初始值,都要根据换路定律进行求解。　　　　　　　　（　　）

5. RC 一阶电路的零状态响应,u_{C} 按指数规律上升,i_{C} 按指数规律衰减。　（　　）

6. RL 一阶电路的零输入响应,u_{L} 按指数规律衰减,i_{L} 按指数规律衰减。　（　　）

习题 4

一、简答题

1. 什么是动态元件和动态电路?

2. 什么是过渡过程？动态电路出现过渡的条件是什么？

3. 什么是全响应、零输入响应、零状态响应、瞬态分量和稳态分量？

4. 一阶电路的完全响应与零输入、零状态响应有何异同？

5. 什么是一阶电路的时间常数？什么是三要素法？

二、计算题

1. 电路如图 4-30(a)、(b) 所示。开关 S 在 $t=0$ 时闭合，则 $i_L(0_+)$ 为多大？

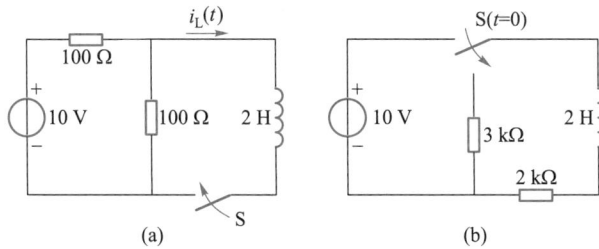

图 4-30

2. 如图 4-31 所示，当 $t=0$ 时打开开关 S，求 $u_C(0+)$，$i_C(0+)$。

3. 在图 4-32 所示的电路中，已知当 $t=0$ 时合开关 S，求换路后的 $u_C(t)$。

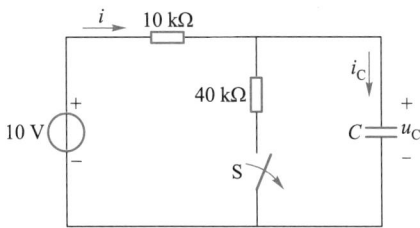

图 4-31

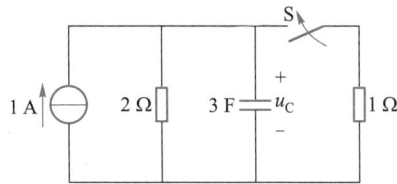

图 4-32

4. 在图 4-33 所示的电路中，已知 $R=10$ kΩ，$C=3$ μF，开关未闭合前，电容已充过电，$U_C(0-)=10$ V，求开关闭合后 100 ms 时电容上的电压。

5. 测量发电机励磁绕组直流电阻的电路如图 4-34 所示，已知电压表的读数为 100 V，内阻 $R_V=5$ kΩ，电流表的读数为 200 A，内阻 $R_A=0$，励磁绕组的电感 $L=0.4$ H。

求：1) 若测量完毕直接断开开关 S，则在 S 断开瞬间电压表所承受的电压为多少伏？

2) 换路后 RL 回路的时间常数为多少？

6. 在图 4-35 所示的电路中，已知 $I_S=3$ A，$R_1=2$ Ω，$R_2=3$ Ω，$R_3=3$ Ω，$R_4=6$ Ω，$L=0.4$ H，试求 $t\geq 0$ 时的 i_L，i_1，i_2 及 u_L。

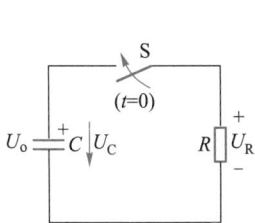

图 4-33

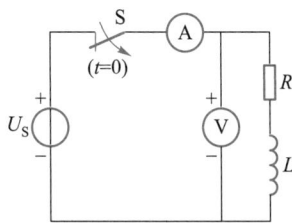

图 4-34

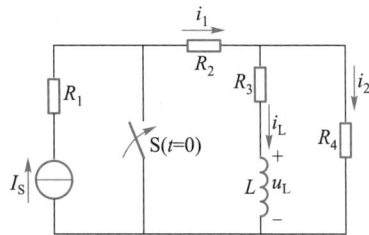

图 4-35

第**5**章

铁心线圈与变压器

学习目标

知识目标：

■ 了解磁路的基本物理量和基本定律。

■ 了解铁磁性材料的磁性能及磁损耗概念。

■ 理解交流铁心线圈电路的基本电磁关系及电压、电流关系。

■ 了解电磁铁的基本结构及工作原理。

■ 了解变压器的基本结构、同名端及特殊变压器的特点。

■ 掌握变压器的工作原理及变压器额定值的意义。

能力目标：

■ 具备认识、分析交流铁心线圈电路的能力。

■ 具备正确选择、连接、应用变压器的能力。

■ 具备变压器的测量和维护技能。

■ 学会发现问题、探究问题和解决问题的方法，会应用电路理论解决生产、生活中的实际问题。

■ 初步具有学习和应用电工新知识、新技术的能力。

素养目标：

■ 强化自身安全生产、节能环保和产品质量等职业意识。

■ 树立坚定求真的科学态度。

■ 具备团队合作、沟通协调的能力。

■ 具备严谨、求是、务实的职业精神。

微课

磁路的基本概念

5.1　磁路的基本概念

所谓磁路,是指集中磁通的闭合路径。也就是说,磁路是封闭在一定范围里的磁场,描述磁场的物理量也适用于磁路。

5.1.1　磁场的基本物理量

PPT 课件

磁场的基本物理量

1. 磁感应强度

磁感应强度是表示磁场内某点的磁场强弱和方向的物理量,它是一个矢量,用 $\boldsymbol{B}$ 表示。它的方向就是该点磁场的方向,它与电流之间的方向可用右手螺旋定则确定,其大小用一根电导线在磁场中受力的大小来衡量(该导线与磁场方向垂直),即

动画

磁感应强度

$$B = \frac{F}{Il} \tag{5-1}$$

式中,F 为磁力,单位为牛顿(N);I 为通过导线的电流,单位为(A);l 为导线的长度,单位为米(m)。在国际单位制中,$\boldsymbol{B}$ 的单位为特斯拉(韦伯/米^2),简称特,用 T(Wb/m^2)表示。

磁感应强度的大小也可用通过垂直于磁场方向单位面积的磁力线数来表示。

2. 磁通

在磁场中,磁感应强度 $\boldsymbol{B}$ 与垂直于磁场方向的某一截面积 S 的乘积称为磁通 $\boldsymbol{\Phi}$,即

$$\Phi = BS, \ B = \frac{\Phi}{S} \tag{5-2}$$

也就是说,磁通 $\boldsymbol{\Phi}$ 是垂直穿过某一截面磁力线的总数。

根据电磁感应定律的公式有

$$e = -N \frac{\mathrm{d}\Phi}{\mathrm{d}t} \tag{5-3}$$

在国际单位制中,$\boldsymbol{\Phi}$ 的单位为伏·秒(V·s),通常称为韦伯,用 Wb 表示。

3. 磁场强度

动画

磁场强度

磁场强度是进行磁场计算时引用的一个辅助计算量,也是矢量,用 $\boldsymbol{H}$ 表示,通过它来确定磁场与电流间的关系。

拓展阅读

变压器节电技术

在工程上,确定通过导线和线圈的电流与其产生的磁通之间的关系是工程计算的重要内容之一。例如,电磁铁的吸力大小就取决于铁心中磁通的多少,而磁通的多少又与通入线圈的励磁电流大小有关。对空心线圈要计算磁场与电流之间的关系比较简单,因为介质是空气,它的磁导率是个常数,所以空心线圈产生的磁通与励磁电流成正比。

当线圈中具有铁心时,因为铁磁物质的磁饱和现象、磁导率不是常数,磁通与励磁电流之间不再是正比关系,这样在研究与计算磁路时就比较麻烦。为了便于简化,引入磁场强度这样一个辅助量,当磁路由一种磁性材料组成,且各处截面积 S 相等时,根据磁路的安培环路定律,磁路的磁场强度为

$$H = \frac{IN}{l} \tag{5-4}$$

式中,I 为励磁电流;N 为线圈匝数;l 为磁路的平均长度;H 的单位为安培每米(A/m)。

4. 磁导率

磁导率 μ 是一个用来表示磁场介质磁性的物理量,也就是用来衡量物质导磁能力的物理量。在国际单位制中,μ 的单位为亨/米(H/m)。真空的磁导率是一个常量,用 μ_0 表示,$\mu_0 = 4\pi \times 10^{-7}$ H/m。任一种物质的磁导率 μ 和真空的磁导率 μ_0 的比值,称为该物质的相对磁导率 μ_r,即

$$\mu_r = \frac{\mu}{\mu_0} \tag{5-5}$$

引入磁导率 μ 后,磁感应强度 B 的大小等于磁导率 μ 与磁场强度 H 的乘积,即

$$B = \mu H \tag{5-6}$$

式(5-6)说明,在相同磁场强度下,物质的磁导率越高,整体的磁场效应越强。

5.1.2 铁磁性材料的磁性能

磁性材料主要是指铁、镍、钴及其合金以及铁氧体等,其磁导率很高,是制造变压器、电动机等各种电工设备的主要材料。它们具有高导磁性、磁饱和性、磁滞性等基本特性。

1. 强磁化性

铁磁性材料之所以能被磁化,是由其内部结构决定的。铁磁性材料是由许多小磁畴组成的。在外磁场作用下,铁磁物质对外就显示出磁性来了。

所有磁性材料的导磁能力都比真空大得多,它们的相对磁导率多在几百甚至上万。也就是说,在相同励磁条件下,用磁性材料做铁心建立的磁场要比用非磁性材料做铁心建立的磁场强几百倍甚至上万倍。由于这种特性使得各种电器、电机和电磁仪表等一切需要获取强磁场的设备,无不采用磁性材料作为导磁体。利用这种材料在同样的电能下可以大大减轻设备体积和重力并能提高电磁器件的效率。

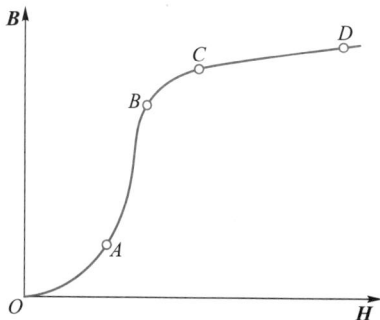
2. 磁饱和性

磁性材料在磁化过程中,磁感应强度 B 随磁场强度 H 变化的曲线称为磁化曲线,如图 5-1 所示。

下面通过实验测取的磁化曲线说明磁性材料的基本特征。

该曲线由 O 开始,分四段,单调增加,其中 OA 段是初始磁化阶段,AB 段是磁性变化急剧阶段,BC 段是磁性变化缓慢阶段,CD 段是磁性饱和阶段。初始磁化时,外磁场微弱,OA 段上升很慢。过 A 点后在外磁场作用下,磁畴转向与外磁场方向趋于接近,故 B 值上升以渐缓慢。最后的 CD 段为磁化接近饱和段,这时磁畴全部已转到与外磁场方向或接近外磁场方向,使磁化进入饱。这里的 B 点称为膝点(又称为拐点),即转折的意思。

磁性物质磁饱和现象的存在使磁感应强度 B 与磁场强度 H 的关系不成正比,由于磁通 Φ 与 B 成正比,产生磁通的电流 I 与 H 成正比,因而电流 I 与磁通 Φ 为非线性关系,这使磁路问题的分析成为非线性问题。

图 5-1 磁化曲线

3. 磁滞性

如图 5-2 所示,当把磁场强度 H 减小到零,磁感应强度 B 并不沿着原来的这条曲线回降,则是沿着一条比它高的曲线 ab 段缓慢下降。在 H 已等于零时,磁感应强度 B 并不等于零,而仍保留一定的磁性,值为 B_r,这个 B_r 值称为剩磁,通常资料中给出的剩磁值均是指磁感应强度自饱和状态回降后剩余的数值。

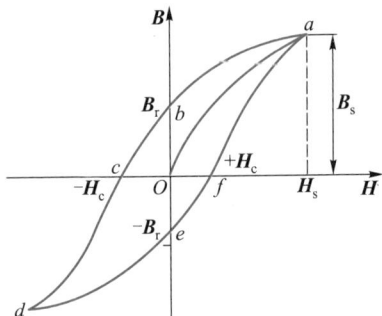

为了消除剩磁,即使 $B = 0$,在负方向所加的磁场强度的大小 H_c 称为矫顽力,它表示磁性材料反抗退磁的能力。如磁场强度继续在反方向增加,材料进行反向磁化到饱和,如曲线上的 cd 段。然后在反方向减小磁场强度到零,磁化状态变到 $-B_r$。这时沿正向增加磁场强度直到 H_c 值,$B = 0$。当 $H = H_s$ 时,磁感应强度增加到 B_s 值。为取得较为稳定的曲线,此实验过程往往要反复进行多次,最后所得 B-H 曲线为对称封闭曲线。

从绘制曲线的过程中可以看到,磁感应强度 B 的变化始终落后磁场强度 H 的变化。这种现象称为磁滞,由此所得的封闭曲线称为磁滞回线。

图 5-2   磁滞回线

不同的磁性材料其磁滞回线形状也不相同,图 5-3 给出三种不同磁性材料的磁滞回线。

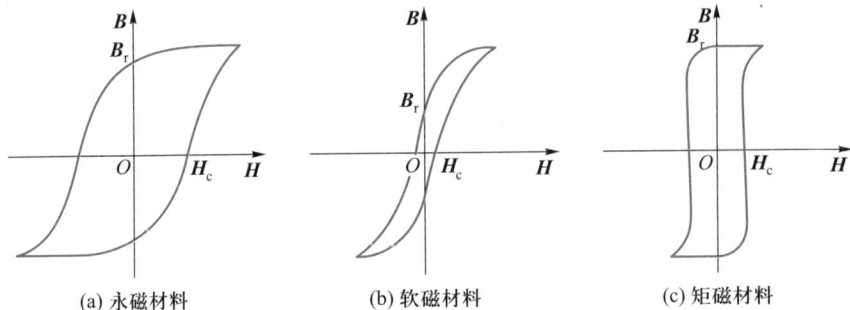

(a) 永磁材料   (b) 软磁材料   (c) 矩磁材料

图 5-3   不同材料的磁滞回线

永磁材料多称为硬磁材料,具有较大的剩磁 B_r、较高的矫顽力 H_c 和较大的磁滞回线面积,属于这类材料的有铝镍钴、硬磁铁氧体、稀土钴及碳钢铁等合金的永磁钢,主要用来制造各种用途的永磁铁。

软磁材料的磁滞回线窄而长,回线范围面积小,剩磁和矫顽力值都很小,属于这类材料的有铸铁硅钢片、铁镍合金及软磁铁氧体等,主要用作电磁设备的铁心。

矩磁材料的磁滞回线接近矩形,剩磁大,矫顽力小,属于这类材料的有镁锰铁氧体和某些铁镍合金等,在计算机和自动控制中广泛用作记忆元件、开关元件和逻辑元件。

PPT 课件

磁路的欧姆定律

5.1.3   磁路的欧姆定律

图 5-4 所示是最简单的磁路,设一铁心上绕有 N 匝线圈,铁心的平均长度为 l,截面积为 S,铁心材料的磁导率为 μ。当线圈通以电流 I 后,将建立起磁场,铁心中有磁通 Φ 通过。假定不考虑漏磁,则沿整个磁路的 Φ 相同,则

$$\Phi = BS = \mu SH = \mu S \frac{NI}{l} = \frac{IN}{\dfrac{l}{\mu S}} \tag{5-7}$$

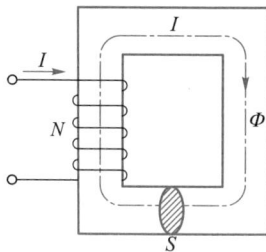

图 5-4 简单磁路

从式(5-7)可以看出，NI 越大，则 Φ 越大；$\dfrac{l}{\mu S}$ 越大，则 Φ 越小。NI 可理解为产生磁通的源，故称为磁动势，用符号 F 表示，单位是安·匝（A·匝）。$\dfrac{l}{\mu S}$ 对通过磁路的磁通有阻碍作用，故称为磁阻，用 R_m 表示，单位是 1/亨（1/H），记为 H^{-1}。磁阻的量纲为（[ ] 表示量纲）

$$\left[\dot{R}_m \right] = \frac{[l]}{[\mu][S]} = \frac{m}{(H/m)m^2} = H^{-1} \tag{5-8}$$

于是有

$$\Phi = \frac{F}{R_m} \tag{5-9}$$

式(5-9)与电路的欧姆定律相似，故称为磁路的欧姆定律。磁动势相当于电动势；磁阻相当于电阻；磁通相当于电流。即线圈产生的磁通与磁动势成正比，与磁阻成反比。若磁路上有 n 个线圈通以不同电流，则建立磁场的总磁动势为

$$F = \sum_{i=1}^{n} N_i I_i \tag{5-10}$$

需要指出，式(5-9)表示的磁路欧姆定律，只有在磁路的气隙或非铁磁物质部分是正确的，才保持磁通与磁动势成正比例的关系。在有铁磁材料的各段，R_m 因 μ 随 B 或 Φ 变化而不是常数，这时需要利用 B 与 H 的非线性曲线关系，由 B 决定 H 或由 H 决定 B。

5.2 铁心线圈电路

将线圈绕制在铁心上便构成了铁心线圈。根据线圈励磁电源的不同，可分为直流铁心线圈和交流铁心线圈，它们的磁路分别为直流磁路和交流磁路。

5.2.1 直流铁心线圈电路

将直流铁心线圈接到直流电源上，即形成直流铁心线圈电路。因为线圈中通过直流电流，磁路中的磁通恒定，在铁心中不会产生涡流，因此其铁心可以是整块铁。

直流铁心线圈电路的特点是：

（1）励磁电流 $I = U/R$，I 由外加电压 U 及励磁线圈的电阻 R 决定，与磁路的特性无关。

（2）直流铁心线圈中磁通 Φ 的大小不仅与线圈的电流 I 及磁动势 NI 有关，还取决于磁路中的磁阻 R_m，即与磁路的导磁材料有关。

（3）直流铁心线圈的功率损耗 $P = I^2 R$，由线圈的电流和电阻决定。

5.2.2 交流铁心线圈电路

将交流铁心线圈接到交流电源上，即形成交流铁心线圈电路。由于线圈中通过交

动画

磁路

微课

铁心线圈电路

PPT 课件

直流铁心线圈电路

PPT 课件

交流铁心线圈电路

流电流,在线圈和铁心中将产生感应电动势。为了减小涡流损耗,所以交流铁心线圈的铁心应该是叠片状。

下面介绍交流铁心线圈电路的特点。

1. 基本电磁关系

在交流铁心线圈电路中,当外加交流电压 u 时,线圈中便产生交流励磁电流 i。由磁动势 Ni 产生两部分交变磁通,即主磁通 Φ 和漏磁通 Φ_σ。这两个磁通又分别在线圈中产生两个感应电动势,即主磁电动势 e 和漏磁电动势 e_σ。两个电动势与主磁通 Φ 的参考方向之间符合右手螺旋法则。

根据基尔霍夫电压定律,铁心线圈的电压平衡方程式为

$$u = Ri - e_\sigma - e \tag{5-11}$$

式中,R 为线圈电阻。

由于线圈电阻上的压降 Ri 及漏磁电动势 e_σ 与主磁电动势 e 相比较都非常小,均可忽略不计,故上式可写成

$$u \approx -e \tag{5-12}$$

由电磁感应定律,主磁感应电动势为

$$e = -N \frac{\mathrm{d}\Phi}{\mathrm{d}t} \tag{5-13}$$

将主磁通 $\Phi = \Phi_\mathrm{m} \sin \omega t$ 代入式(5-13),则得

$$e = -N \frac{\mathrm{d}\Phi}{\mathrm{d}t} = N\Phi_\mathrm{m}\omega \sin(\omega t - 90°) \tag{5-14}$$

由式(5-14)可见,主磁感应电动势的有效值为

$$E = \frac{N\Phi_\mathrm{m}\omega}{\sqrt{2}} = 4.44 fN\Phi_\mathrm{m} \tag{5-15}$$

由式(5-12)可知,$U \approx E$,所以在忽略线圈电阻与漏磁通的条件下,主磁通的幅值 Φ_m 与线圈外加电压有效值 U 的关系为

$$U \approx E = 4.44 fN\Phi_\mathrm{m} \tag{5-16}$$

式(5-16)反映了交流铁心线圈电路的基本电磁关系,它是分析计算交流磁路的重要依据。式(5-16)中,U 为线圈的外加电压;f 为电源频率;Φ_m 为主磁通最大值;N 为线圈匝数。

式(5-16)表明,当电源频率和线圈匝数一定时,磁路中的主磁通只取决于线圈的外加电压,与磁路的导磁材料和尺寸无关,这是直流与交流铁心线圈重要的区别。另外,当交流铁心线圈的外加电压一定时,在产生同样磁通的情况下,磁路的材料不同,线圈中的电流也不同,这也是直流与交流铁心线圈的主要区别之一。

2. 功率损耗

交流铁心线圈中的功率损耗有两部分,一部分是铜损 $P_\mathrm{Cu}(P_\mathrm{Cu} = I^2 R_\mathrm{Cu})$,它是线圈电阻 R_Cu 通过电流发热产生的损耗;另一部分是铁心的磁滞损耗 P_h 和涡流损耗 P_e,二者合称为铁损,用 P_Fe 表示。为了减小磁滞损耗,应选择软磁性材料做成铁心。为了减小涡流损耗,交流铁心线圈的铁心都制成叠片状,交流铁心线圈总的功率损耗可表示为

$$\Delta = P_\mathrm{Cu} + P_\mathrm{Fe} = I^2 R_\mathrm{Cu} + P_\mathrm{h} + P_\mathrm{e} \tag{5-17}$$

由上述分析可知,交流铁心线圈的等效电路模型应该是电感 L 与电阻 R(包括 R_{Fe} 和 R_{Cu} 两部分)的串联。

许多电器是以交流铁心线圈或直流铁心线圈为基础制成的。在使用这些电器时要特别注意不要加错电压。例如,若将交流铁心线圈接到与其额定电压值相等的直流电压上时,则感抗以及与 P_{Fe} 对应的等效电阻 R_{Fe} 将不存在,所以线圈电流为 U/R_{Cu}(一般 R_{Cu} 远小于 X_L 和 R_{Fe})将很大,以至烧坏线圈;若将直流铁心线圈接到有效值与其额定电压值相同的交流电压上时,将产生感抗 X_L 以及与 P_{Fe} 对应的等效电阻 R_{Fe},磁路的磁通达不到额定状态,而且铁心(整块铁)将会严重发热。

微课

电磁铁

5.3 电磁铁

电磁铁是常用的一种控制电器,而且许多电工设备也是以电磁铁为基本组成部分制成的。例如,机床上的电磁离合器、液压或气压传动系统中的电磁阀等,都是基于电磁吸力原理工作的。

图 5-5 所示为常见电磁铁的结构形式。电磁铁由线圈、定铁心及衔铁三部分组成。

电磁铁的定铁心和线圈是固定不动的,当线圈通电时,产生电磁吸力,将衔铁吸合;当线圈断电时,电磁吸力消失,衔铁释放。这样,与衔铁相连的部件就会随着线圈的通、断电而产生机械运动。

根据电磁铁励磁电流的不同,可以分为直流电磁铁和交流电磁铁。

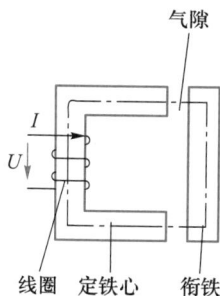

图 5-5 电磁铁的
结构形式

5.3.1 直流电磁铁

直流电磁铁是典型的直流铁心线圈。由于磁路中磁通恒定,所以直流电磁铁的铁心和衔铁可以用整块的铸钢、软钢制成。

吸力是电磁铁的主要参数之一。计算电磁吸力的公式为

$$F = \frac{10^7}{8\pi} B_0^2 S_0 \qquad (5-18)$$

PPT 课件

直流电磁铁

式中,B_0 和 S_0 分别为定铁心及衔铁之间气隙的磁感强度和截面积,它们的单位分别为 T 和 m^2,F 的单位为 N。

由式(5-18)可知,吸力的大小是和气隙处磁感应强度的二次方成正比的,而且直流电磁铁在衔铁吸合过程中吸力是不断增强的。

5.3.2 交流电磁铁

交流电磁铁是典型的交流铁心线圈。由于磁感应强度周期性交变,因而其吸力也周期性变化。设 $B_0 = B_m \sin \omega t$,则吸力为

PPT 课件

交流电磁铁

$$F = \frac{10^7}{8\pi} B_m^2 S_0 \sin^2 \omega t = \frac{10^7}{8\pi} B_m^2 S_0 \left(\frac{1-\cos 2\omega t}{2} \right)$$

$$= F_m \left(\frac{1-\cos 2\omega t}{2} \right) = \frac{1}{2} F_m - \frac{1}{2} F_m \cos 2\omega t \qquad (5-19)$$

$$F_m = \frac{10^7}{8\pi} B_m^2 S_0 \qquad (5-20)$$

式中, F_m 为吸力的最大值, 单位为 N。

由式 (5-19) 可见, 交流电磁铁的吸力以两倍于电源的频率在零与最大值 F_m 之间脉动, 因而衔铁在不断地做吸合、断开的动作。

为了减少交流电磁铁的铁损, 要选择优质软磁性材料做成叠片状磁路, 通常用硅钢片叠成铁心。

交流电磁铁磁路中的磁通最大值是恒定不变的, 所以交流电磁铁在吸合过程中吸力的大小是不变的。单线圈中的电流 (有效值) 在吸合前后却有很大变化。这是因为随着气隙的减小, 磁路的磁阻不断减小。根据磁路的欧姆定律, 磁通不变时, 磁阻减小, 则磁动势将减小, 所以交流电磁铁在吸合过程中线圈的电流是不断减小的。

由上述分析可知, 如果由于某种机械障碍使交流电磁铁的衔铁被卡住, 造成衔铁在线圈通电后长时间不能吸合, 线圈中将流过较大电流而使线圈严重发热, 甚至烧毁。

5.4　变压器

变压器是根据电磁感应原理制成的一种电气设备, 它具有变换电压、变换电流和变换阻抗的功能, 因而获得广泛应用。

变压器是电力系统中不可缺少的重要设备。在发电厂或电站, 当输送一定的电功率且线路的 $\cos \varphi$ 一定时, 由于 $P = UI\cos \varphi$, 则电压 U 越高, 线路电流 I 就越小。可见, 高压送电既减小了输电导线的截面积, 也减少了线路损耗。所以, 电力系统中均采用高电压输送电能, 再用变压器将电压降低供用户使用。

在电子线路中, 变压器可用来传递信号和实现阻抗匹配。除电力变压器外, 还有用于调节电压的自耦变压器、电加工用的电焊变压器和电炉变压器、测量电路用的仪器用变压器等。

5.4.1　变压器的基本结构

虽然变压器种类繁多、形状各异, 但其基本结构是相同的。变压器的主要组成部分是铁心和绕组。

铁心构成变压器的磁路部分。按照铁心结构的不同, 变压器可分为心式和壳式两种。

铁心通常由 0.35~0.5 mm 厚的硅钢片交错叠装而成, 片与片之间涂绝缘层隔开。这样做的目的是为了尽可能减少变压器工作时铁心的涡流损耗和磁滞损耗。图 5-6 所示为常见的单相变压器的铁心结构。

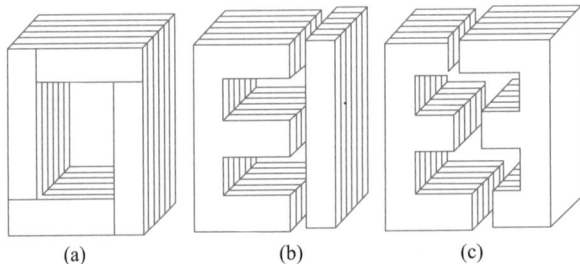

(a)　　　　(b)　　　　(c)

图 5-6　常见的单相变压器的铁心结构

　　绕组是变压器的电路部分。与电源连接的绕组称为一次绕组(也称为一次侧),与负载连接的绕组称为二次绕组(也称为二次侧)。一次绕组与二次绕组及各绕组与铁心之间都要进行绝缘。为了减小各绕组与铁心之间的绝缘等级,一般将低压绕组绕在里层,将高压绕组绕在外层。

　　按铁心和绕组的组合结构不同,变压器可分为心式变压器和壳式变压器。心式变压器的铁心被绕组包围,如图5-7(a)所示;壳式变压器则是铁心包围绕组,如图5-7(b)所示。

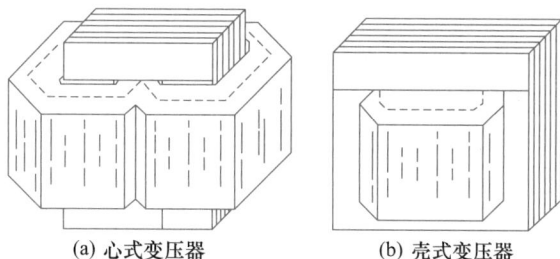

(a) 心式变压器　　　　(b) 壳式变压器

图5-7　变压器结构示意图

　　大容量变压器一般都配备散热装置,如三相变压器配备散热油箱、油管等。

5.4.2　变压器的工作原理

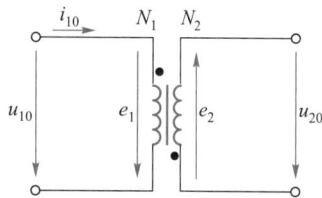

　　变压器一次侧接入交流电路中后,绕组中就有交流电流流过,交流电就在铁心内产生交变磁场,这个磁场在二次侧产生感应电动势或感应电压,该电压的大小与变压器一、二次绕组的匝数比有关。这样,人们可以通过选择不同匝数比的变压器得到需要的电压。二次侧接上负载后就有电流流过,这样就将电能由一次侧传送到了二次侧。二次电流也会产生磁场,反过来作用于一次电流所产生的磁场,最后铁心中的磁场是一、二次电流共同作用的结果。

　　1. 变压器空载运行

　　变压器工作时,一次侧接到电源上,负载接入二次侧。为了分析方便,首先分析不接负载(空载)时的情况。图5-8所示是变压器空载时的接线图。

　　若忽略漏磁通,根据电磁感应定律有

$$e_1 = -N_1 \frac{\mathrm{d}\Phi}{\mathrm{d}t} \quad, \quad e_2 = -N_2 \frac{\mathrm{d}\Phi}{\mathrm{d}t}$$

e_1 和 e_2 的有效值分别为

$$E_1 = 4.44 f N_1 \Phi_m, \quad E_2 = 4.44 f N_2 \Phi_m$$

图5-8　变压器空载运行

　　式中,f 为交流电源的频率;Φ_m 为主磁通的最大值。如果忽略绕组电阻上的压降,则认为一、二次电动势有效值近似等于电压有效值,即

$$U_1 \approx E_1 = 4.44 f N_1 \Phi_m$$
$$U_2 \approx E_2 = 4.44 f N_2 \Phi_m$$

因此有

$$\frac{U_1}{U_2} \approx \frac{4.44 f N_1 \Phi_m}{4.44 f N_2 \Phi_m} = \frac{N_1}{N_2} = k \tag{5-21}$$

变压器空载运行时,一、二次电压有效值之比等于绕组的匝数比。

当一次电压为某一值时,只要选用不同电压比(一、二次匝数之比称为电压比,即 $k=N_1/N_2$)的变压器就可获得不同电压等级的二次输出电压。

若 $k>1$,则二次电压小于一次电压。这种变压器称为降压变压器,即

$$U_{20}=\frac{U_1}{k}<U_1 \tag{5-22}$$

若 $k<1$,则二次电压大于一次电压。这种变压器称为升压变压器,即

$$U_{20}=\frac{U_1}{k}>U_1 \tag{5-23}$$

[例 5-1]   已知变压器铁心截面积为 20 cm^2,铁心中磁感应强度最大不得超过 0.2 T,若要用它把 220 V 的工频交流电变换成 20 V 的同频率交流电,问一、二次匝数应当为多少。

解:铁心中的最大磁通为

$$\Phi_{\mathrm{m}}=B_{\mathrm{m}}S=0.2\times20\times10^{-4}\ \mathrm{Wb}=0.000\ 4\ \mathrm{Wb}$$

一次匝数应为

$$N_1=\frac{U_1}{4.44f\Phi_{\mathrm{m}}}=\frac{220}{4.44\times50\times0.000\ 4}\approx2\ 477$$

变压器的电压比为

$$k=\frac{U_1}{U_2}=\frac{220\ \mathrm{V}}{20\ \mathrm{V}}=11$$

因为 $k=N_1/N_2$,所以变压器二次匝数应为

$$N_2=\frac{N_1}{k}=\frac{2\ 477}{11}\approx225$$

2. 变压器负载运行

图 5-9 所示为变压器带上负载 Z 后的电路图。由于有二次电流(i_2)通过,从而将影响一次电流的大小。

由于变压器存在内阻,负载时变压器二次侧的输出电压将比空载时有所下降,但一般情况下内部电压降不会超过额定电压的 10%。所以可以近似认为二次电压的有效值仍然等于二次电动势的有效值,即

$$U_2\approx E_2$$

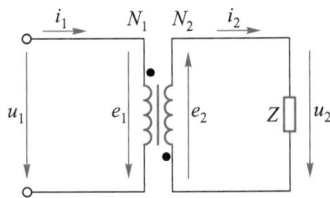

图 5-9   变压器负载运行

可以认为,变压器负载运行时,一、二次电压之比依然等于匝数之比,即

$$\frac{U_1}{U_2}=\frac{N_1}{N_2}=k$$

但是,二次负载电流的出现将极大地影响一次电流,使一次电流增加。变压器运行时,由于

$$U_1\approx E_1=4.44fN_1\Phi_{\mathrm{m}}$$

可见,只要一次电源电压不变(有效值和频率),那么磁通的最大值也应当保持基本不变。

负载运行后,磁路的磁动势由一、二次绕组共同产生,其大小应当与空载时的磁动势基本相等,即

$$I_1 N_1 + I_2 N_2 = I_{10} N_1 \tag{5-24}$$

式中,I_{10} 为变压器空载时的空载电流,其大小一般只有额定电流的百分之几,因此式(5-24)可近似写成

$$I_1 N_1 + I_2 N_2 \approx 0$$

即

$$I_1 N_1 \approx -I_2 N_2 \tag{5-25}$$

由此可见,变压器负载运行时,一、二次绕组产生磁动势方向相反,即二次电流 I_2 对一次电流 I_1 产生的磁通有去磁作用。

因此,当二次电流(负载电流)发生变化时,一次电流也随之变化。例如,二次电流增加时一次电流也增加;二次电流减小时,一次电流也随之变小。

由式(5-25)可知,一、二次电流有效值之间存在以下近似关系

$$\frac{I_1}{I_2} \approx \frac{N_2}{N_1} = \frac{1}{k}$$

变压器一、二次电流与电压之间的近似关系

$$\frac{I_1}{I_2} \approx \frac{U_2}{U_1} \approx \frac{N_2}{N_1} = \frac{1}{k}$$

可见,变压器负载运行时,匝数多的绕组电压高、电流小;而匝数少的绕组电压低、电流大。

[例 5-2]　已知某一变压器 $N_1 = 1\,000$,$N_2 = 100$,$U_1 = 220\ \text{V}$,$I_2 = 2\ \text{A}$,负载为纯电阻,忽略变压器的漏磁与损耗,求变压器二次电压 U_2、一次电流 I_1、输入和输出功率。

解:变压器的电压比为

$$k = \frac{N_1}{N_2} = \frac{1\,000}{100} = 10$$

变压器二次电压为

$$U_2 = \frac{U_1}{k} = \frac{220\ \text{V}}{10} = 22\ \text{V}$$

变压器一次电流为

$$I_1 = \frac{I_2}{k} = \frac{2\ \text{A}}{10} = 0.2\ \text{A}$$

由于是纯电阻负载,所以变压器的输出功率为

$$P_2 = U_2 I_2 = 22\ \text{V} \times 2\ \text{A} = 44\ \text{W}$$

忽略变压器自身的损耗,输入功率为

$$P_1 = U_1 I_1 = 220\ \text{V} \times 0.2\ \text{A} = 44\ \text{W}$$

可见,当变压器的功率损耗不计时,它的输入功率等于输出功率,这是符合能量守恒定律的。

变压器在电能输送中起的作用十分重大,在远距离电能输送时,需要升压变压器把电压升得很高后再进行输送,此时线路中的电流可以很小,这样可以减小导线的截

面积以节省材料,同时也减少了线路上能量的损耗和电压的损失;当电能到达用户后再用降压变压器降到合适的电压等级即可使用。

3. 阻抗变换

变压器除进行电压变换和电流变换外,还可以用于阻抗变换,这在电子线路中广泛应用。

图 5-10(a)所示是利用变压器进行阻抗变换的原理图;图 5-10(b)所示是图 5-10(a)的等效电路。在电路中实际负载为 Z_L;电路等效后的等效负载为 Z'_L。

等效阻抗的大小为

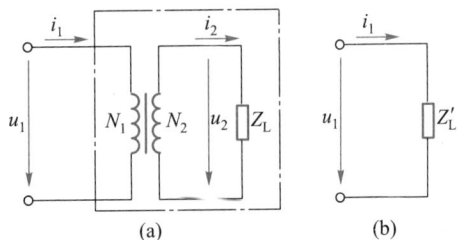

图 5-10   变压器阻抗变换原理

$$|Z'_L| = \frac{U_1}{I_1} = \frac{(N_1/N_2)U_2}{(N_2/N_1)I_2} = \left(\frac{N_1}{N_2}\right)^2 / |Z_L| = k^2 |Z_L| \tag{5-26}$$

阻抗值为 $|Z_L|$ 的负载通过变压器接到电源上,相当于将阻抗值扩大(或缩小)为 k^2 倍后直接接到电源上。也就是说,变压器把阻抗 $|Z_L|$ 变换为 $k^2|Z_L|$。

因此,只要选择合适的电压比,可以把实际负载阻抗变换为所需要的数值。这就是变压器阻抗变换的意义。

[例 5-3]   某交流信号源的电动势 $E = 120$ V,内阻 $R_0 = 800$ Ω,负载电阻 $R_L = 8$ Ω。试求:

(1)若将负载直接与信号源相连,如图 5-11(a)所示,信号源的输出功率有多大?

(2)若要使信号源输送给负载的功率达到最大值,应当用电压比是多少的变压器进行阻抗变换? 变换后的等效阻抗和负载上得到的功率分别是多少?

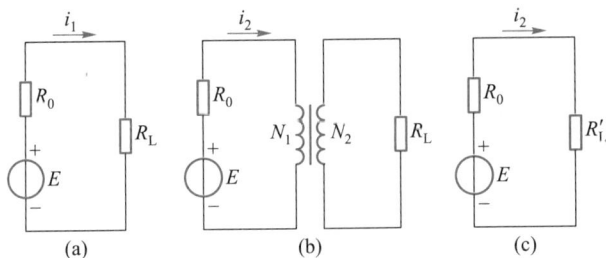

图 5-11   例 5-3 图

解:(1)由图 5-11(a)可知,直接相连时负载得到的功率为

$$P = I^2 R_L = \left(\frac{E}{R_0 + R_L}\right)^2 R_L = \left(\frac{120}{800 + 8}\right)^2 \times 8 \text{ W} = 0.176 \text{ W}$$

(2)若用变压器进行阻抗变换,如图 5-11(b)所示,当等效阻抗等于电源内阻时,负载上得到的功率最大,即

$$R'_L = R_L = 800 \text{ Ω}$$

根据阻抗变换原理,变压器的电压比应为

$$k = \frac{N_1}{N_2} = \sqrt{\frac{R'_L}{R_L}} = \sqrt{\frac{800}{8}} = 10$$

可见,变压器变换后的等效电路如图 5-11(c)所示,此时信号源的输出功率应为

$$P = I_2^2 R_L' = \left(\frac{E}{R_0 + R_L'}\right)^2 R_L' = 4.5 \text{ W}$$

由此可见,进行变换后负载上得到的功率远大于直接接入时负载上的功率。

在电子线路中,为了提高信号的传输功率,常用变压器将负载功率变换为适当的数值,使其与放大电路的输出阻抗相匹配,这种做法称为阻抗匹配。

5.4.3 变压器的主要技术指标和额定值

PPT 课件

变压器的主要技术指标和额定值

正确地使用变压器,不仅能保证变压器的正常工作,并能延长其使用寿命,因此有必要了解变压器的技术指标和额定值。变压器的额定值如下。

1. 额定电压 U_{1N}/U_{2N}

额定电压指变压器二次侧开路(空载)时,一、二次绕组允许的电压值。

2. 额定电流 I_{1N}/I_{2N}

额定电流指变压器满载运行时,一、二次绕组允许的电流值。

3. 额定容量 S_N

额定容量指变压器输出的额定视在功率。

$$S_N = U_{1N}I_{1N} = U_{2N}I_{2N} \text{(理想)} \tag{5-27}$$

4. 额定效率

额定效率指变压器输出功率与输入功率的比值。

$$\eta = \frac{P_{2N}}{P_{1N}}$$

前面对变压器的讨论均忽略了其各种损耗,而变压器是典型的交流铁心线圈电路,运行时,一次侧和二次侧必然有铜损和铁损,所以实际上变压器并不是百分之百传递电能的。大型电力变压器的效率可达 99%,小型变压器的效率为 60%~90%。

5. 额定频率

额定频率指电源的工作频率。我国工业用电的标准频率是 50 Hz。

实验五

单相变压器的测量

6. 电压调整率

电压调整率指变压器由空载到满载(输出额定电流)时,二次电压的相对变化量,可表示为

$$\Delta U = \frac{U_{20} - U_2}{U_{20}} \times 100\%$$

变压器二次电阻压降和漏磁感应电动势都很小,所以加载后,U_2 的变化都不大,电压调整率为 3%~6%。

PPT 课件

变压器的同名端

5.4.4 变压器的同名端

1. 变压器的同名端

使用变压器时,绕组必须正确连接,否则不仅不能正常工作,有时还会损坏变压器。为了保证正确地连接变压器绕组,引出了同名端的概念。

同名端是指感应电动势极性相同的不同绕组的两个出线端;或者当电流从两个同名端同时流进(或同时流出)时,产生的磁通方向一致。同名端也称为同极性端。

微课

变压器的同名端

确定变压器的同名端是为了能正确地进行变压器绕组的连接。

当电流从 a 端流入并增大时,由于 N_2 的绕向不同而在其上产生的互感电压的方向也不相同;图 5-12(a)中互感电压的方向为 c→d;而图 5-12(b)中互感电压的方向为 d→c。由此可见,要知道互感电压的方向需要知道线圈相互间的实际绕向。

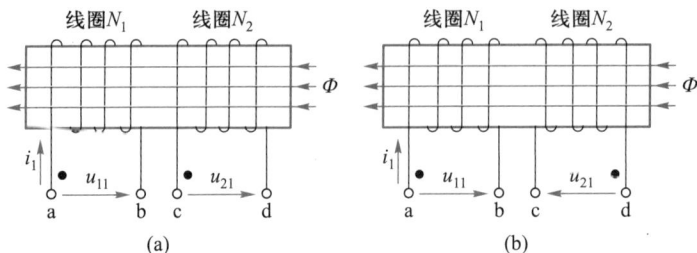

图 5-12   互感电压方向与线圈绕向的关系

想一想

具有磁耦合的线圈为什么要有同名端啊?

线圈制造完成后往往密封在一个外壳中,看不到内部的具体绕向,且在电路中要画出线圈的实际绕向也不方便。为了表示线圈的相对绕向以确定互感电压的极性,在工程上常采用标记同极性端的方法加以解决。

2. 同名端的标记原则

如果在两个互感线圈中同时通以电流 i_1 和 i_2,若它们所产生的磁通在线圈内是相互增强的,则这两个电流的流入端(或流出端)就互为同名端。如果磁通相互削弱,则两个电流流入端(或流出端)就互为异名端。

同名端用标记"·"或"＊"标出,而另一端则无须再标出。

在图 5-12(a)所示的电路中,线圈 N_1 和线圈 N_2 的 a 和 c 互为同极性端(b 与 d 也互为同名端);而在图 5-12(b)所示电路中,线圈 N_1 和线圈 N_2 的 a 和 d 互为同名端(b 与 c 也互为同名端)。

在引入同名端的概念后,互感电压的极性(或方向)可以由产生互感电压的线圈的自感电压的极性来判断,即变化电流引起的感应电压(自感电压与互感电压)在线圈的同名端引起的感应电压的极性是相同的。

[例 5-4]   在图 5-13 所示的电路中,标出相互联系的线圈的同名端。

解:根据同名端的意义,在图 5-13(a)中,当电流从线圈 N_1 的"4"端和线圈 N_2 的"1"端流入时,在线圈中产生的磁场是互相增强的,因此"4"和"1"互为同名端。同理,在图 5-13(b)中,"1"和"4"互为同名端。

PPT 课件

特殊变压器

5.4.5   特殊变压器

下面介绍几种特殊用途的变压器。

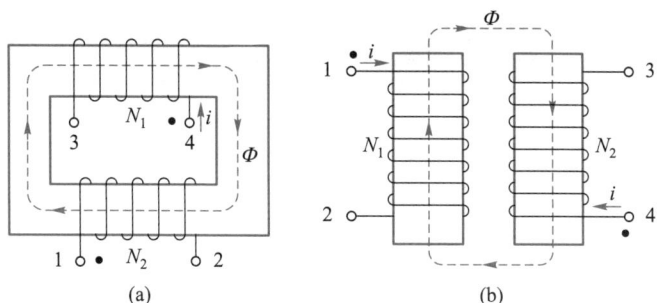

图 5-13　例 5-4 图

1. 电压互感器

高压电很危险,所以在测量高压电路的电压时,往往需要把电压按一定比例降到一定值(低压)然后再进行测量。

图 5-14 所示的电压互感器就是一种把高电压转变为低电压的电压转换器。它由铁心和线圈两部分组成,线圈有一次绕组和二次绕组之分,一次绕组匝数很多,而二次绕组匝数很少;一、二次绕组绕制在同一个铁心上。

电压互感器工作时,一次绕组并联在高压侧,而二次绕组则与电压表等测量器件连接。图 5-15 是一个高压测量电路示意图。

微课

特殊变压器

图 5-14　电压互感器

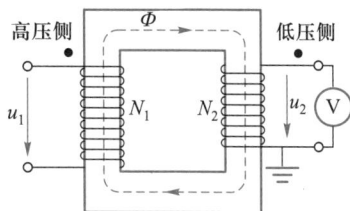

图 5-15　高压测量电路示意图

若忽略磁路的漏磁通,则根据电磁感应定律有

$$u_1 = N_1 \frac{\mathrm{d}\Phi}{\mathrm{d}t}, u_2 = N_2 \frac{\mathrm{d}\Phi}{\mathrm{d}t}$$

因此有

$$\frac{u_1}{u_2} = \frac{N_1 \mathrm{d}\Phi/\mathrm{d}t}{N_2 \mathrm{d}\Phi/\mathrm{d}t} = \frac{N_1}{N_2}$$

根据正弦交流电路的特点可知,高压侧电压有效值(U_1)与低压侧电压有效值(U_2)之间的关系为

$$\frac{U_1}{U_2} = \frac{N_1}{N_2} = k \tag{5-28}$$

式中,k 为电压比。由于电压互感器一次绕组匝数多,二次绕组匝数少,所以通常 $k>1$;只要适当选择电压比 k,就能根据二次电压算出一次电压,从而避免直接测量高压电路。

2. 电流互感器

电流互感器可以将电路中的大电流转变为小电流,是一种进行电流变换的器件。电力电路中,为了安全测量大电流,往往需要用电流互感器把大电流变为小电流后再用电流表进行测量。

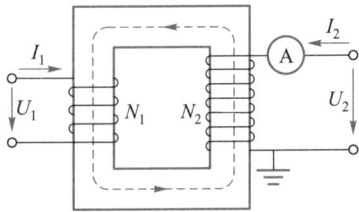

图 5-16　电流互感器的应用示意图

电流互感器的结构与电压互感器基本相同,电流互感器的一次绕组匝数少、导线粗,而二次绕组匝数多、导线细;使用时一次绕组串入被测电路中,二次绕组则接相应的仪器或仪表。图 5-16 是电流互感器的应用示意图。

电流互感器中电流与匝数之间的关系为

$$\frac{I_1}{I_2} = \frac{N_2}{N_1} = \frac{1}{k} \tag{5-29}$$

式中,k 为电流比,由一、二次匝数决定,通常 $k<1$;只要适当选择电流比 k,就能根据二次电流的大小测出一次电流,从而避免直接测量大电流电路。

在电力线路中,直接用电流表测量电流时,需要切断电源将电流表串入电路中,这样既不方便也不安全。因此,工程上通常用钳形电流表来进行电流测量,其工作原理示意图如图 5-17(a)所示。

钳形电流表如图 5-17(b)所示,在测量时可用手柄将钳口(铁心)张开,把需要测量电流的导线套入钳形铁心内,被测量的导线就是电流互感的一次绕组 N_1(只有一匝),二次绕组(匝数为 N_2)接电流表,从电流表中可以直接读出被测电流的大小,这样既可以测量较大的电流,又不用断开电路,使用起来非常方便。

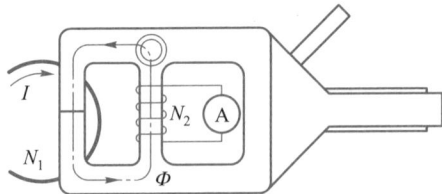

(a) 钳形电流表工作原理示意图　　　　　(b) 钳形电流表的实物

图 5-17　钳形电流表工作原理示意图及实物

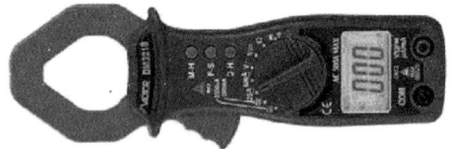

实践任务

任务 1	认识变压器

变压器主要用于传输电能或电信号,具有变压、变流和阻抗变换等作用。

图 5-18(a)所示为电力变压器,供输配电系统中升压或降压用;图 5-18(b)所示为控制变压器,作为机床和机械设备中一般电器的控制照明及指示灯等的电源用;图 5-18(c)所示为电源变压器,变换交流电用。本任务选择图 5-18(c)所示电源变压器,其铭牌上标记如图 5-19 所示,将变压器输入端接市电 220 V,50 Hz,用示波器观察输出波形。

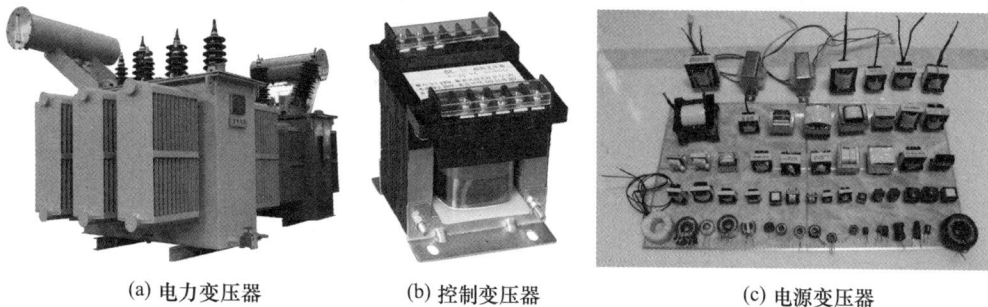

(a) 电力变压器　　　(b) 控制变压器　　　(c) 电源变压器

图 5-18　变压器图片

【特别提示】变压器接入市电时应注意安全。

一、任务目的

(1) 观察变压器的结构和铭牌上的数据。

(2) 通过本任务了解变压器电压的变换关系。

二、任务实施

按图 5-20 所示将变压器输入端接入市电 220 V、50 Hz,用示波器观察输出波形,在下方空白处画出输出波形,并记录波形参数。

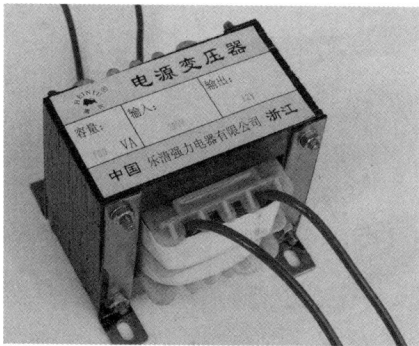

图 5-19　电源变压器铭牌

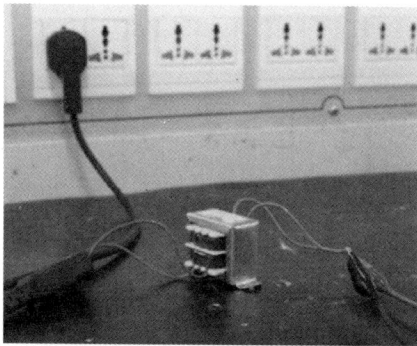

图 5-20　变压器接线图

参数记录:峰-峰值为_____ V;频率为_____ Hz

思考:记录的峰-峰值与变压器铭牌上标记的输出电压值是否一致?若不一致,它们有什么关系吗?

任务 2   单相变压器同名端判定

一、任务目的
(1)正确选用电工工具和仪表。

(2)用导线正确连接电路,正确判定单相变压器的同名端。

二、任务分析
1. 同名端的定义
同名端是指在同一交变磁通的作用下,任意时刻两个(或两个以上绕组)中具有相同电极性的端点彼此互为同名端。同名端用"●"做标记,如图 5-21 所示。

2. 同名端判定的目的
(1)如图 5-22 所示,变压器两组及以上绕组的异名端串联时,总电压增大。

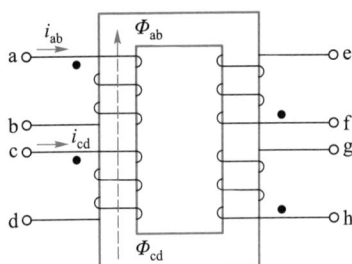

图 5-21   变压器同名端

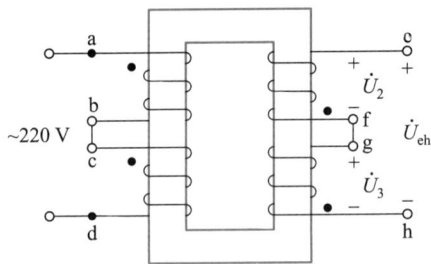

图 5-22   异名端串联

(2)如图 5-23 所示,变压器两组及以上绕组的同名端串联时,电压减小或抵消。

(3)如图 5-24 所示,变压器相同匝数的绕组同名端并联时,电流是并联前的2 倍。

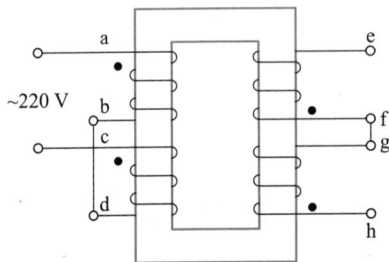

图 5-23   同名端串联

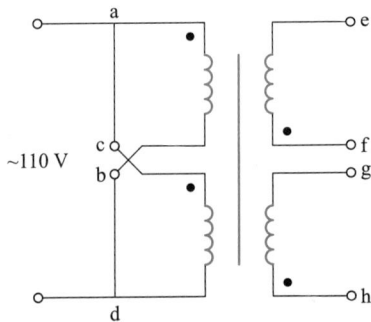

图 5-24   相同匝数的绕组同名端并联

三、任务器材
本任务器材清单见表 5-1。

表 5-1 本任务器材清单

名称	参数	数量	单位
交流电源	36 V 以下	1	处
交流电压表	500 V	1	块
指针式万用表		1	块
变压器	300 V·A,输入电压 220 V,输出电压 12 V	1	台
干电池	1.5 V	2	块
导线	RV	1	米

四、任务实施

1. 用分析法判断同名端

对于两个绕向已知的绕组,可以从电流的流向和它们所产生的磁通方向判断其同名端。如图 5-25(a)所示,已知一、二次绕组的方向,当电流从 1 端和 3 端流入时,它们所产生的磁通方向相同,因此 1、3 端为同名端;同样,2、4 端也为同名端。同理可以知道在图 5-25(b)所示电路中,1、4 端为同名端,2、3 端为同名端。

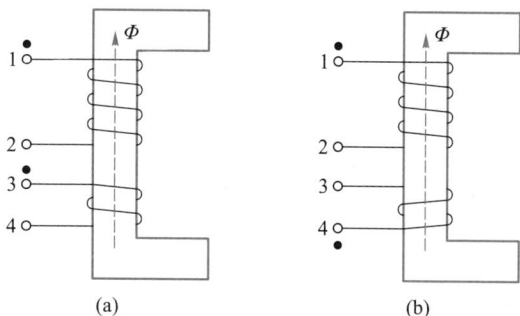

图 5-25 分析法判断同名端

2. 用实验法判断同名端

(1)交流法:如图 5-26 所示,将一、二次绕组各取一个接线端连接在一起,如 2 端和 4 端,并在 N_2、N_1 绕组上加上适当的交流电 u_{12},再用交流电压表测量 u_{12}、u_{13}、u_{34} 的值,并将测量值记录表 5-2 中。(如果 $u_{13} = u_{12} - u_{34}$,则 1、3 端为同名端,如果 $u_{13} = u_{12} + u_{34}$,则 1、4 端为同名端。)

(2)直流法:如图 5-27 所示,采用直流法判定变压器同名端,操作步骤如下:

① 选用指针式万用表,将其水平放置在桌面上,进行机械调零。

② 将变压器输入端通过开关 S 接入 3 V 直流电源,并保证 S 处于断开状态。

③ 万用表调至直流"μA"挡。

④ 万用表的红、黑表笔分别接入变压器输出端的任意两个端子。

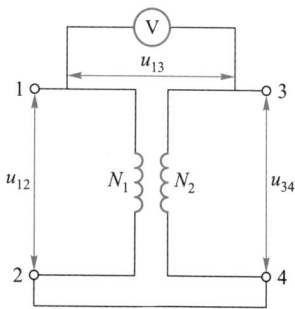

图 5-26 交流法判断同名端

动画

交流法判定同名端

动画

直流法判定同名端

表 5-2   交流法实验结果记录表

	测量值			计算值	结论
	u_{12}	u_{13}	u_{34}		
第 1 次					
第 2 次					
第 3 次					
平均值					

⑤ 合上开关 S 的瞬间,观测指针偏转情况。若指针正偏,则万用表红表笔所接的端子与电池正极所接的端子为同名端,并做好标记"·";若指针反偏,则万用表红表笔所接的端子与电池正极所接的端子为异名端。

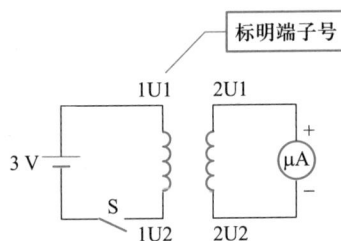

图 5-27   直流法判定变压器同名端

任务 3   变压器的空载试验和短路试验

一、任务目的

(1)通过空载试验和短路试验测定变压器的变比和参数。

(2)通过空载试验和短路试验测取变压器的运行特性。

二、任务分析

1. 空载试验的目的

测量变压器的空载损耗和空载电流;验证变压器铁心的设计计算、工艺制造是否满足技术条件和标准的要求;检查变压器铁心是否存在缺陷,如局部过热、局部绝缘不良等。

变压器的短路试验就是将变压器的一组绕组短路,在另一组绕组加上额定频率的交流电压使变压器绕组内的电流为额定值,此时所测得的损耗为短路损耗,所加的电压为短路电压,短路电压是以被加电压绕组的额定电压百分数表示的。

2. 空载试验

测取空载特性:$U_0 = f(I_0)$,$P_0 = f(U_0)$,$\cos \varphi_0 = f(U_0)$。

3. 短路试验

测取短路特性:$U_K = f(I_K)$,$P_K = f(I_K)$,$\cos \varphi_K = f(I_K)$。

三、任务器材

本任务器材清单见表 5-3。

表 5-3　本任务器材清单

名称	参数	数量	单位
三相调压交流电源	DD01	1	处
交流电压表	500 V	1	块
灵敏检流计		1	个
变压器	300 V·A,输入电压 220 V,输出电压 12 V	1	台
直流毫安表		1	块
导线	RV	1	米

四、任务实施

1. 空载试验

（1）在三相调压交流电源断电的条件下,按图 5-28 接线。被测变压器选用三相组式变压器 DJ11 中的一只作为单相变压器,其额定容量 $P_N = 77$ W,$U_{1N}/U_{2N} = 220/55$ V,$I_{1N}/I_{2N} = 0.35/1.4$ A。变压器的低压绕组 a、x 接电源,高压绕组 A、X 开路。

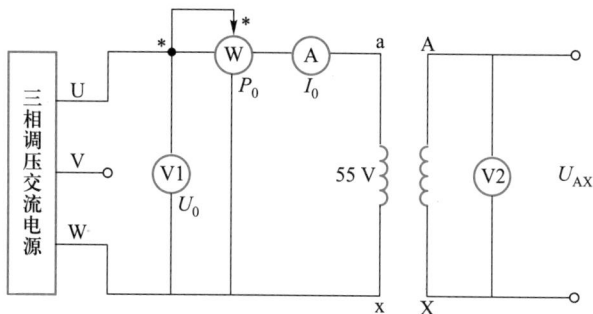

图 5-28　空载试验接线图

（2）选好所有电表量程。将三相调压交流电源调压旋钮向逆时针方向旋转到底,即将其调到输出电压为零的位置。

（3）合上三相调压交流电源总开关,按下"开"按钮,便接通了三相交流电源。调节三相调压交流电源调压旋钮,使变压器空载电压 $U_0 = 1.2U_N$,然后逐次降低电源电压,在 $1.2U_N \sim 0.2U_N$ 的范围内,测取变压器的 U_0、I_0、P_0。

（4）测取数据时,$U = U_N$ 点是必测的,并在该点附近测的点较密,共测取数据 7~8 组,记录于表 5-4 中。

（5）为了计算变压器的变比,在 U_N 以下测取一次电压的同时测出二次电压数据,也记录于表 5-4 中。

表 5-4　空载试验记录表

序号	实验数据				计算数据
	U_0/V	I_0/A	P_0/W	U_{AX}/V	$\cos \varphi_0$

续表

序号	实验数据				计算数据
	U_0/V	I_0/A	P_0/W	U_{AX}/V	$\cos\varphi_0$

2. 短路试验

（1）切断三相调压交流电源，按图 5-29 接线（注意每次改接线路，都要关断电源）。将变压器的高压绕组接电源，低压绕组直接短路。

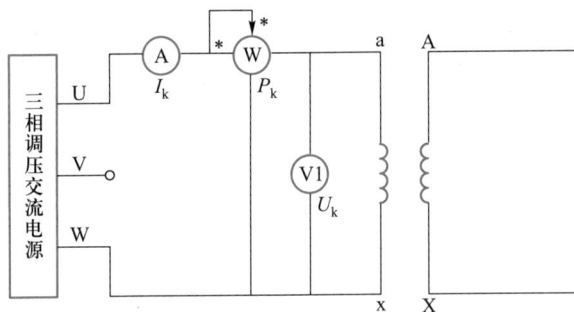

图 5-29　短路试验接线图

（2）选好所有电表量程，将三相调压交流电源调压旋钮调到输出电压为零的位置。

（3）接通三相调压交流电源，逐次缓慢增加输入电压，直到短路电流等于 $1.1 I_N$ 为止，在 $(0.2\sim1.1) I_N$ 范围内测取变压器的 U_K、I_K、P_K。

（4）测取数据时，$I_K = I_N$ 点是必测的，测取 6 组记录于表 5-5 中。实验时记下周围环境温度（℃）。

表 5-5　短路试验记录表

序号	实验数据			计算数据
	U_K/V	I_K/A	P_K/W	$\cos\varphi_K$

五、注意事项

（1）在变压器实验中，应注意电压表、电流表、功率表的合理布置及量程选择。

（2）短路试验操作要快，否则线圈发热将引起电阻变化。

（3）测量完毕，按下停止按钮，将钥匙开关拨到"关"的位置，并将三相可调交流电源调压旋钮调回到最小位置，整理好实验设备和场地，经允许后离开实验室。

六、评分标准

评分标准见表5-6。

表 5-6　评 分 标 准

序号	考核内容	评分要素	配分	评分标准	得分
1	原理图的正确绘制	原理图是否正确	10	原理图绘制错误，每处扣5分	
2	电路元件的选择及电路连接	1. 正确选择实训所需电路元件 2. 电路连接	30	1. 选择错误，每项扣2分 2. 连接错误，每项扣2分	
3	实验结果	分析实验结果	50	1. 记录空载试验的结果（每错一处扣2分） 2. 记录短路试验的结果（每错一处扣2分）	
4	安全生产	1. 工具使用 2. 仪表使用 3. 安全操作规程	10	1. 工具使用正确，无损坏 2. 仪表使用正确，无损坏 3. 按规程操作，无违纪行为 出现以上问题，本项不得分	
日期：　　年　　月　　日			教师签名：		

本章小结

在实际应用中，常需要不同电压的交流电，变压器可以改变交流电压、电流、阻抗等参数。变压器接入交流电路中要注意一次绕组（输入端）和二次绕组（输出端）切勿接反。本章知识点包括：

（1）当线圈中产生感应电压不是线圈自身的电流变化引起的，这种现象就是互感现象；互感是电磁感应的基本内容之一。

（2）互感线圈产生的互感电压的极性与线圈的相对绕向有关。为了便于判断，引入了同名端的概念。注意同名端的意义和判别方法。

（3）在生产与生活中利用互感现象工作的器件很多，电压互感器、电流互感器以及选频电路的天线都是利用互感原理工作的。

自我检测

一、选择题（即测即评）

二、填空题

1. 同一电流在自己线圈内产生感应电动势的物理现象称为_____,在邻近线圈内产生感应电动势的物理现象称为_____。

2. 自感磁链与产生它的电流之比称为_____,互感磁链与产生它的电流之比称为_____。

3. 互感系数的大小取决于_____、_____、_____和_____。

4. 存在磁耦合的两个线圈的电路模型称为_____。该元件的参数为_____。

5. 描述磁耦合紧密程度的物理量称为_____,全耦合时,$K =$ _____,$M =$ _____。

6. 互感电压公式前的正负号由_____、_____和_____决定。

7. 两线圈的电流流入（或流出）端,使它们产生的磁通方向一致的一对端钮称为_____。在分支磁路上多个线圈的同名端不具有_____性。

8. 电流随时间增加时,电流的流入端与由它产生的互感电压的_____端为同极性端。

9. 存在磁耦合的线圈,其端钮上的电压包括_____和_____两部分,自感电压的正负由本线圈电流和电压的_____决定,互感电压的正负由电流和互感电压的参考方向对_____的方向决定。

10. 在正弦条件下,互感电压与产生它的电流有效值之比的定义为_____。

三、简答题

1. 什么是主磁通？什么是漏磁通？

2. 变压器并联运行时,希望满足哪些理想条件？如何达到理想的并联运行？

3. 变压器的主要额定值有哪些？一台单相变压器的额定电压为 220/110 V,额定频率为 50 Hz,试说明其意义。若这台变压器的额定电流为 4.55/9.1 A,问在什么情况下称其运行在额定状态。

4. 变压器的电抗参数 X_m、$X_{1\sigma}$、$X_{2\sigma}$ 各与什么磁通相对应？说明这些参数的物理意义以及它们的区别,从而分析它们的数值在空载试验、短路试验和正常负载运行时是否相等。

5. 变压器的简化等效电路与 T 形等效电路相比,忽略了什么量？这两种等效电路各适用于什么场合？

6. 变压器做空载和短路试验时,从电源输入的有功功率主要消耗在什么地方？在

一、二次侧分别做同一试验,测得的输入功率相同吗？为什么？

习题 5

一、选择题

1. 如图 5-30 所示,一、二次绕组匝数比为 2：1 的理想变压器正常工作时,以下说法不正确的是(　　)。

　　A. 一、二次绕组磁通量之比为 2：1

　　B. 一、二次绕组电流之比为 1：2

　　C. 输入功率和输出功率之比为 1：1

　　D. 一、二次绕组磁通量变化率之比为 1：1

2. 一理想变压器如图 5-31 所示。一次绕组为 50 匝,二次绕组为 100 匝。当一次绕组接入正弦交变电流时,二次绕组的输出电压为 10V,则铁心中磁通量变化率的最大值为(　　)。

　　A. 0.14 Wb/s　　　　B. 0.4 Wb/s　　　　C. 0.2 Wb/s　　　　D. 0.28 Wb/s

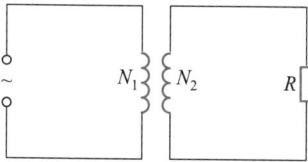

图 5-30

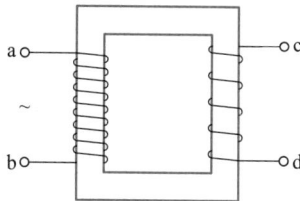

图 5-31

3. 图 5-32 所示为理想变压器,电表均可视为理想电表,一次绕组接线柱接电压 $u = 311\sin 314t$ V 的交流电源。当滑动变阻器的滑片向下滑动时,下列说法正确的是(　　)。

　　A. A_1 示数变小　　　　B. A_2 示数变小

　　C. A_1 示数不变　　　　D. V_2 示数变大

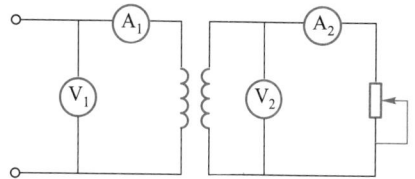

图 5-32

4. 图 5-33 中,可以将电压升高给电灯供电的变压器是(　　)。

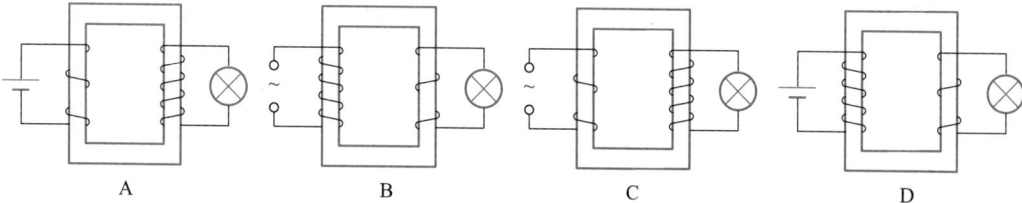

图 5-33

二、填空题

1. 由流过线圈本身的电流发生变化而产生感应电动势的现象称为_____。

2. 自感电动势的方向用楞次定律来判断,其表达式中的负号表示自感电动势的方向与外电流变化的方向相反,自感电动势是_____线圈中电流变化的。

3. _____是一种把高电压转变为低电压的电压转换器。

4. _____可以将电路中的大电流转变为小电流,是一种进行电流变换的器件。

5. 变压器负载运行时,匝数多的绕组_____;而匝数少的绕组_____。

6. 如图 5-34 所示,理想变压器一、二次绕组匝数之比为 4 : 1,一次绕组接入一电压为 $u = U_0 \sin \omega t$ 的交流电源,二次绕组接一个 $R = 27.5\ \Omega$ 的负载电阻。若 $U_0 = 220\sqrt{2}$ V,$\omega = 100\pi$ Hz,则二次绕组中电压表的读数为_____,一次绕组中电流表的读数为_____。

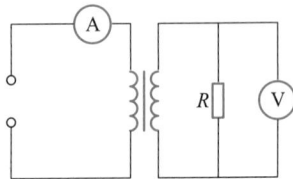

图 5-34

三、判断题

1. 变压器空载运行时,一、二次电压有效值之比等于绕组的匝数比。   (   )

2. 由于变压器存在内阻,负载时变压器二次绕组的输出电压将比空载时有所下降,但一般情况下内部电压降不会超过额定电压的 10%。所以可以近似认为二次电压的有效值仍然等于二次电动势的有效值。   (   )

3. 在电子电路中,为了提高信号的传输功率,常用变压器将负载功率变换为适当的数值,使其与放大电路的输出阻抗相匹配,这种做法称为阻抗匹配。   (   )

4. 如果在两个互感线圈中同时通以电流 i_1 和 i_2,若它们所产生的磁通在线圈内是相互增强的,那么这两个电流的流入端(或流出端)就互为异名端。如果磁通相互削弱,则两个电流流入端(或流出端)就互为同名端。   (   )

5. 电磁感应分为自感和互感。   (   )

6. 自感电动势表达式中的电感量 L 也被称为自感系数,它等于线圈中通过单位电流时所产生的自感磁链。   (   )

四、简答题

1. 什么是变压器的空载运行?有何特点?

2. 什么是变压器的负载运行?有何特点?

3. 变压器有哪些主要部件?它们的主要作用是什么?

4. 变压器一次绕组若接在直流电源上,二次绕组会有稳定直流电压吗?为什么?

5. 变压器一、二次侧和额定电压的含义是什么?

五、分析计算题

1. 从物理意义上说明变压器为什么能变压,而不能变频率?

2. 若减少变压器一次绕组匝数(二次绕组匝数不变),二次绕组的电压将如何变化?

3. 有一台 D-50/10 单相变压器,$S_N = 50$ kV·A,$U_{1N}/U_{2N} = 10\ 500/230$ V,试求变压器一、二次绕组的额定电流。

4. 有一台 SSP-125 000/220 三相电力变压器,YN,d 联结,$U_{1N}/U_{2N} = 220/10.5$ kV,求:①变压器额定电压和额定电流;②变压器一、二次绕组的额定电压和额定电流。

5. 如图 5-35 所示,已知 $L_1 = 5$ H,$L_2 = 1.2$ H,$M = 2$ H,$u_S = 100\cos 10t$ V,$R_L = 3\ \Omega$,求一、二次电流 i_1 和 i_2。

6. 如图 5-36 所示，$R_1 = 1\ \Omega$，$R_2 = 2\ \Omega$，$L_1 = 1\ H$，$L_2 = 2\ H$，$M = 0.5\ H$，$u_S = 100\sin 2t\ V$，求 K、i、u_1、u_2。

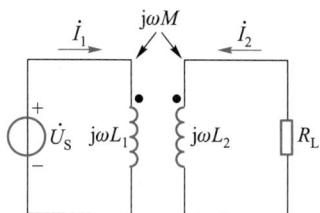
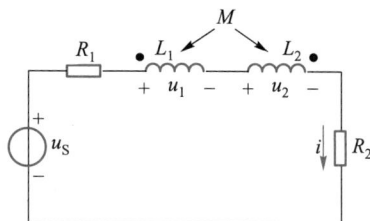

图 5-35   图 5-36

7. 如图 5-37 所示，$R = 24\ \Omega$，$L_1 = 3\ H$，$L_2 = 6\ H$，$M = 2\ H$，$C = 0.01\ F$，$u_S = 30\sin 10t\ V$，求 i、i_1、i_2。

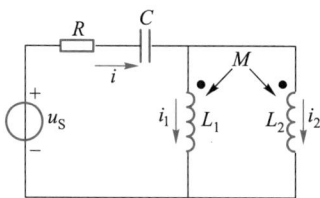

图 5-37

第 **6** 章

常用低压电器

学习目标

知识目标：

■ 了解常用低压电器的结构及工作原理。

■ 了解常用低压电器的作用、分类、型号意义及技术参数。

■ 会识读电气原理图。

■ 会合理选用常用低压电器的类型和参数。

能力目标：

■ 具备识读简单电气原理图的能力。

■ 具备使用万用表识别、检测常见低压电器的能力。

■ 具备拆装和维修常用低压电器的能力。

■ 学会发现问题、探究问题和解决问题的方法，会应用电路理论
　解决生产、生活中的实际问题。

■ 初步具有学习和应用电工新知识、新技术的能力。

素养目标：

■ 树立求实和创新的科学态度。

■ 树立规范操作与安全文明生产的意识。

■ 增强自身创新能力，提高解决问题的能力。

■ 具备严谨、求是、务实的职业精神。

6.1　电器基本知识

PPT 课件

电器的分类

微课

电器的分类

拓展阅读

国产低压电器典
型制造企业

6.1.1　电器的分类

电器是用于接通和断开电路或调节、控制和保护电路及电气设备的电工器具。由电器组成的自动控制系统称为继电器-接触器控制系统,简称电器控制系统。

电器的用途广泛,功能多样,种类繁多,结构各异。下面是常用的电器分类方式。

1. 按工作电压等级分类

(1) 高压电器:用于交流电压 1 200 V、直流电压 1 500 V 及以上电路中的电器,如高压断路器、高压隔离开关、高压熔断器等。

(2) 低压电器:用于交流 50 Hz(或 60 Hz),额定电压为 1 200 V 以下、直流额定电压 1 500 V 及以下电路中的电器,如接触器、继电器等。

2. 按动作原理分类

(1) 手动电器:用手或依靠机械力进行操作的电器,如手动开关、控制按钮、行程开关等主令电器。

(2) 自动电器:借助于电磁力或某个物理量的变化自动进行操作的电器,如接触器、继电器、电磁阀等。

3. 按用途分类

(1) 配电电器:主要用于低压配电系统中,要求系统发生故障时准确动作、可靠工作,在规定条件下具有相应的动稳定性与热稳定性,使电器不会被损坏。常用的配电电器有刀开关、转换开关、熔断器、断路器等。

(2) 控制电器:用于各种控制电路和控制系统的电器,如接触器、继电器、电动机起动器等。

(3) 主令电器:用于自动控制系统中发送动作指令的电器,如按钮、行程开关、万能转换开关等。

(4) 保护电器:用于保护电路及用电设备的电器,如熔断器、各种保护继电器、避雷器等。

(5) 执行电器:指用于完成某种动作或传动功能的电器,如电磁铁、电磁离合器等。

4. 按工作原理分类

(1) 电磁式电器:依据电磁感应原理来工作的电器,如接触器、各种类型的电磁式继电器等。

(2) 非电量控制电器:依靠外力或某种非电物理量的变化而动作的电器,如刀开关、行程开关、按钮、速度继电器、温度继电器等。

PPT 课件

低压电器的作用

6.1.2　低压电器的作用

低压电器能够依据操作信号或外界现场信号的要求,自动或手动地改变电路的状态、参数,实现对电路或被控对象的控制、保护、测量、指示、调节。低压电器有如下作用。

（1）控制作用：如电梯的上下移动、快慢速自动切换与自动停层等。

（2）保护作用：能根据设备的特点，对设备、环境以及人身实行自动保护，如电动机的过热保护、电网的短路保护、漏电保护等。

（3）测量作用：利用仪表及与之相适应的电器，对设备、电网的电参数或其他非电参数进行测量，如电流、电压、功率、转速、温度、湿度等。

（4）调节作用：可对一些电量和非电量进行调整，以满足用户的要求，如柴油机油门的调整、房间温湿度的调节、照度的自动调节等。

（5）指示作用：利用低压电器的控制、保护等功能，检测出设备运行状况与电路的工作情况，如绝缘监测、保护吊牌指示等。

（6）转换作用：在用电设备之间转换或对低压电器、控制电路分时投入运行，以实现功能切换，如励磁装置手动与自动的转换、供电系统的市电与自备电的切换等。

低压电器作用远不止这些，随着科学技术的发展，新功能、新设备会不断出现。常用的低压电器主要种类和用途见表6-1。

微课

低压电器的作用

表6-1　常用的低压电器主要种类和用途

类别	主要种类	用途
断路器	塑料外壳式断路器	主要用于电路的过负荷保护、短路保护、欠电压保护、漏电压保护，也可用于不频繁地接通和断开电路
	框架式断路器	
	限流式断路器	
	漏电保护式断路器	
	直流快速断路器	
刀开关	开关板用刀开关	主要用于电路的隔离，有时也能分断负荷
	负荷开关	
	熔断器式刀开关	
转换开关	组合开关	主要用于电源切换，也可用于负荷通断或电路切换
	换向开关	
主令电器	按钮	主要用于发布命令或程序控制
	行程开关	
	微动开关	
	接近开关	
	万能转换开关	
接触器	交流接触器	主要用于远距离频繁控制负荷，切断带负荷电路
	直流接触器	
起动器	磁力起动器	主要用于电动机的起动
	星-三角起动器	
控制器	自耦减压起动器	主要用于控制电路的切换
	凸轮控制器	

续表

类别	主要种类	用途
继电器	电流继电器	主要用于控制电路中,将被控量转换成控制电路所需电量或开关信号
	电压继电器	
	时间继电器	
	中间继电器	
	温度继电器	
	热继电器	
熔断器	有填料熔断器	主要用于电路的短路保护,也用于电路的过载保护
	无填料熔断器	
	半封闭插入式熔断器	
	快速熔断器	
	自复熔断器	
电磁铁	制动电磁铁	主要用于起重、牵引和制动等
	起重电磁铁	
	牵引电磁铁	

对低压配电电器,要求其灭弧能力强、分断能力好、热稳定性能好、限流准确等;对低压控制电器,则要求其动作可靠、操作频率高、寿命长并具有一定的负载能力。

6.2   刀开关

开关是最普通、使用最早的电器,其作用是分合电路、开断电流。常用的开关有刀开关、隔离开关、负荷开关、转换开关(组合开关)、断路器等。

6.2.1   刀开关的结构和用途

1. 刀开关

刀开关在低压电路中,用不频繁地手动接通、断开电路和作为电源隔离开关使用。刀开关主要由手柄、触刀、静插座和绝缘底板等组成,如图 6-1 所示。刀开关的触刀应垂直安装,手柄要向上为合闸状态,向下为分闸状态,不得倒装或平装,避免由于重力自动下落,引起误动合闸。接线时,应将电源线接在上端,负载线接在下端。

2. 开启式负荷开关(HK 系列)

开启式负荷开关俗称胶盖瓷底开关,主要用作电气照明电路和电热电路的控制开关。与刀开关相比,开启式负荷开关增设了熔体和防护外壳胶盖。开启式负荷开关内部装设了熔体,可以实现短路保护,由于有胶盖,在分断电路时产生的电弧不致飞出,同时防止极间飞弧造成相间短路,其实物外形如图 6-2 所示。其安装注意事项和普通刀开关相同,电源进线应接在静插座一侧的进线端,用电设备应接在触刀一侧的出线端,当其断开时,触刀和熔体均不带电,以保证更换熔体时的安全。

PPT 课件

刀开关的结构和用途

微课

刀开关的结构和用途

动画

刀开关的分闸与合闸

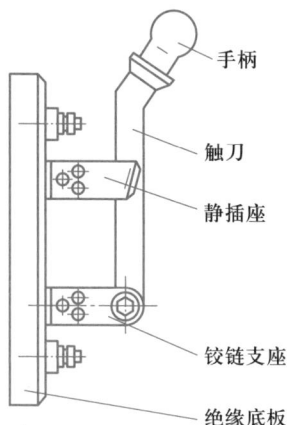

图 6-1 刀开关结构图

图 6-2 开启式负荷开关的实物外形

3. 封闭式负荷开关(HH 系列)

封闭式负荷开关俗称铁壳开关,主要由触刀、熔断器、灭弧装置、操作机构和金属外壳构成。三相触刀固定在一根绝缘的转轴上,通过手柄操纵。其外形和结构如图 6-3 所示。封闭式负荷开关常用在农村和工矿的电力照明、电力排灌等配电设备中,与刀开关一样,封闭式负荷开关也不能用于频繁的通断控制。

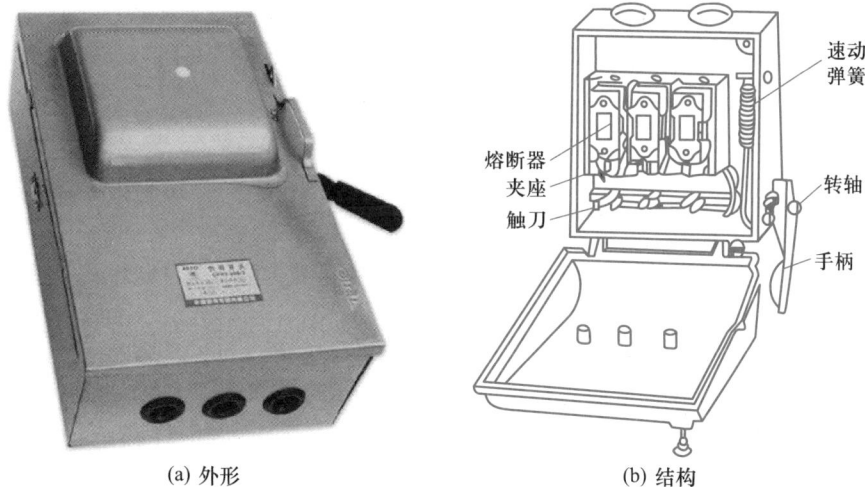

(a) 外形   (b) 结构

图 6-3 封闭式负荷开关的外形和结构

操作机构采用储能合闸方式,在操作机构中装有速动弹簧,使开关迅速通断电路,其通断速度与手柄的操作速度无关,有利于迅速断开电路,熄灭电弧。操作机构装有机械联锁,保证盖子打开时手柄不能合闸,当手柄处于闭合位置时,盖子不能打开,以保证操作安全。

6.2.2 刀开关的型号和电气符号

刀开关可以分为单极、双极和三极三种,有单方向投掷的单投开关和双方向投掷

PPT 课件

刀开关的型号和
电气符号

的双投开关,有带灭弧罩的刀开关和不带灭弧罩的刀开关,有带熔断器的开启式负荷开关,有带灭弧装置和熔断器的封闭式负荷开关等。常用的产品有 HD11~HD14 和 HS11~HS13 系列刀开关,HK1、HK2 系列开启式负荷开关,HH3、HH4 系列封闭式负荷开关。

微课

刀开关的型号和
电气符号

1. 型号

刀开关的型号组成及其含义如下:

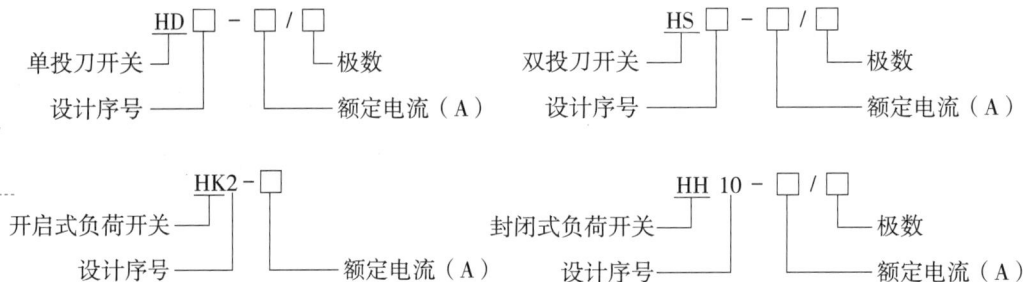

2. 电气符号

刀开关和负荷开关的图形符号和文字符号如图 6-4、图 6-5 所示。

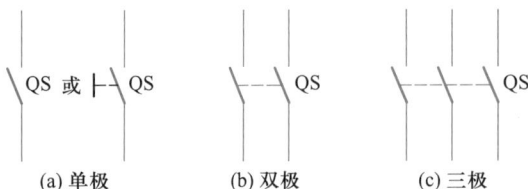

图 6-4 刀开关的图形符号和文字符号   图 6-5 负荷开关的图形符号和文字符号

PPT 课件

刀开关的主要技
术参数

6.2.3 刀开关的主要技术参数

刀开关的主要技术参数有额定电压、额定电流、通断能力、动稳定电流和热稳定电流等。

微课

刀开关的主要技
术参数

(1)通断能力是指在规定条件下,能在额定电压下接通和分断的电流值。

(2)动稳定电流是指电路发生短路故障时,刀开关并不因短路电流产生的电动力作用而发生变形、损坏或触刀自动弹出之类的现象,这一短路电流(峰值)称为刀开关的动稳定电流。

(3)热稳定电流是指电路发生短路故障时,刀开关在一定时间(通常为 1 s)内通过某一短路电流,并不会因温度急剧升高而发生熔焊现象,这一最大短路电流称为刀开关的热稳定电流。

表 6-2 列出了 HK1 系列开启式负荷开关的技术参数。我国研制的产品有 HD18、HD17、HS17 等系列刀形隔离开关,HG1 系列熔断器式隔离开关等。

PPT 课件

刀开关的选择与
常见故障的处理
方法

6.2.4 刀开关的选择与常见故障的处理方法

1. 选择刀开关的注意事项

(1)根据使用场合,选择刀开关的类型、极数及操作方式。

表 6-2　HK1 系列开启式负荷开关的技术参数

额定电流/A	极数	额定电压/V	可控制电动机最大容量/kW		触刀极限分断能力($\cos \varphi = 0.6$)/A	熔体极限分断能力/A	配用熔体规格			
			220 V	380 V			熔体成分（%）			熔体直径/mm
							铅	锡	锑	
15	2	220	—	—	30	500				1.45 ~ 1.59
30	2	220	—	—	60	1 000				2.30 ~ 2.52
60	2	220	—	—	90	1 500	98	1	1	3.36 ~ 4.00
15	3	380	1.5	2.2	30	500				1.45 ~ 1.59
30	3	380	3.0	4.0	60	1 000				2.30 ~ 2.52
60	3	380	4.4	5.5	90	1 500				3.36 ~ 4.00

（2）刀开关的额定电压应大于或等于线路电压。

（3）刀开关的额定电流应等于或大于线路的额定电流。对于电动机负载，开启式负荷开关的额定电流可取电动机额定电流的 3 倍；封闭式负荷开关的额定电流可取电动机额定电流的 1.5 倍。

2. 刀开关的常见故障及其处理方法

刀开关的常见故障及其处理方法见表 6-3。

表 6-3　刀开关的常见故障及其处理方法

故障现象	产生原因	处理方法
合闸后一相或两相没电	1. 静插座弹性消失或开口过大 2. 熔体熔断或接触不良 3. 静插座、触刀氧化或有污垢 4. 电源进线或出线头氧化	1. 更换静插座 2. 更换熔体 3. 清洁静插座或触刀 4. 检查进出线头
触刀和静插座过热或烧坏	1. 开关容量太小 2. 分、合闸时动作太慢造成电弧过大，烧坏触刀 3. 静插座表面烧毛 4. 触刀与静插座压力不足 5. 负载过大	1. 更换较大容量的开关 2. 改进操作方法 3. 用细锉刀修整 4. 调整静插座压力 5. 减轻负载或调换较大容量的刀开关
封闭式负荷开关的手柄带电	1. 外壳接地线接触不良 2. 电源线绝缘损坏碰壳	1. 检查接地线 2. 更换导线

6.3　熔断器

熔断器主要由熔体和安装熔体的绝缘管（绝缘座）组成。熔断器是对电路、用电设备进行短路和过载保护的电器。熔断器一般串接在电路中，当电路正常工作时，熔断器就相当于一根导线；当电路出现短路或过载时，流过熔断器的电流很大，熔断器就会开路，从而保护电路和用电设备。

PPT 课件

熔断器的分类

微课

熔断器的分类

6.3.1　熔断器的分类

　　熔断器的种类很多,常见的有 RC 瓷插式熔断器、RL 螺旋式熔断器、RM 无填料封闭管式熔断器、RS 快速熔断器、RT 有填料封闭管式熔断器和 RZ 自复式熔断器等。常用熔断器的特点和应用场合见表 6-4。

表 6-4　常用熔断器的特点和应用场合

类型	图片	特点	应用场合
RC1A 系列瓷插式熔断器		结构简单,价格低廉,更换方便,使用时将瓷盖插入瓷座,拔下瓷盖便可更换熔体	在额定电压 380 V 及以下、额定电流为 5～200 A 的低压线路末端或分支电路中,作为线路和用电设备的短路保护,在照明线路中还可起过载保护作用
RL1 系列螺旋式熔断器		熔断管内装有石英砂、熔体和带小红点的熔断指示器,石英砂用以增强灭弧性能。熔体熔断后有明显指示	在交流额定电压 500 V、额定电流 200 A 及以下的电路中,作为短路保护器件
RM10 系列无填料封闭管式熔断器		熔断管为钢纸制成,两端为黄铜制成的可拆式管帽,管内熔体为变截面的熔片,更换熔体较方便	用于交流额定电压 380 V 及以下、直流 440 V 及以下、电流在 600 A 以下的电力线路中
RT0 系列有填料封闭管式熔断器		熔体是两片网状纯铜片,中间用锡桥连接。熔体周围填满石英砂起灭弧作用	用于交流 380 V 及以下、短路电流较大的电力输配电系统中,对线路及电气设备进行短路保护及过载保护
NG30 系列有填料封闭管式圆筒帽形熔断器		熔断体由熔管、熔体、填料组成,由纯铜片制成的变截面熔体封于高强度熔管内,熔管内充满高纯度石英砂作为灭弧介质,熔体两端采用点焊与端帽牢固连接	用于交流 50 Hz、额定电压 380 V、额定电流 63 A 及以下工业电气装置的配电线路中

续表

类型	图片	特点	应用场合
RS0、RS3 系列快速熔断器		在 6 倍额定电流时,熔断时间不大于 20 ms,熔断时间短,动作迅速	主要用于半导体硅整流器件的过电流保护
自复式熔断器		在故障短路电流产生的高温作用下,其中的局部液态金属钠迅速气化而蒸发,阻值剧增,即瞬间呈现高阻状态,从而限制了短路电流。当故障消失后,温度下降,金属钠蒸气冷却并凝结,自动恢复至原来的导电状态	用于交流 380 V 的电路中与断路器配合使用。自复式熔断器的电流有 100 A、200 A、400 A、600 A 四个等级

6.3.2 熔断器的型号和电气符号

1. 型号

熔断器的型号组成及其含义如下:

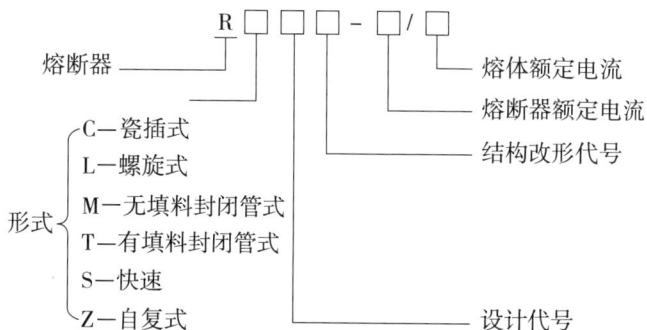

2. 电气符号

熔断器的图形符号和文字符号如图 6-6 所示。

6.3.3 熔断器的主要技术参数

熔断器的主要技术参数包括额定电压、熔体额定电流、熔断器额定电流和极限分断能力等。

（1）额定电压:是指熔断器长时间工作所能承受的电压。

PPT 课件

熔断器的型号和电气符号

微课

熔断器的型号、电气符号及主要参数

PPT 课件

熔断器的主要参数

FU

图 6-6　熔断器的图形符号和文字符号

如果熔断器的实际工作电压大于其额定电压,熔体熔断时可发生电弧不能熄灭的危险。

（2）熔体额定电流:是指长期通过熔体而不会使其熔断的电流。

（3）熔断器额定电流:是指保证熔断器能长期正常工作的电流。它由熔断器各部分长期工作时允许的升温决定。

（4）极限分断能力:是指熔断器在额定电压下所能分断的最大短路电流。在电路中出现的最大电流一般是指短路电流值,所以极限分断能力也反映了熔断器分断短路电流的能力。

6.3.4　熔断器的选择与常见故障的处理方法

1. 熔断器的选择

熔断器的额定电流应大于或等于所装熔体的额定电流,因此确定熔体电流是选择熔断器的主要任务,具体有以下原则:

（1）对于照明线路或电阻炉等没有冲击性电流的负载,熔断器用于过载和短路保护,熔体的额定电流应大于或等于负载的额定电流,即

$$I_{RN} \geqslant I_N$$

式中,I_{RN} 为熔体的额定电流;I_N 为负载的额定电流。

（2）电动机的起动电流很大,熔体在短时通过较大的起动电流时,不应熔断,因此熔体的额定电流应选得较大,对于电动机熔断器只宜用于短路保护而不宜用于过载保护。

① 保护单台长期工作的电动机熔体电流可按最大起动电流选取,也可按下式选取:

$$I_{RN} \geqslant (1.5 \sim 2.5) I_N$$

式中,I_{RN} 为熔体额定电流;I_N 为电动机额定电流。如果电动机频繁起动,式中系数可适当加大至 3~3.5,具体应根据实际情况而定。

② 保护多台长期工作的电动机,出现尖峰电流时,熔断器不应熔断,应按下式计算:

$$I_{RN} \geqslant (1.5 \sim 2.5) I_{N\,max} + \Sigma I_N$$

式中,$I_{N\,max}$ 为容量最大的一台电动机的额定电流;ΣI_N 为其余各台电动机额定电流之和。

（3）快速熔断器熔体额定电流的选择。

在小容量变流装置(晶闸管整流器件的额定电流小于 200 A)中熔断器的熔体额定电流应按下式计算:

$$I_{RN} = 1.57 I_{SCR}$$

式中,I_{SCR} 为晶闸管整流器件的额定电流。

2. 熔断器的常见故障及其处理方法

熔断器的常见故障及其处理方法见表 6-5。

6.3.5　熔断器的安装与使用

（1）熔断器应完好无损,并标有额定电压值和额定电流值。

表 6-5 熔断器的常见故障及其处理方法

故障现象	产生原因	处理方法
电路接通瞬间熔体熔断	熔体电流等级选择过小	更换熔体
	负载侧短路或接地	排除负载故障
	熔体安装时受机械损伤	更换熔体
熔体未熔断但电路不通	熔体或接线座接触不良	重新连接

（2）熔断器安装时应保证熔体与夹头、夹头与夹座接触良好。瓷插式熔断器应垂直安装。螺旋式熔断器接线时，电源线应接在下接线座上，负载线应接在上接线座上，以保证能安全地更换熔管。

（3）熔断器内要安装合格的熔体，不能用小规格的熔体并联代替一根大规格的熔体。在多级保护的场合，各级熔体应相互配合，上级熔断器的额定电流等级以大于下级熔断器的额定电流等级两级为宜。

（4）更换熔体时必须切断电源，尤其不允许带负荷操作，以免发生电弧灼伤。管式熔断器的熔体应使用专用的绝缘插拔器进行更换。

（5）对于 RM10 系列熔断器，在切断过三次相当于极限分断能力的电流后，必须更换绝缘管，以保证能可靠地切断所规定极限分断能力的电流。

（6）熔体熔断后，应分析原因排除故障后，再更换新的熔体。在更换新的熔体时，不能轻易改变熔体的规格，更不能使用铜丝或铁丝代替熔体。

（7）熔断器兼作隔离器件使用时，应安装在控制开关的电源进线端；若仅用于短路保护，应装在控制开关的出线端。

6.4 低压断路器

低压断路器俗称自动开关、空气开关，用于低压配电电路中不频繁的通断控制和保护，在电路发生短路、过载或欠电压等故障时能自动分断故障电路，是一种控制兼保护用电器开关。图 6-7 所示为低压断路器的外形。

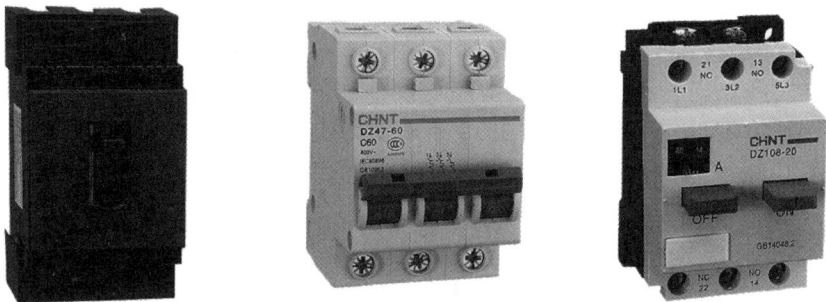

图 6-7 低压断路器外形

6.4.1 低压断路器的分类

1. 塑料外壳式低压断路器(DZ 型)

塑料外壳式低压断路器又称为装置式低压断路器，它采用封闭式结构，除按钮或

PPT 课件
熔断器的安装与使用

微课
熔断器的安装与使用

PPT 课件
低压断路器的分类

微课
低压断路器的分类

拓展阅读
新技术——彻底改变电力世界的数字断路器

手柄外,其余的部件都安装在塑料外壳内。这种低压断路器的电流容量较小、分断能力弱,但分断速度快。它主要用在照明配电和电动机控制电路中,起保护作用。

常见的塑料外壳式低压断路器有 DZ5 系列和 DZ10 系列。其中,DZ5 系列为小电流低压断路器,额定电流范围一般为 10 ~ 50 A;DZ10 系列为大电流低压断路器,额定电流等级有 100 A、250 A、600 A 三种。

2. 框架式低压断路器(DW 型)

框架式低压断路器又称为万能式低压断路器。它一般都有一个钢制的框架,所有的部件都安装在这个框架内。这种低压断路器电流容量大、分断能力强、热稳定性好,主要在 380 V 的低压配电系统中进行过电流、欠电压和过热保护。

常见的框架式低压断路器有 DW10 系列和 DW15 系列,其额定电流等级有 200 A、400 A、600 A、1 000 A、1 500 A、2 500 A 和 4 000 A 七种。

3. 限流式低压断路器(DWX 型)

当电路出现适中故障时,能在短路电流还未达到预期的电流峰值前,迅速将电路断开。这种低压断路器由于具有分断速度快的特点,因此常用在分断能力要求高的场合。常见的限流式低压断路器有 DWX 系列和 DZX 系列等。

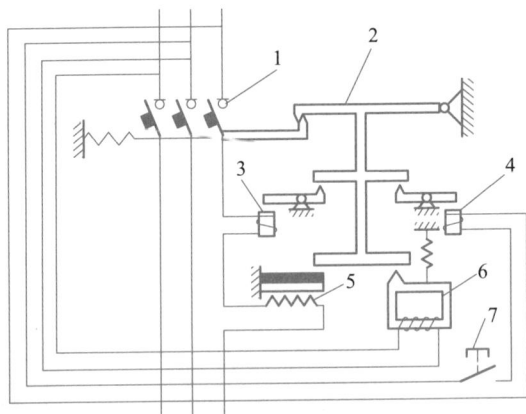

6.4.2　低压断路器的结构和工作原理

低压断路器的结构如图 6-8 所示。低压断路器主要由触点、灭弧系统、各种脱扣器(包括过电流脱扣器、欠电压(失电压)脱扣器、热脱扣器、分励脱扣器和自由脱扣器)和按钮等组成。

图 6-8　低压断路器的结构
1—触点　2—自由脱扣机构　3—过电流脱扣器　4—分励脱扣器
5—热脱扣器　6—欠电压(失电压)脱扣器　7—按钮

低压断路器是靠手动或电动操作机构合闸的,触点闭合后,自由脱扣器将触点锁扣在合闸位置上。

过电流脱扣器用于线路的短路和过电流保护,当线路的电流大于整定的电流值时,过电流脱扣器所产生的电磁力使挂钩脱扣,触点在弹簧的拉力下迅速断开,实现断路器的跳闸功能。

热脱扣器用于线路的过载保护,其工作原理和热继电器相同,过载时热元件发热使双金属片受热弯曲到位,推动热脱扣器动作使断路器分闸。

欠电压(失电压)脱扣器用于欠电压(失电压)保护,如图6-8所示,欠电压(失电压)脱扣器的线圈直接接在电源上,衔铁处于吸合状态,低压断路器可以正常合闸;当断电或电压很低时,欠电压(失电压)脱扣器的吸力小于弹簧的反力,弹簧使动铁心向上使挂钩脱扣,实现低压断路器的跳闸功能。

分励脱扣器用于远程控制,当在远方按下按钮时,分励脱扣器通电流产生电磁力,使其脱扣跳闸。

不同的低压断路器,其保护是不同的,使用时应根据需要选用,保护功能主要有短路、过载、欠电压、失电压、漏电等。

6.4.3 低压断路器的型号和电气符号

1. 型号

低压断路器的型号组成及其含义如下:

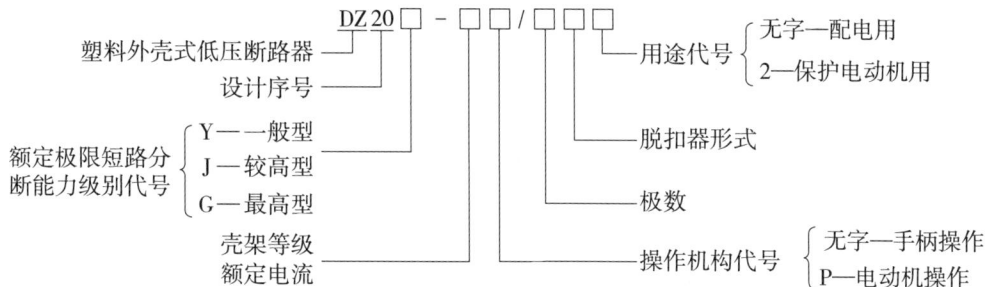

2. 电气符号

低压断路器的图形符号和文字符号如图6-9所示。

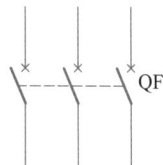

图6-9 低压断路器的图形符号和文字符号

6.4.4 低压断路器的选择与常见故障的处理方法

1. 低压断路器的选用原则

低压断路器的选择应从以下几方面考虑:

(1)根据使用场合和保护要求来选择低压断路器类型。例如,照明线路、电动机控制一般选用塑壳式;配电线路短路电流很大时选用限流型;额定电流比较大或有选择性保护要求时选用框架式。

(2)保护含有半导体器件的直流电路时,应选用直流快速低压断路器等。

(3)低压断路器的额定电压、额定电流应不小于线路、设备的正常工作电压、工作电流。

(4)低压断路器的极限通断能力不小于线路可能出现的最大短路电流。

(5)欠电压(失电压)脱扣器的额定电压等于线路额定电压。

(6)过电流脱扣器的额定电流不小于线路的最大负载电流。

2. 低压断路器的常见故障及其处理方法

低压断路器的常见故障及其处理方法见表6-6。

表 6-6　低压断路器的常见故障及其处理方法

故障现象	产生原因	处理方法
手动操作低压断路器不能闭合	1. 电源电压太低 2. 热脱扣器的双金属片尚未冷却复原 3. 欠电压(失电压)脱扣器无电压或线圈损坏 4. 储能弹簧变形,导致闭合力减小 5. 弹簧反力过大	1. 检查线路并调高电源电压 2. 待双金属片冷却复原后再合闸 3. 检查线路,施加电压或调换线圈 4. 调换储能弹簧 5. 重新调整弹簧反力
电动操作低压断路器不能闭合	1. 电源电压不符 2. 电源容量不够 3. 电磁铁拉杆行程不够 4. 电动机操作定位开关变位	1. 调换电源 2. 增大操作电源容量 3. 调整或调换拉杆 4. 调整定位开关
电动机起动时低压断路器立即分断	1. 过电流脱扣器瞬时整定值太小 2. 脱扣器某些零件损坏 3. 脱扣器反力弹簧断裂或落下	1. 调整瞬间整定值 2. 调换脱扣器或损坏的零部件 3. 调换弹簧或重新装好弹簧
分励脱扣器不能使低压断路器分断	1. 线圈短路 2. 电源电压太低	1. 调换线圈 2. 检修线路调整电源电压
欠电压(失电压)脱扣器噪声大	1. 弹簧反力太大 2. 铁心工作面有油污 3. 短路环断裂	1. 调整弹簧反力 2. 清除铁心油污 3. 调换短路环
欠电压(失电压)脱扣器不能使低压断路器分断	1. 反力弹簧弹力变小 2. 储能弹簧断裂或弹簧力变小 3. 机构生锈卡死	1. 调整弹簧 2. 调换或调整储能弹簧 3. 清除锈污

PPT 课件

交流接触器的结构和工作原理

微课

交流接触器的结构和工作原理

6.5　接触器

接触器是一种用来自动接通或断开大电流电路的电器。它可以频繁地接通或分断交直流电路,并可实现远距离控制。其主要控制对象是电动机,也可用于电热设备、电焊机、电容器组等其他负载,它还具有低电压释放保护功能。接触器具有控制容量大、过载能力强、寿命长、设备简单经济等特点,是电力拖动自动控制线路中使用最广泛的低压电器。接触器按其主触点通过电流的种类可分为交流接触器和直流接触器。交流接触器又可分为电磁式和真空式两种。下面主要介绍常用的电磁式交流接触器。

6.5.1　交流接触器的结构和工作原理

1. 交流接触器的结构和工作原理

交流接触器的外形如图 6-10 所示。

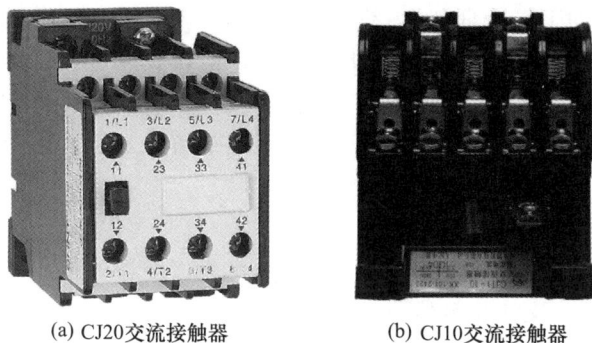

(a) CJ20交流接触器　　(b) CJ10交流接触器

图 6-10　交流接触器的外形

图 6-11 为电磁式交流接触器的结构示意图。电磁式交流接触器由电磁机构、触点系统、灭弧装置和其他部件组成。

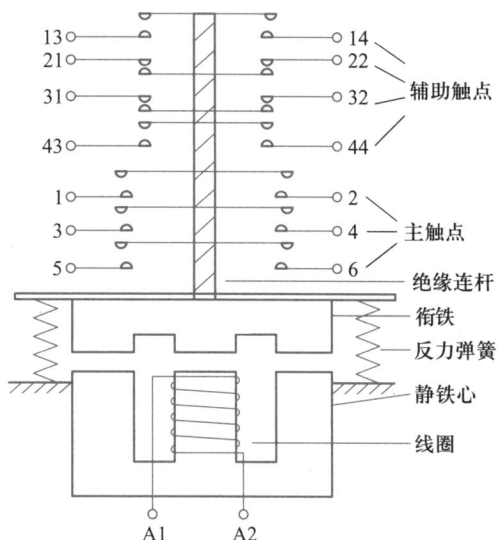

图 6-11　电磁式交流接触器的结构示意图

动画

交流接触器的结构示意图

（1）电磁机构：由线圈、衔铁（动铁心）和静铁心组成，其作用是将电磁能转换成机械能，产生电磁吸力带动触点动作。

（2）触点系统：包括主触点和辅助触点。主触点用于通断主电路，通常为三对常开触点。辅助触点用于控制电路，起电气联锁作用，故又称为联锁触点，一般常开、常闭触点各两对。

动画

交流接触器的工作原理

（3）灭弧装置：容量在 10 A 以上的接触器都有灭弧装置，对于小容量的接触器，常采用双断口触点灭弧、电动力灭弧、相间弧板隔弧及陶土灭弧罩灭弧；对于大容量的接触器，采用纵缝灭弧罩及栅片灭弧；高压接触器多采用真空灭弧。

（4）其他部件：包括反力弹簧、绝缘连杆及外壳等。

接触器上标有端子标号，线圈为 A1、A2，主触点 1、3、5 接电源侧，2、4、6 接负荷侧。辅助触点用两位数表示，前一位为辅助触点顺序号，后一位的 3、4 表示常开触点，1、2 表示常闭触点。

电磁式接触器的工作原理如下:线圈通电后,在铁心中产生磁通及电磁吸力。此电磁吸力克服反力弹簧反力使得衔铁吸合,带动触点机构动作,常闭触点打开,常开触点闭合,互锁或接通线路。线圈失电或线圈两端电压显著降低时,电磁吸力小于反力弹簧反力,使得衔铁释放,触点机构复位,断开线路或解除互锁。这个功能就是接触器的失电压保护功能。

2. 短路环

为了消除交流接触器工作时的振动和噪声,交流接触器的电磁铁心上必须装有短路环。图 6-12 所示为交流接触器中短路环的示意图。

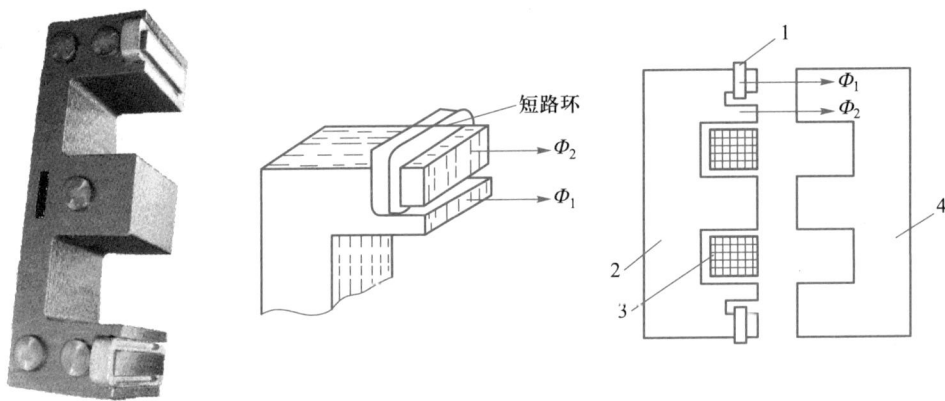

图 6-12 短路环的示意图
1—短路环 2—静铁心 3—线圈 4—衔铁

交流接触器在运行过程中,线圈中通入的交流电在静铁心中产生交变磁通,因而静铁心与衔铁间的吸力是变化的。这会使衔铁产生振动,发出噪声,更主要的是会影响到触点的闭合。为消除这一现象,在交流接触器的静铁心两端各开一个槽,槽内嵌装短路环,如图 6-12 所示。加装短路环后,当线圈通以交流电时,线圈电流 I_1 产生磁通 Φ_1,Φ_1 的一部分穿过短路环,环中感应出电流 I_2,I_2 又会产生一个磁通 Φ_2,两个磁通的相位不同,即 Φ_1、Φ_2 不同时为零,这样就保证了静铁心与衔铁在任何时刻都有吸力,衔铁将始终被吸住,这样就解决了振动的问题。

6.5.2 交流接触器的主要技术参数

(1)额定电压:接触器的额定电压有两种,一是指主触点的额定电压(线电压),交流有 220 V、380 V 和 660 V,在特殊场合应用的额定电压高达 1 140 V;二是指线圈的额定电压,交流有 36 V、127 V、220 V 和 380 V。

(2)额定电流:接触器的额定电流是指主触点的额定工作电流。它是在一定的条件(额定电压、使用类别和操作频率等)下规定的,目前常用的电流等级为 9~800 A。

交流接触器的使用类别、典型用途及主触点要求达到的接通和分断能力见表 6-7。

(3)通断能力:可分为最大接通电流和最大分断电流。最大接通电流是指触点闭合时不会造成触点熔焊的最大电流值;最大分断电流是指触点断开时能可靠灭弧的最大电流。

表 6-7　交流接触器的使用类别、典型用途及主触点要求达到的接通和分断能力

使用类别	主触点要求达到的接通和分断能力	典型用途
AC1	允许接通和分断 1 倍的额定电流	无感或微感负载、电阻炉
AC2	允许接通和分断 4 倍的额定电流	绕线式异步电动机的起动和制动
AC3	允许接通 6 倍的额定电流和分断 1 倍的额定电流	笼型异步电动机的起动和分断
AC4	允许接通和分断 6 倍的额定电流	笼型异步电动机的起动、反转、反接制动

（4）动作值：动作值是指接触器的吸合电压和释放电压。规定接触器的吸合电压大于线圈额定电压的 85% 时应可靠吸合，释放电压不高于线圈额定电压的 70%。

（5）额定操作频率：接触器的额定操作频率是指每小时允许的操作次数，一般为 300 次/h、600 次/h 和 1 200 次/h。

（6）寿命：包括电气寿命和机械寿命。目前接触器的机械寿命已达一千万次以上，电气寿命是机械寿命的 5%~20%。

6.5.3　接触器的型号和电气符号

1. 型号

接触器的型号组成及其含义如下：

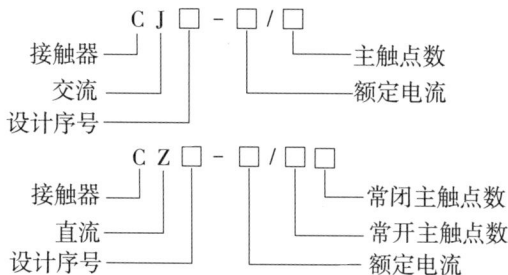

```
        C J □ - □ / □
接触器 ┘   │   │   └ 主触点数
交流 ──────┘   └──── 额定电流
设计序号 ──┘

        C Z □ - □ / □□
接触器 ┘   │   │   │└ 常闭主触点数
直流 ──────┘   │   └─ 常开主触点数
设计序号 ──┘   └──── 额定电流
```

2. 电气符号

接触器的图形符号和文字符号如图 6-13 所示。

　(a)线圈　　(b)常开主触点　　(c)常闭主触点　　(d)常开、常闭辅助触点

图 6-13　接触器的图形符号和文字符号

6.5.4　接触器的选择与常见故障的处理方法

1. 接触器的选择应遵循的原则

（1）根据负载性质选择接触器的结构形式及使用类别。

（2）主触点的额定工作电流应大于或等于负载电路的电流。要注意的是，接触器

PPT 课件

接触器的型号和电气符号

PPT 课件

接触器的选择与常见故障的处理方法

微课

接触器的选择与常见故障的处理方法

的额定工作电流是在规定的条件(额定工作电压、使用类别、操作频率等)下能够正常工作的电流值,当实际使用条件不同时,这个电流值也将随之改变。

(3) 主触点的额定工作电压应大于或等于负载电路电压。

(4) 吸引线圈的额定电压应与控制电路电压相一致。当控制电路简单、使用电器较少时,为节省变压器,可直接选用 380 V 或 220 V 的交流电压;当电路复杂,使用电器超过 5 个时,从人身和设备安全角度考虑,吸引线圈电压要选低一些,可用 36 V 或 110 V 交流电压的线圈。

(5) 接触器触点数和种类应满足主电路和控制电路的要求。

2. 接触器常见故障及其处理方法

接触器常见故障及其处理方法见表 6-8。

表 6-8   接触器常见故障及其处理方法

故障现象	产生原因	处理方法
接触器不吸合或吸不牢	1. 电源电压过低 2. 线圈断路 3. 线圈技术参数与使用条件不符 4. 铁心机械卡阻	1. 调高电源电压 2. 调换线圈 3. 调换线圈 4. 排除卡阻物
线圈断电,接触器不释放或释放缓慢	1. 触点熔焊 2. 铁心表面有油污 3. 触点弹簧压力过小或复位弹簧损坏 4. 机械卡阻	1. 排除熔焊故障,修理或更换触点 2. 清理铁心表面 3. 调整触点弹簧力或更换复位弹簧 4. 排除卡阻物
触点熔焊	1. 操作频率过高或过负载使用 2. 负载侧短路 3. 触点弹簧压力过小 4. 触点表面有电弧灼伤 5. 机械卡阻	1. 调换合适的接触器或减小负载 2. 排除短路故障更换触点 3. 调整触点弹簧压力 4. 清理触点表面 5. 排除卡阻物
铁心噪声过大	1. 电源电压过低 2. 短路环断裂 3. 铁心机械卡阻 4. 铁心极面有油垢或磨损不平 5. 触点弹簧压力过大	1. 检查线路并提高电源电压 2. 调换铁心或短路环 3. 排除卡阻物 4. 用汽油清洗极面或更换铁心 5. 调整触点弹簧压力
线圈过热或烧毁	1. 线圈匝间短路 2. 操作频率过高 3. 线圈参数与实际使用条件不符 4. 铁心机械卡阻	1. 更换线圈并找出故障原因 2. 调换合适的接触器 3. 调换线圈或接触器 4. 排除卡阻物

微课

继电器及其分类

6.6   继电器

继电器是根据某种输入信号的变化,接通或断开控制电路,实现自动控制和保护电力装置的自动电器。

　　继电器的种类很多,按输入信号的性质不同可分为电压继电器、电流继电器、时间继电器、温度继电器、速度继电器和压力继电器等;按工作原理不同可分为电磁式继电器、感应式继电器、电动式继电器、热继电器和电子式继电器等;按输出形式不同可分为有触点和无触点两类;按用途不同可分为控制用与保护用继电器。

　　常用的继电器有电磁式继电器、时间继电器、热继电器、速度继电器、温度继电器、压力继电器和液位继电器等。

6.6.1　电磁式继电器

　　在低压控制系统中采用的继电器大部分是电磁式继电器,电磁式继电器的结构及工作原理与接触器基本相同。图 6-14 所示为常用电磁式继电器的外形。

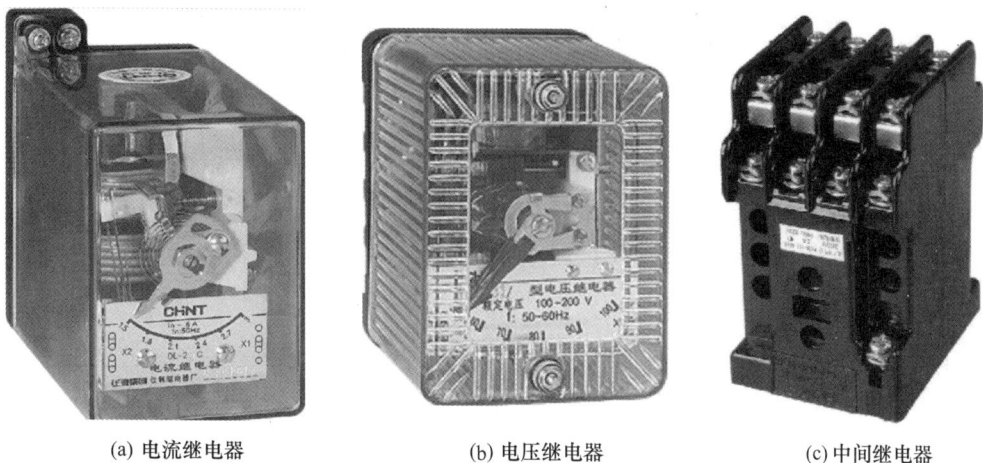

(a) 电流继电器　　　　　　(b) 电压继电器　　　　　　(c) 中间继电器

图 6-14　常用电磁式继电器的外形

　　电磁式继电器的典型结构如图 6-15 所示,它由电磁机构和触点系统组成。按吸引线圈电流的类型,可分为直流电磁式继电器和交流电磁式继电器。按其在电路中的连接方式,可分为电流继电器(过电流继电器、欠电流继电器)、电压继电器(过电压继电器、欠电压继电器)和中间继电器等。

6.6.2　时间继电器

　　时间继电器在控制电路中用于时间的控制。其种类很多,按其动作原理可分为电磁式、空气阻尼式、电动式和电子式等;按延时方式可分为通电延时型和断电延时型。

　　1. 空气阻尼式时间继电器

　　空气阻尼式时间继电器是利用空气阻尼原理获得延时的,其结构由电磁机构、延时机构和触点系统三部分组成。电磁机构为双正直动式,触点系统用 LX5 型微动开关,延时机构采用气囊式阻尼器。图 6-16 所示为 JS7 系列空气阻尼式时间继电器的外形。

　　空气阻尼式时间继电器既具有由空气室中的气动机构带动的延时触点,也具有由

PPT 课件

电磁式继电器

微课

电磁式继电器

PPT 课件

时间继电器

微课

时间继电器

动画

通电延时型时间继电器

动画

断电延时型时间继电器

电磁机构直接带动的瞬动触点,可以做成通电延时型,也可做成断电延时型。电磁机构可以是直流的,也可以是交流的。

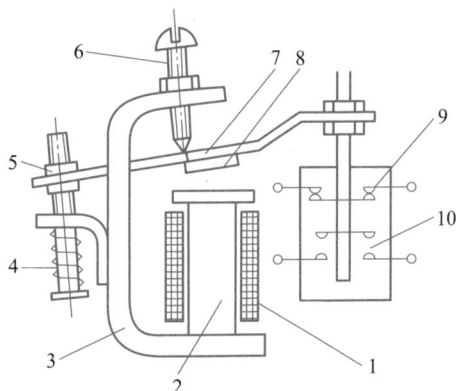

图 6-15   电磁式继电器的典型结构

图 6-16   JS7 系列空气阻尼式时间继电器的外形

1—线圈   2—铁心   3—磁轭   4—弹簧   5—调节螺母   6—调节螺钉
7—衔铁   8—非磁性垫片   9—常闭触点   10—常开触点

改变电磁机构的安装方向,便可实现不同的延时方式:当衔铁位于铁心和延时机构之间时为通电延时,如图 6-17(a)所示;当铁心位于衔铁和延时机构之间时为断电延时,如图 6-17(b)所示。

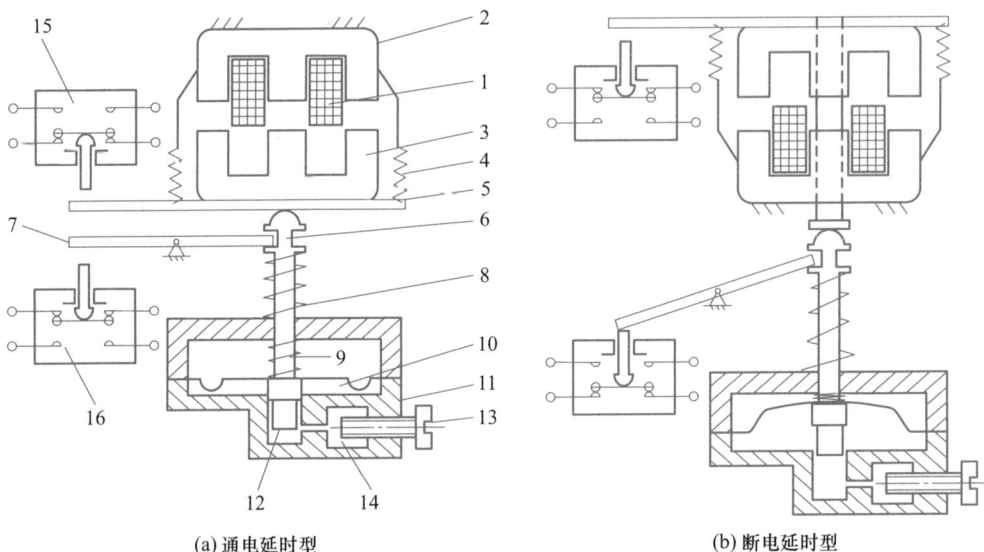

(a) 通电延时型

(b) 断电延时型

图 6-17   JS7-A 系列空气阻尼式时间继电器结构原理图

1—线圈   2—铁心   3—衔铁   4—反力弹簧   5—推板   6—活塞杆   7—杠杆   8—塔形弹簧   9—弱弹簧
10—橡胶膜   11—空气室壁   12—活塞   13—调节螺钉   14—进气孔   15、16—微动开关

空气阻尼式时间继电器的特点是延时范围较大(0.4~180 s),结构简单,寿命长,价格低;但其延时误差较大,无调节刻度指示,难以确定整定延时值。在对延时精度要求较高的场合,不宜使用这种时间继电器。

2. 电子式时间继电器

电子式时间继电器是时间继电器中的主流产品。电子式时间继电器采用晶体管或集成电路和电子元件等构成,也有采用单片机控制的时间继电器。电子式时间继电器具有延时范围广、精度高、体积小、耐冲击和耐振动、调节方便及寿命长等优点,所以发展很快,应用广泛。图 6-18 所示为电子式时间继电器的外形。

图 6-18　电子式时间继电器的外形

3. 时间继电器的型号和电气符号

(1) 型号。时间继电器的型号组成及其含义如下:

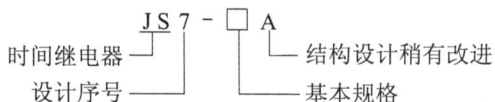

$$JS7-\boxed{}A$$

时间继电器 ——
设计序号 ——
—— 结构设计稍有改进
—— 基本规格

(2) 电气符号。时间继电器的图形符号和文字符号如图 6-19 所示。

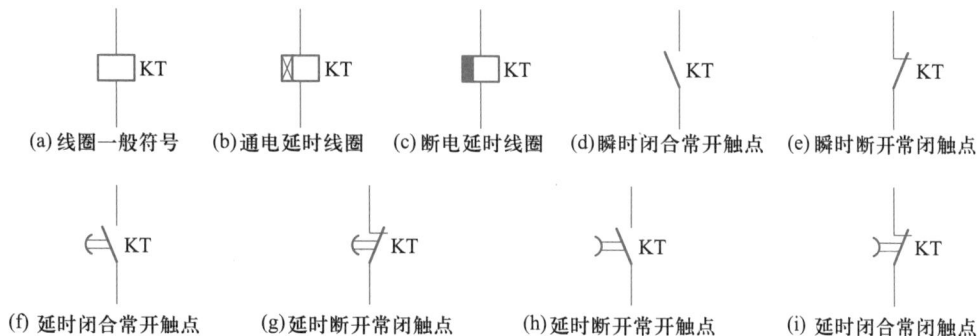

KT	KT	KT	KT	KT
(a) 线圈一般符号	(b) 通电延时线圈	(c) 断电延时线圈	(d) 瞬时闭合常开触点	(e) 瞬时断开常闭触点
KT	KT	KT	KT	
(f) 延时闭合常开触点	(g) 延时断开常闭触点	(h) 延时断开常开触点	(i) 延时闭合常闭触点	

图 6-19　时间继电器的图形符号和文字符号

4. 时间继电器的选择与常见故障的处理方法

时间继电器形式多样,各具特点,选择时应从以下几方面考虑:

(1) 根据控制电路对延时触点的要求选择延时方式,即通电延时型或断电延时型。

(2) 根据延时范围和精度要求选择继电器类型。

(3) 根据使用场合、工作环境选择时间继电器的类型。如电源电压波动大的场合可选空气阻尼式或电动式时间继电器;电源频率不稳定的场合不宜选用电动式时间继电器;环境温度变化大的场合不宜选用空气阻尼式和电子式时间继电器。

空气阻尼式时间继电器常见故障及其处理方法见表 6-9。

表 6-9　空气阻尼式时间继电器常见故障及其处理方法

故障现象	产生原因	处理方法
延时触点不动作	1. 线圈断线 2. 电源电压低于线圈额定电压很多	1. 更换线圈 2. 更换线圈或调高电源电压

续表

故障现象	产生原因	处理方法
延时时间缩短	1. 空气阻尼式时间继电器的气室装配不严,漏气 2. 空气阻尼式时间继电器的气室内橡胶膜损坏	1. 修理或调换气室 2. 调换橡胶膜
延时时间变长	空气阻尼式时间继电器的气室内有灰尘,使气道阻塞	清除气室内灰尘,使气道畅通

PPT 课件

热继电器

微课

热继电器

6.6.3   热继电器

热继电器主要是用于电气设备(主要是电动机)的过负荷保护。热继电器是一种利用电流热效应原理动作的电器,它具有与电动机容许过载特性相近的反时限动作特性,主要与接触器配合使用,用于对三相异步电动机进行过负荷和断相保护。图 6-20 所示为热继电器的保护特性和 JR16-20 型热继电器外形。

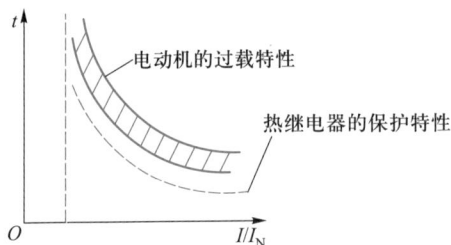

(a) 保护特性

(b) 外形

图 6-20   热继电器的保护特性和 JR16-20 型热继电器外形

按相数来分,热继电器有单相、两相和三相式三种类型。按功能来分,三相式热继电器又可分为带断相保护装置和不带断相保护装置的。按复位方式来分,热继电器可分为自动复位的和手动复位的,所谓自动复位是指触点断开后能自动返回。按温度补偿来分,热继电器可分为带温度补偿的和不带温度补偿的。

1. 热继电器的结构和工作原理

动画

热继电器的工作原理

图 6-21 所示是双金属片式热继电器的结构示意图。可见,热继电器主要由主双金属片、热元件、导板、复位按钮、推杆、弹簧、调节凸轮、复位螺钉、动触点、静触点和接线端子等组成。主双金属片由两种热膨胀系数不同的金属碾压而成,当主双金属片受热时,会出现弯曲变形。使用时,把热元件串接于电动机的定子电路中,通过热元件的电流就是电动机的工作电流,而常闭触点串接于电动机的控制电路中。

当电动机正常运行时,其工作电流通过热元件产生的热量不足以使主双金属片变形到位,热继电器不会动作。当电动机发生过电流且超过整定值时,主双金属片受热量增大而发生弯曲,经过一定时间后,使动触点动作,通过控制电路切断电动机的工作电源。热继电器动作后一般不能自动复位,要等双金属片冷却后按下复位按钮复位。

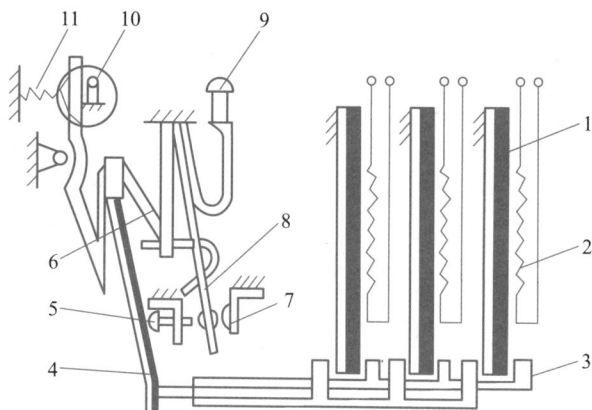

图 6-21 双金属片式热继电器的结构示意图

1—主双金属片 2—热元件 3—导板 4—补偿双金属片 5—复位螺钉 6—推杆

7—静触点 8—动触点 9—复位按钮 10—调节凸轮 11—弹簧

热继电器动作电流的调节可以通过将旋转凸轮置于不同的位置来实现。

热继电器具有反时限保护特性,即过载电流大,动作时间短;过载电流小,动作时间长。当电动机的工作电流为额定电流时,热继电器应长期不动作。其保护特性见表 6-10。

表 6-10 热继电器的保护特性

序号	整定电流倍数	动作时间	试验条件
1	1.05	>2 h	冷态
2	1.2	<2 h	热态
3	1.6	<2 min	热态
4	6	>5 s	冷态

由于热继电器中热元件有热惯性,在电路中不能用于瞬时过载保护,更不能用于短路保护。

电动机断相运行是电动机烧毁的主要原因之一,因此要求热继电器还应具备断相保护功能,如图 6-22 所示,热继电器的导板采用差动机构,在断相工作时,其中两相电流增大,一相逐渐冷却,这样可使热继电器的动作时间缩短,从而更有效地保护电动机。

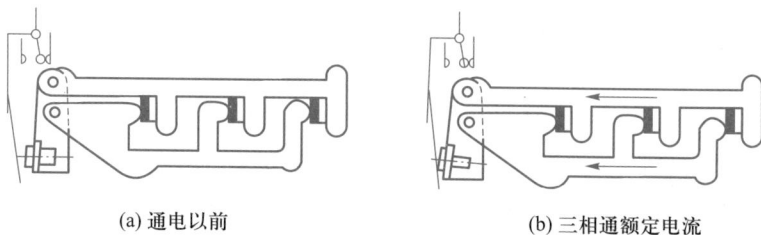

(a) 通电以前   (b) 三相通额定电流

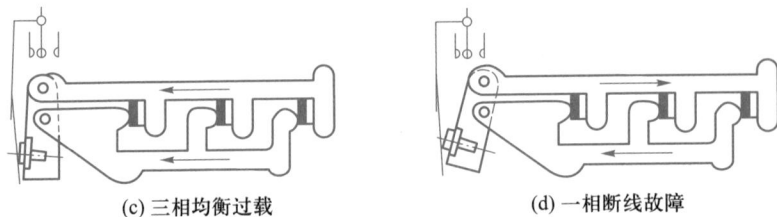

(c) 三相均衡过载　　　　　　　　　　(d) 一相断线故障

图 6-22　差动式断相保护装置动作原理图

2. 热继电器的型号和电气符号

（1）型号。热继电器的型号组成及其含义如下：

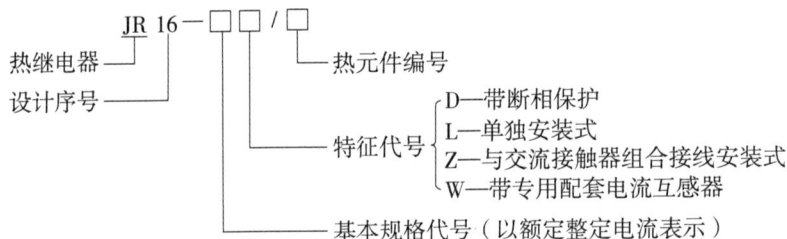

（2）电气符号。热继电器的图形符号和文字符号如图 6-23 所示。

3. 热继电器的主要参数

（1）热元件的额定电流：是指热元件的最大整定电流值。

（2）整定电流：是指热元件能够长期通过而不致引起热继电器动作的最大电流值。

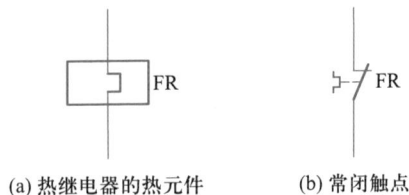

(a) 热继电器的热元件　　(b) 常闭触点

图 6-23　热继电器图形符号和文字符号

（3）热继电器的额定电流：热继电器中，可以安装的热元件的最大整定电流值。

4. 热继电器的选择与常见故障的处理方法

热继电器主要用于电动机的过载保护，使用时应考虑电动机的工作环境、起动情况、负载性质等因素，具体应按以下方面来选择。

（1）热继电器结构形式的选择：Y联结的电动机可选用两相或三相式热继电器；△联结的电动机应选用带断相保护装置的三相式热继电器。

（2）根据被保护电动机的实际起动时间选取 6 倍额定电流下具有相应可返回时间的热继电器。一般热继电器的可返回时间为 6 倍额定电流下动作时间的 50%~70%。

（3）热元件的额定电流一般可按下式确定：

$$I_N = (0.95 \sim 1.05) I_{MN}$$

式中，I_N 为热元件的额定电流；I_{MN} 为电动机的额定电流。

对于工作环境恶劣、起动频繁的电动机，应按下式确定：

$$I_N = (1.15 \sim 1.5) I_{MN}$$

热元件选好后，还需用电动机的额定电流来调整它的整定值。

（4）对于重复短时工作的电动机（如起重机电动机），由于电动机不断重复升温，热继电器双金属片的温升跟不上电动机绕组的温升，电动机将得不到可靠的过载保护。因此，不宜选用双金属片式热继电器，而应选用过电流继电器或能反映绕组实际温度的温度继电器来进行保护。

热继电器的常见故障及其处理方法见表 6-11。

表 6-11　热继电器的常见故障及其处理方法

故障现象	产生原因	处理方法
热继电器误动作或动作太快	1. 整定电流偏小 2. 操作频率过高 3. 连接导线太细	1. 调大整定电流 2. 调换热继电器或限定操作频率 3. 选用标准导线
热继电器不动作	1. 整定电流偏大 2. 热元件烧断或脱焊 3. 导板脱出	1. 调小整定电流 2. 更换热元件或热继电器 3. 重新放置导板并试验动作灵活性
热元件烧断	1. 负载侧电流过大 2. 操作频率过高	1. 排除故障调换热继电器 2. 限定操作频率或调换合适的热继电器
主电路不通	1. 热元件烧毁 2. 接线螺钉未压紧	1. 更换热元件或热继电器 2. 旋紧接线螺钉
控制电路不通	1. 热继电器常闭触点接触不良或弹性消失 2. 手动复位的热继电器动作后，未手动复位	1. 检修常闭触点 2. 手动复位

6.6.4　速度继电器

速度继电器是用来反映转速与转向变化的继电器，它可以按照被控电动机转速的大小使控制电路接通或断开。速度继电器通常与接触器配合，实现对电动机的反接制动。速度继电器实物如图 6-24 所示。

1. 速度继电器的结构和工作原理

从结构上看，速度继电器主要由转子、转轴、定子、动触点和静触点等部分组成，如图 6-25 所示。转子是一个圆柱形永久磁铁，定子是一个笼型空心圆环，并装有笼型绕组。

PPT 课件

速度继电器

微课

速度继电器

动画

速度继电器

图 6-24　速度继电器实物

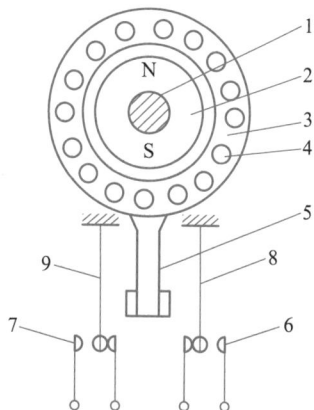

图 6-25　速度继电器结构原理

1—转轴　2—转子　3—定子　4—绕组　5—摆杆

6、7—静触点　8、9—动触点

工作过程:速度继电器的转轴和电动机的轴通过联轴器相连,当电动机转动时,速度继电器的转子随之转动,定子内的绕组便切割磁力线,产生感应电流,此电流与转子磁场作用产生转矩,使定子随转子方向开始转动。电动机转速达到某一值时,产生的转矩能使定子转到一定角度使摆杆推动动触点动作;当电动机转速低于某一值或停转时,定子产生的转矩会减小或消失,动触点在其簧片的作用下复位。

速度继电器有两组触点(每组各有一对常开触点和常闭触点),可分别控制电动机正、反转的反接制动。通常当速度继电器转轴的转速达到 120 r/min 时,动触点即动作;当转速低于 100 r/min 时,动触点即复位。

2. 速度继电器的型号和电气符号

(1)型号。速度继电器的型号组成及其含义如下:

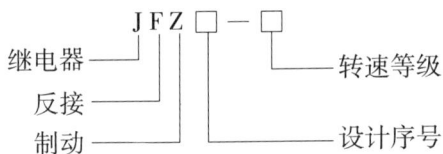

$$JFZ\square-\square$$

继电器——

反接——

制动——

——转速等级

——设计序号

(a) 转子　　(b) 常开触点　　(c) 常闭触点

图 6-26　速度继电器的图形符号和文字符号

(2)电气符号。速度继电器的图形符号和文字符号如图 6-26 所示。

3. 速度继电器的选择与常见故障的处理方法

速度继电器主要根据电动机的额定转速来选择。使用时,速度继电器的转轴应与电动机同轴连接;安装接线时,正反向的两组触点不能接错,否则不能起到反接制动时接通和断开反向电源的作用。

速度继电器的常见故障及其处理方法见表 6-12。

表 6-12　速度继电器的常见故障及其处理方法

故障现象	产生原因	处理方法
制动时速度继电器失效,电动机不能制动	1. 速度继电器胶木摆杆断裂 2. 速度继电器常开触点接触不良 3. 弹性动触点断裂或失去弹性	1. 调换胶木摆杆 2. 清洗触点表面油污 3. 调换弹性动触点

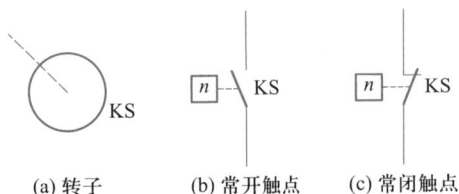

6.7　主令电器

常用的主令电器有控制按钮、行程开关、接近开关、万能转换开关、主令控制器及其他主令电器(如脚踏开关、倒顺开关、紧急开关、钮子开关等)。以下仅介绍常用的主令电器。

6.7.1　控制按钮

控制按钮(简称按钮)是一种结构简单、使用广泛的手动主令电器,它可以与接触器或继电器配合,对电动机实现远距离的自动控制,用于实现控制线路的电气联锁。常用按钮外形如图 6-27 所示。

PPT 课件

控制按钮

微课

控制按钮

1. 按钮的结构和工作原理

按钮由按钮帽、复位弹簧、桥式触点(动触点、常开静触点、常闭静触点)和外壳等组成,通常做成复合式,即具有常闭触点和常开触点。按下按钮时,先断开常闭触点,后接通常开触点;按钮释放后,在复位弹簧的作用下,先断开常开触点,后接通常闭触点。通常,在无特殊说明的情况下,有触点电器的触点动作顺序均为"先断后合"。按钮的结构示意图如图6-28所示。

动画

按钮的工作原理

图6-27　常用按钮外形

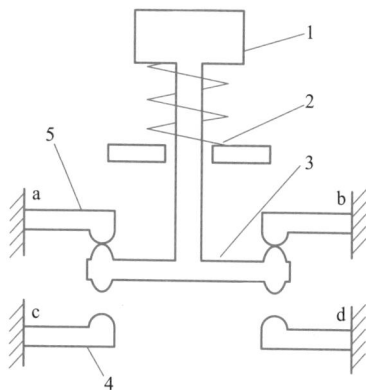

图6-28　按钮的结构示意图
1—按钮帽　2—复位弹簧　3—动触点
4—常开静触点　5—常闭静触点

按钮的种类很多,在结构上有揿钮式、紧急式、钥匙式、旋钮式、带灯式和打碎玻璃按钮。

按使用场合、作用不同,通常将按钮帽做成红、绿、黑、黄、蓝、白、灰等颜色。国标GB 5226.1—2019对按钮帽颜色做了如下规定:

(1)"停止"和"急停"按钮必须是红色。

(2)"起动"按钮的颜色为绿色。

(3)"起动"与"停止"交替动作的按钮必须是黑白、白色或灰色。

(4)"点动"按钮必须是黑色。

(5)"复位"按钮必须是蓝色(如保护继电器的复位按钮)。

2. 按钮的型号和电气符号

(1)型号。按钮型号组成及其含义如下:

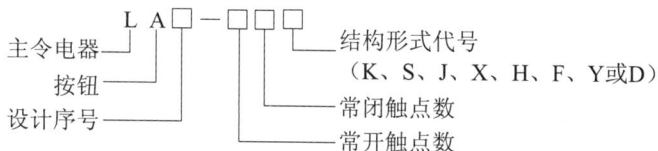

```
           L A □ — □ □ □      结构形式代号
主令电器 ┘ │       │ │ │    (K、S、J、X、H、F、Y或D)
  按钮 ──┘       │ │ └── 常闭触点数
设计序号 ───────┘ └──── 常开触点数
```

其中,结构形式代号的含义为:K为开启式,S为防水式,J为紧急式,X为旋钮式,H为保护式,F为防腐式,Y为钥匙式,D为带灯按钮。

(2)电气符号。按钮的图形符号和文字符号如图6-29所示。

3. 按钮的选择与常见故障的处理办法

按钮主要根据使用场合、用途、控制需要及工作状况等进行选择。

(a) 常开触点　(b) 常闭触点　(c) 复合触点

图 6-29　按钮的图形符号和文字符号

（1）根据使用场合,选择按钮的种类,如开启式、防水式、防腐式等。

（2）根据用途,选用合适的形式,如钥匙式、紧急式、带灯式等。

（3）根据控制电路的需要,确定不同的按钮数,如单钮、双钮、三钮、多钮等。

（4）根据工作状态指示和工作情况的要求,选择按钮及指示灯的颜色。

按钮的常见故障及其处理方法见表 6-13。

表 6-13　按钮的常见故障及其处理方法

故障现象	产生原因	处理方法
按下起动按钮时有触电感觉	1. 按钮的防护金属外壳与连接导线接触 2. 按钮帽的缝隙间充满铁屑,使其与导电部分形成通路	1. 检查按钮内连接导线 2. 清理按钮
按下起动按钮,不能接通电路,控制失灵	1. 接线头脱落 2. 触点磨损松动,接触不良 3. 动触点弹簧失效,使触点接触不良	1. 检查起动按钮连接线 2. 检修触点或调换按钮 3. 重绕弹簧或调换按钮
按下停止按钮,不能断开电路	1. 接线错误 2. 尘埃或机油、乳化液等流入按钮形成短路 3. 绝缘击穿短路	1. 更改接线 2. 清扫按钮并相应采取密封措施 3. 调换按钮

PPT 课件　6.7.2　行程开关

行程开关

微课

行程开关

生活生产案例

　　在生产过程中,一些生产机械运动部件的行程或位置要受到限制,有些生产机械的工作台要求在一定行程内自动往返运动,以便实现对工件的连续加工,提高生产效率。实现这种控制要求所依靠的主要电器是行程开关。行程开关的控制示意图如图 6-30 所示,限位开关 SQ1 放在左端需要反向的位置,而 SQ2 放在右端需要反向的位置,机械挡铁要装在运动部件上。

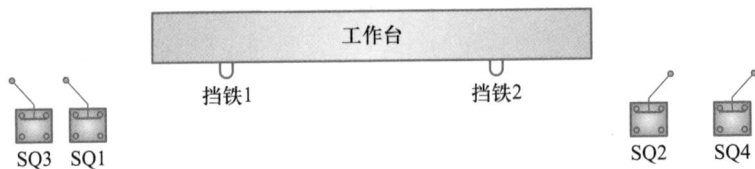

图 6-30　行程开关的控制示意图

行程开关又称为限位开关或位置开关,其原理和按钮相似,只是其依靠机械运动部件的挡铁碰压行程开关而使其常开触点闭合,常闭触点断开,从而对控制电路发出接通、断开的转换命令。行程开关主要用于控制生产机械的运动方向和行程的长短及进行限位保护。按其结构不同,行程开关可分为直动式、滚轮式和微动式。

1. 直动式行程开关

直动式行程开关的外形和结构如图 6-31 所示。它用运动部件上的挡铁碰压行程开关的推杆。这种行程开关不宜用在碰块移动的速度小于 0.4 m/min 的场合。

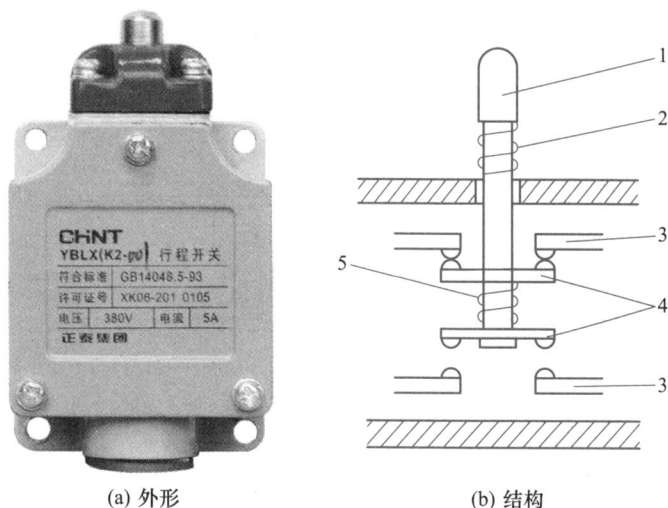

(a) 外形　　　　　(b) 结构

图 6-31　直动式行程开关的外形和结构
1—推杆　2—复位弹簧　3—静触点　4—动触点　5—触点弹簧

2. 滚轮式行程开关

滚轮式行程开关的外形和结构如图 6-32 所示。为了克服直动式行程开关的缺

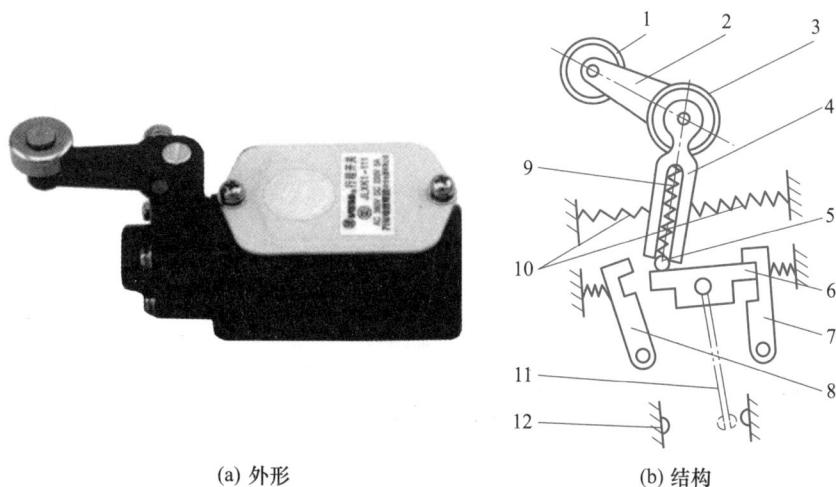

(a) 外形　　　　　(b) 结构

图 6-32　滚轮式行程开关的外形和结构
1—滚轮　2—上转臂　3—盘形弹簧　4—推杆　5—小滚轮　6—擒纵件
7、8—压板　9、10—弹簧　11—动触点　12—静触点

动画

直动式行程开关

动画

滚轮式行程开关

点,可采用能瞬时动作的滚轮式行程开关。

滚轮式行程开关又分为单滚轮自动复位和双滚轮(羊角式)非自动复位式。双滚轮非自动复位式行程开关具有两个稳态位置,有"记忆"作用,在某些情况下可以简化线路。

动画

微动式行程开关

3. 微动式行程开关

微动式行程开关是行程非常小的瞬时动作开关,其特点是操作力小和操作行程短。其外形和结构如图6-33所示,当推杆被压下时,弓簧片变形储存能量,当推杆被压下一定距离时,弓簧片瞬时动作,使其触点快速切换,当外力消失,推杆在弓簧片的作用下迅速复位,触点也复位。常用的微动式行程开关有LXW系列产品。

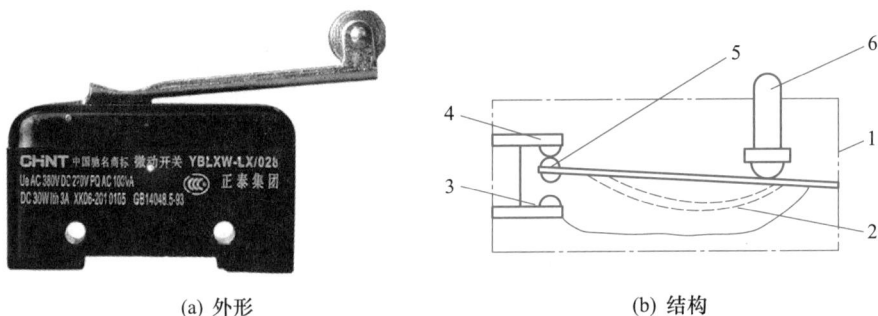

(a) 外形　　　　　　　　　　　　　　　(b) 结构

图6-33　微动式行程开关的外形和结构

1—壳体　2—弓簧片　3—常开触点　4—常闭触点　5—动触点　6—推杆

4. 行程开关的型号和电气符号

(1) 型号。行程开关的型号组成及其含义如下:

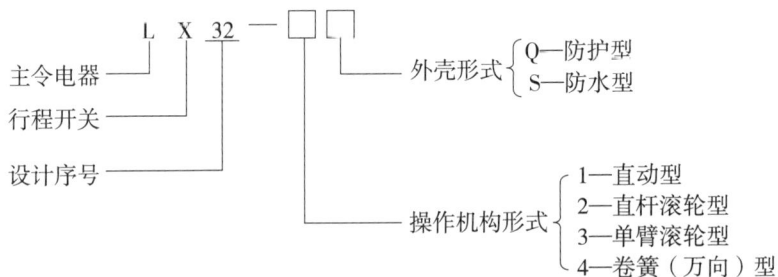

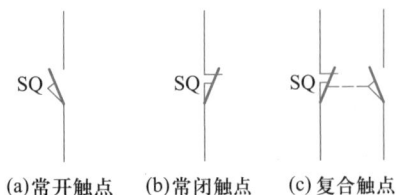

主令电器 ── L
行程开关 ── X
设计序号 ── 32

外壳形式 { Q—防护型　S—防水型 }

操作机构形式 { 1—直动型　2—直杆滚轮型　3—单臂滚轮型　4—卷簧(万向)型 }

(a)常开触点　(b)常闭触点　(c)复合触点

图6-34　行程开关的图形符号和
文字符号

(2) 电气符号。行程开关的图形符号和文字符号如图6-34所示。

5. 行程开关的选择和常见故障的处理方法

行程开关的选择应注意以下几点:

(1) 应用场合及控制对象选择。

(2) 安装环境选择防护形式,如开启式或保护式。

(3) 控制回路的电压和电流。

(4) 机械与行程开关的传力与位移关系选择合适的头部形式。

行程开关的常见故障及其处理方法见表6-14。

表 6-14　行程开关的常见故障及其处理方法

故障现象	产生原因	处理方法
挡铁碰撞行程开关后,触点不动作	1. 安装位置不准确 2. 触点接触不良或接线松脱 3. 触点弹簧失效	1. 调整安装位置 2. 清刷触点或紧固接线 3. 更换弹簧
杠杆已经偏转,或无外界机械力作用,但触点不复位	1. 复位弹簧失效 2. 内部碰撞卡阻 3. 调节螺钉太长,顶住开关按钮	1. 更换弹簧 2. 清扫内部杂物 3. 检查调节螺钉

实践任务

任务　交流接触器的拆装与检修

一、任务器材

（1）工具:螺钉旋具、尖嘴钳、钢丝钳、镊子等。

（2）仪表:万用表、兆欧表等。

（3）器材:交流接触器。

二、任务实施

下面以 CJ20-10 交流接触器为例,一般接触器的拆装步骤如下:

（1）松开灭弧罩的紧固螺钉,取下灭弧罩。

（2）拉紧主触点的定位弹簧夹,取下主触点及主触点的压力弹簧片。拉出主触点时必须将主触点旋转 45°后才能取下。

（3）松掉辅助常开静触点的接线桩螺钉,取下常开静触点。

（4）松掉接触器底部的盖板螺钉,取下盖板。在松盖板螺钉时,要用手按住盖板,慢慢放松。

（5）取下静铁心缓冲绝缘纸片、静铁心、静铁心支架及缓冲弹簧。

（6）拔出线圈接线端的弹簧导电夹片,取出线圈。

（7）取出反力弹簧。

（8）抽出动铁心和支架。在支架上拔出动铁心的定位销钉。

（9）取下动铁心及缓冲绝缘纸片。

（10）拆卸后的零部件如图 6-35 所示,仔细观察各零部件的结构特点,并做好记录。

（11）在表 6-15 中正确填写拆装零部件名称、接触器型号、拆装部件名称和作用。

（12）按拆卸的逆序进行装配。

三、注意事项

（1）在拆卸过程中,将零部件放入专门的容器内,以免丢失。

（2）拆卸过程中不允许硬撬,以免损坏电器,并记住每一零部件的位置及相互间的配合关系。

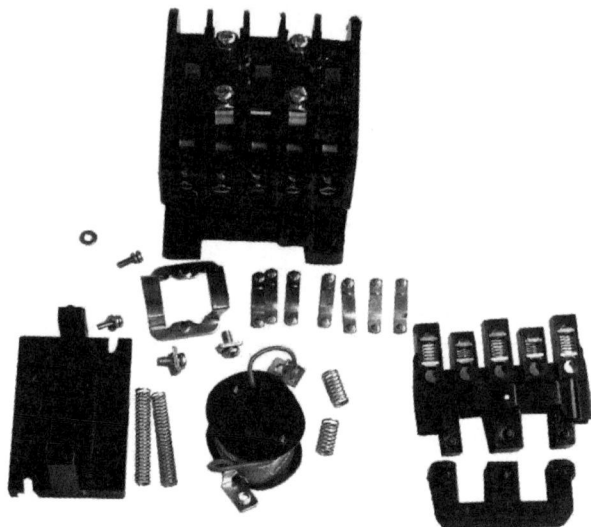

图 6-35   接触器拆卸后的零部件

表 6-15   低压电器拆装表

序号	名称	型号和作用	备注
1			填写型号
2			填写拆装部件
3			填写拆装部件
4			填写拆装部件
5			填写拆装部件
6			填写拆装部件
7			填写拆装部件
8			填写拆装部件
9			填写拆装部件
10			填写拆装部件

（3）装配时要均匀紧固螺钉，以免损坏接触器，在装配辅助常闭触点时，应先按下触点支架，以防将辅助常闭动触点弹簧推出支架。

四、检修步骤

（1）检查灭弧罩有无破裂或烧损，清除灭弧罩内的金属飞溅物和颗粒。

（2）检查触点的磨损程度，磨损严重时应更换触点。若不需更换，则清除触点表面上烧毛的颗粒。

（3）清除铁心端面的油垢，检查铁心有无变形及端面接触是否平整。

（4）检查触点压力弹簧及反作用弹簧是否变形或弹力不足。如有需要则更换弹簧。

（5）检查电磁线圈是否有短路、断路及发热变色现象。

五、自检方法

用万用表电阻挡来检查线圈及各触点是否良好，用兆欧表测量各触点间及主触点对地电阻是否符合要求,检测值填入表 6-16 中。用手按动主触点检查运动部分是否灵活,以防产生接触不良、振动和噪声。

1. 交流接触器线圈的检查

步骤 1:将万用表拨至电阻"R×100"挡,调零。

步骤 2:通过表笔接触接线螺钉 A1、A2,测量电磁线圈电阻,若为零,说明短路;若为无穷大,开路;若测得电阻为几百欧,则正常。

2. 交流接触器触点的检查

交流接触器有主、辅触点之分,用万用表判断常开、常闭触点对。在此处要将学习的基础打牢固,为后续学习做好准备。

表 6-16   接触器触点电阻及线圈测量值

序号	测量项目		触点电阻阻值		备注
			接通	断开	
1	通断电阻阻值	A			
2		B			
3		C			
4	绝缘电阻	A-B			
5		B-C			
6		C-A			
7	线圈电阻				

提示:用万用表(电阻"R×100"挡)两表笔接触任意两触点的接线柱,若指针不动,则可能是常开触点,若指针为零,则可能是常闭触点。再进一步对接触器做动态模拟检测,将两表笔接触任意一对触点的接线柱,此时指针不动,当按动机械按键,模拟接触器通电,表笔随即指向零,可确定这对触点是常开触点;当按动机械按键,模拟接触器通电,表针随即指向无穷大,可确认这对触点是常闭触点。

六、评分标准

评分标准见表 6-17。

表 6-17   评 分 标 准

序号	考核内容	评分要素	配分	评分标准	得分
1	正确拆卸零部件	1. 拆卸步骤正确 2. 工具使用正确	20	1. 拆装顺序不合理,每处扣 5 分 2. 拆装过程器件本体有损坏,每处扣 5 分 3. 丢失螺钉,每个扣 2 分 4. 掉落元件,每次扣 1 分 5. 安装完成后,操作不灵活,扣 5 分 6. 安装后有响声,扣 5 分	
2	拆装表填写	1. 正确填写拆装表 2. 作用清楚明了	30	1. 少填写,每项扣 2 分 2. 填写不清楚,每项扣 1 分	

续表

序号	考核内容	评分要素	配分	评分标准	得分
3	触点电阻测量	1. 正确使用仪表 2. 正确测量,读数准确	30	1. 万用表没有机械调零,扣2分 2. 选择量程挡位不合适,扣2分 3. 操作方法不正确,扣2分 4. 没有检查兆欧表是否正常,扣5分 5. 兆欧表摇动手柄速度不是120 r/min,每次扣2分 6. 兆欧表接线不正确,扣5分	
4	型号说明	1. 能说出主要性能参数 2. 能说出线圈的工作电压	10	1. 额定工作电压值不正确,扣5分 2. 额定工作电流值不正确,扣5分 3. 吸引线圈的额定工作电压不正确,扣5分	
5	安全生产	1. 工具使用 2. 仪表使用 3. 器件拆装完好 4. 安全操作规程	10	1. 工具使用正确,无损坏 2. 仪表使用正确,无损坏 3. 器件拆装完好,可投入使用 4. 按规程操作,无违纪行为 出现工具、仪表损坏及违纪行为,本项不得分	
	日期:　　年　月　日			教师签名:	

本章小结

低压电器是电力拖动控制系统的基本组成元件,控制系统的可靠性、先进性、经济性与所用的低压电器有着直接的关系。熟悉常用低压电器的用途、结构、工作原理、选用及图形文字符号,为进一步学习电气控制线路的基本原理及其应用奠定坚实的基础。

常用低压电器总结

器件名称	电路中的作用	动作特征	选用原则
接触器	低压控制电器,用来频繁地接通和断开交直流主电路和大电容控制电路。主要用于控制电动机	1. 电磁线圈通电后:常闭触点断开,常开触点闭合 2. 线圈断电时:常闭触点闭合,常开触点断开	1. 额定电压 1) 主触点的额定电压应等于负载的额定电压 2) 电磁线圈的额定电压等于控制回路的电源电压 2. 额定电流 主触点的额定电流应等于或稍大于负载的额定电流

续表

器件名称		电路中的作用	动作特征	选用原则
接触器				注:一般交流负载用交流接触器;直流负载用直流接触器;但对于频繁动作的交流负载可选用带直流电磁线圈的交流接触器 3. 触点数目 接触器的触点数目应能满足控制线路的要求
热继电器		主要用于交流电动机的过载保护、断相及电流不平衡运动的保护及其他用电设备发热状态的控制	当电动机过载时,主双金属片弯曲位移增大,推动导板使常闭触点断开,从而切断电动机控制电路以起到保护作用	根据电动机的额定电流确定其型号及热元件的额定电流等级:热继电器的整定电流等于或稍大于电动机的额定电流
时间继电器	通电延时	配合工艺要求,执行延时指令	1. 接收输入信号后延迟一定的时间,输出信号才发生变化 2. 当输入信号消失后,输出延时复原	1. 对于延时要求不高和延时时间较短的,可选用空气阻尼式 2. 当要求延时精度较高、延时时间较长时,可选用晶体管式或数字式 3. 在电源电压波动较大的场合,采用空气阻尼式较好,但它对温度变化的要求更为严格 总之,选用时要考虑延时范围,精度,控制系统对可靠性、经济性、工艺安装尺寸等的要求
	断电延时		1. 接收输入信号时瞬间产生相应的输出信号 2. 当输入信号消失后,延时一定的时间,输出才复原	
速度继电器		主要用于笼型异步电动机的反接制动控制	1. 当电动机转动时,速度继电器的转子随之转动,定子偏摆转动通过摆杆拨动动触点,使常闭触点断开,常开触点闭合 2. 当电动机转速下降到接近零时,摆杆在弹簧力的作用下恢复原位,常闭触点闭合,常开触点断开	速度继电器应根据电动机的额定转速进行选择

续表

器件名称	电路中的作用	动作特征	选用原则
熔断器	短路保护	当电路发生短路故障时,熔体被瞬间熔断而分断电路从而起到保护作用	1. 熔断器的类型选择 根据线路的要求、使用场合和安装条件 2. 熔断器额定电压的选择 应大于或等于线路的工作电压 3. 熔断器额定电流的选择 必须大于或等于所装熔体的额定电流 4. 熔体额定电流的选择 1) 对于电炉、照明等电阻性负载的短路保护,熔体的额定电流等于或稍大于电路的工作电流 2) 一般后一级熔体的额定电流比前一级熔体的额定电流至少大一个等级,以防止熔断器越级熔断而扩大停电范围 3) 考虑电动机受起动电流的冲击
低压断路器	手动开关;自动进行欠电压、失电压、过载和短路保护	1. 当电路短路或严重过载时,过电流脱扣器的衔铁(正常是断开的)吸合,使自由脱扣机构动作,触点断开主电路 2. 当电路过载时,热脱扣器的热元件发热使双金属片向上弯曲,推动自由脱扣机构动作 3. 当电路欠电压时,欠电压脱扣器的衔铁(正常时是吸合的)释放,使自由脱扣机构动作 4. 如需远距离控制,按下按钮,使分励脱扣器线圈通电(正常工作时线圈是断电的),衔铁吸合带动自由脱扣机构动作,使触点断开	1. 低压断路器的额定电压和额定电流应大于或等于线路、设备的正常工作电压和工作电流 2. 低压断路器的极限通断能力大于或等于电路最大短路电流 3. 欠电压脱扣器的额定电压等于线路的额定电压 4. 过电流脱扣器的额定电流大于或等于线路的最大负载电流

续表

器件名称		电路中的作用	动作特征	选用原则
主令电器	按钮	手动发出控制信号	1. 启动按钮（绿帽）：手指按下时常开触点闭合；手指松开时常开触点复位 2. 停止按钮（红帽）：手指按下时常闭触点断开；手指松开时常闭触点复位 3. 复核按钮：手指按下时，先断开常闭触点再闭合常开触点；手指松开时，常开触点和常闭触点先后复位。	按钮类型选用应根据使用场合和具体用途确定
	位置开关	利用运动部件的行程位置实现控制，常用于自动往返的生产机械中	原理同上，但是利用运动部件上的挡块碰压而使触点动作	行程开关的额定电压与额定电流则根据控制电路的电压与电流选用 行程开关选用时根据使用场合和控制对象确定行程开关种类

自我检测

选择题（即测即评）

习题 6

1. 什么是低压电器？低压电器分为哪两大类？常用低压电器有哪些？

2. 低压断路器有何特点？

3. 什么是接触器？接触器由哪几部分组成？各自的作用是什么？

4. 交流接触器的短路环断开会出现什么故障现象？为什么？

5. 交流电磁线圈误接入直流电源，或直流电磁线圈误接入交流电源，将发生什么问题？为什么？

6. 为什么热继电器只能用于电动机的过载保护而不能用于短路保护？

7. 试举出两种不频繁地手动接通和分断电路的开关电器。

8. 交、直流接触器是以什么来定义的？它们在结构上有何区别？为什么？

9. 试举出组成继电器-接触器控制系统的两种电器元件。

10. 控制电器的基本功能是什么？

11. 电磁式继电器与电磁式接触器比较,其区别是什么？

12. 交流接触器频繁操作后线圈为什么会过热？其衔铁卡住后会出现什么后果？

13. 空气阻尼式时间继电器的延时原理是什么？如何调节其延时的长短？

14. 热继电器在电路中的作用是什么？

15. 熔断器在电路中的作用是什么？

16. 低压断路器在电路中可以起到哪些保护作用？说明各种保护作用的工作原理。

17. 画出下列电器元件的图形符号,并标出其文字符号。

（1）熔断器；

（2）热继电器的常闭触点；

（3）复合按钮；

（4）时间继电器的通电延时闭合触点；

（5）时间继电器的通电延时断开触点；

（6）热继电器的热元件；

（7）时间继电器的断电延时断开触点；

（8）时间继电器的断电延时闭合触点；

（9）接触器的线圈；

（10）时间继电器的瞬动常开触点；

（11）通电延时型时间继电器的线圈；

（12）断电延时型时间继电器的线圈。

18. 刀开关在安装时,为什么不得倒装？如果将电源线接在闸刀下端,有什么问题？

第 **7** 章

基本电气控制单元线路

学习目标

知识目标:

■ 了解电气控制的基本知识。

■ 掌握三相异步电动机的起/停、点动/长动控制线路的原理、安装和调试。

■ 掌握三相异步电动机的正反转控制线路的原理、安装和调试。

■ 掌握三相异步电动机顺序控制线路的原理、安装和调试。

■ 掌握三相异步电动机时间控制线路的原理、安装和调试。

■ 掌握根据电气原理图绘制电气安装接线图的方法。

能力目标:

■ 具备识读三相异步电动机电气原理图的能力。

■ 具备三相异步电动机正反转控制电路安装、调试的能力。

■ 具备检查和测试电器元件的能力。

■ 学会发现问题、探究问题和解决问题的方法,会应用电路理论解决生产、生活中的实际问题。

■ 初步具有学习和应用电工新知识、新技术的能力。

素养目标:

■ 强化自身安全生产、节能环保和产品质量等职业意识。

■ 树立诚实、守信、吃苦耐劳的品德。

■ 养成善于动脑、勤于思考、及时发现问题的学习习惯。

■ 具备耐心细致的工作作风和团结协作的精神。

7.1　电气控制系统图的绘制规则和常用符号

7.1.1　电气控制系统图的分类

电气控制系统是由许多电器元件和导线按照一定要求连接而成的。为了表达生产机械电气控制系统的结构、原理等设计意图,同时也为了便于电器元件的安装、接线、运行、维护,需将电气控制系统中各电器元件的连接用一定的图形表示出来,这种图就是电气控制系统图。

电气控制系统图的种类有电气原理图、电气安装接线图、电器元件布置图等。

1. 电气原理图

电气原理图是根据生产机械运动形式对电气控制系统的要求,采用国家统一规定的电气图形符号和文字符号,按照电气设备的工作顺序,详细表示电路、设备或成套装置的全部基本组成和连接关系的一种简图。

2. 电气安装接线图

电气安装接线图是根据电气设备和电器元件的实际位置和安装情况绘制的,用来表示电气设备和电器元件的位置、配线方式和接线方式的图形,主要用于安装接线、线路的检查维修和故障处理。

3. 电器元件布置图

电器元件布置图是根据电器元件在控制板上的实际安装位置,采用简化的外形符号(如正方形、矩形、圆形等)而绘制的一种简图。它不表达各电器元件的具体结构、作用、接线情况以及工作原理,主要用于电器元件的布置和安装。图中各电器元件的文字符号必须与电气原理图和电气安装接线图的标注相一致。

一般情况下,电器元件布置图是与电气安装接线图组合在一起使用的,既起到电气安装接线图的作用,又能清晰地表示出所使用的电器元件的实际安装位置。

7.1.2　绘制、识读电气原理图时应遵循的原则

下面以图 7-1 所示的 CW6132 型卧式车床电气原理图为例,介绍电气原理图的绘制原则、方法及注意事项。

(1) 电气原理图一般分电源电路、主电路和辅助电路三部分进行绘制。

(2) 电气原理图中,各电器元件的触点位置都按电路未通电或电器元件未受外力作用时的常态位置画出。分析原理,应从触点的常态位置出发。

(3) 电气原理图中,不画电器元件的实际外形图,而采用国家统一规定的电气图形符号。

(4) 电气原理图中,同一电器的各元件不按实际位置画在一起,而是按其在线路中所起作用分别画在不同电路中,但动作是互相关联的。因此,应标注相同的文字符号。相同的电器元件可以在文字符号后面加注不同的数字,以示区别,如 KM1、KM2 等。

(5) 画电气原理图时,应尽可能减少线条和避免线条交叉。对有电联系的交叉导线连接点,要用小黑圆点表示;无电联系的交叉导线,则不画小黑圆点。

（6）电气原理图采用电路编号法，即对电路中各个接点用字母或数字编号。

（7）在电气原理图的上方，将图分成若干图区，从左到右用数字编号，这是为了便于检索电气线路，方便阅读和分析。图区的编号下方的文字表明它对应的下方电器元件或电路的功能，以便于理解电路的工作原理。

（8）在电气原理图的下方附图表示接触器和继电器的线圈与触点的从属关系。在接触器和继电器的线圈的下方给出相应的文字符号，文字符号的下方要标注其触点的位置的索引代号，对未使用的触点用"×"表示，如下所示。

$$
\begin{array}{c|c|c}
 & \text{KA} & \\
\text{KM} & 9 & \times \\
\hline
4 & 6 & \times \quad 13 & \times \\
4 & \times & \times \quad \times & \times \\
4 & & \times & \times
\end{array}
$$

对于接触器左栏表示主触点所在的图区号，中栏表示辅助常开触点所在的图区号，右栏表示辅助常闭触点所在的图区号。

对于继电器左栏表示常开触点所在的图区号，右栏表示常闭触点所在的图区号。

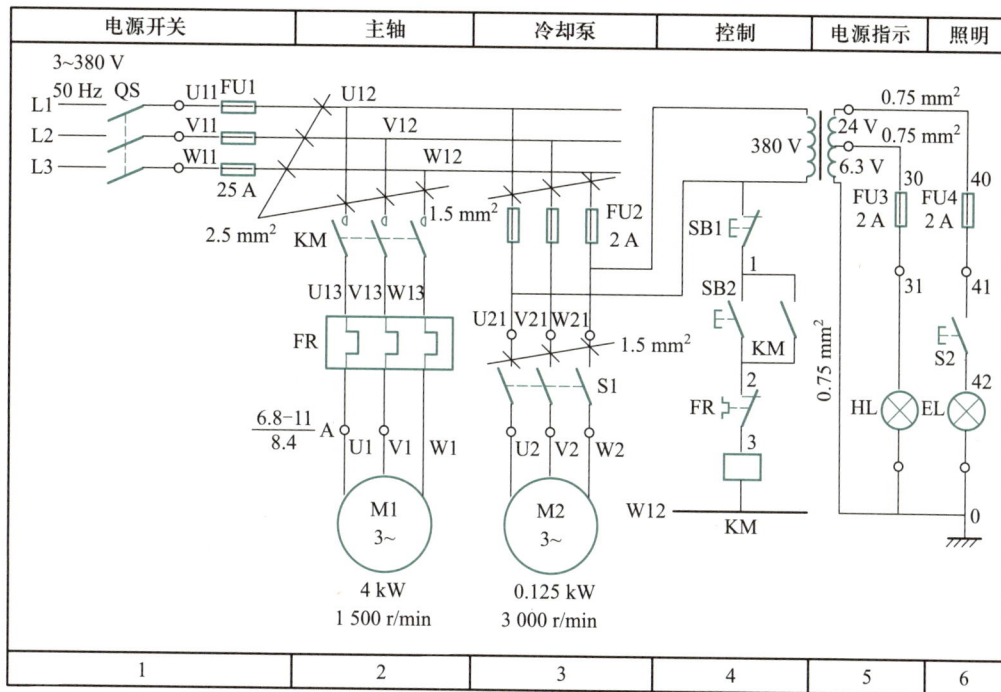

图 7-1　CW6132 型卧式车床电气原理图

7.1.3　线号的标注原则和方法

（1）主电路在电源开关的出线端按相序依次编号为 U11、V11、W11。然后按从上至下、从左至右的顺序，每经过一个电器元件后，编号要递增，如 U12、V12、W12，U13、V13、W13，…。单台三相交流电动机（或设备）的三根引出线按相序依次编号为 U、V、W。对于多台电动机引出线的编号，为了不致引起误解和混淆，可在字母前用不同的数字加以区别,如 1U、1V、1W、2U、2V、2W,…。

（2）辅助电路编号按"等电位"原则从上至下、从左至右的顺序用数字依次编号。每经过一个电器元件后,编号要依次递增。

7.1.4 绘制电器元件布置图的原则

下面以图 7-2 所示的 CW6132 型卧式车床电器元件布置图为例,介绍电器元件布置图的绘制原则、方法及注意事项。

（1）体积大和较重的电器元件应安装在电器安装板的下方,而发热元件应安装在电器安装板的上面。

（2）强电、弱电应分开,弱电应屏蔽,防止外界干扰。

（3）需要经常维护、检修、调整的电器元件安装位置不宜过高或过低。

（4）电器元件的布置应考虑整齐、美观、对称。外形尺寸与结构类似的电器安装在一起,以利安装和配线。

（5）电器元件布置不宜过密,应留有一定间距。如用走线槽,应加大各排电器元件间距,以利布线和维修。

图 7-2 CW6132 型卧式车床电器元件布置图

7.1.5 绘制、识读电气安装接线图的原则

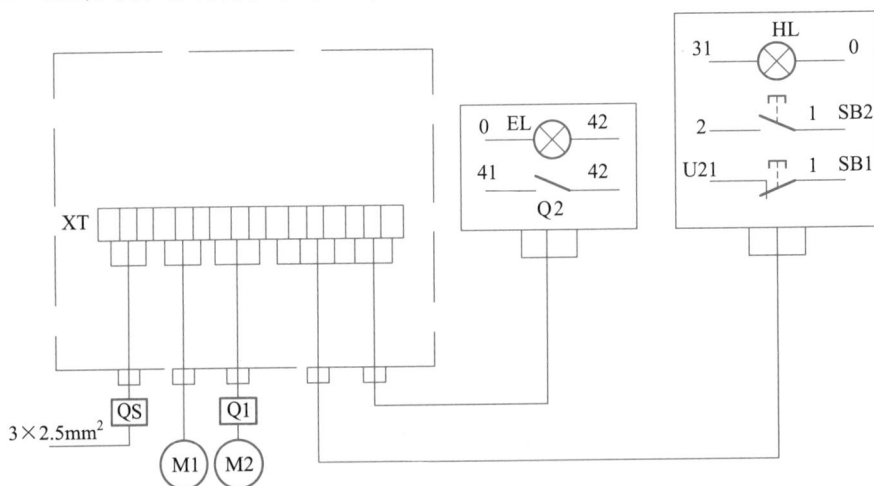

电气安装接线图主要用于电器的安装接线、线路检查、线路维修和故障处理,通常电气安装接线图与电气原理图和电器元件布置图一起使用。下面以图 7-3 所示的 CW6132 型卧式电气安装接线图为例,介绍电气安装接线图的绘制、识读原则。

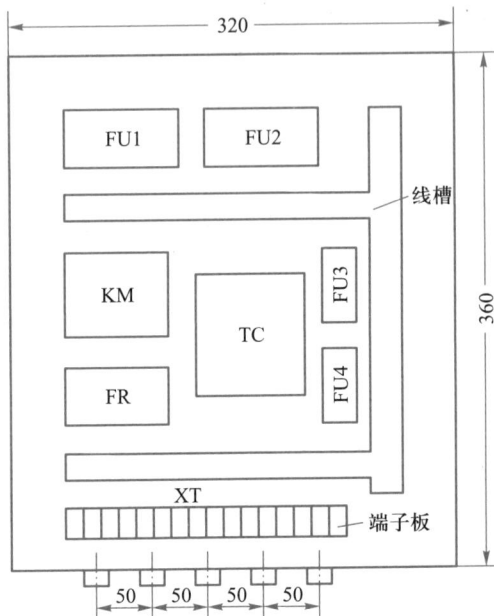

图 7-3 CW6132 型卧式车床的电气安装接线图

PPT 课件
绘制电器元件布置图的原则

微课
绘制电器元件布置图的原则

PPT 课件
绘制、识读电气安装接线图的原则

微课
绘制、识读电气安装接线图的原则

（1）电气安装接线图中一般示出如下内容：电气设备和电器元件的相对位置、文字符号、端子号、导线号、导线类型、导线截面积、屏蔽和导线绞合等。

（2）所有的电气设备和电器元件都按其所在的实际位置绘制在图样上，且同一电器的各元件根据其实际结构，使用与电气原理图相同的图形符号画在一起，并用点画线框上，文字符号以及接线端子的编号应与电气原理图的标注一致，以便对照检查线路。

（3）电气安装接线图中的导线有单根导线、导线组、电缆等之分，可用连续线和中断线来表示。走向相同的可以合并，用线束来表示，到达接线端子或电器元件的连接点时再分别画出。另外，导线及管子的型号、根数和规格应标注清楚。

7.2　基本电气控制单元线路

任何复杂的控制线路，都是由一些基本控制线路构成的，就像搭积木游戏一样，可以通过基本的几何图形，组合成各种复杂的图案。基本的电气控制单元线路包括点动控制、连续运行控制、点动与长动结合的控制、正反转控制、位置控制、顺序联锁控制、多点控制和时间控制等线路。下面逐一进行介绍。

7.2.1　点动控制线路

1. 点动正转控制线路

图 7-4 是电动机点动控制线路的电气原理图，由主电路和控制电路两部分组成。

主电路由刀开关 QS、熔断器 FU1、交流接触器 KM 的主触点和笼型电动机 M 组成；控制电路由起动按钮 SB 和交流接触器线圈 KM 组成。

主电路中，刀开关 QS 为电源开关，起隔离电源的作用；熔断器 FU1 对主电路进行短路保护。由于点动控制，电动机运行时间短，有操作人员在近处监视，所以一般不设过载保护环节。

线路的工作过程如下：

起动过程：合上刀开关 QS→按下起动按钮 SB→接触器 KM 线圈通电→KM 主触点闭合→电动机 M 通电直接起动。

停转过程：松开 SB→KM 线圈断电→KM 主触点断开→M 停电停转。

按下按钮，电动机转动，松开按钮，电动机停转，这种控制称为点动控制，它能实现电动机短时转动，常用于机床的对刀调整和电动葫芦等。

图 7-4　点动控制线路的电气原理图

PPT 课件　点动控制线路

微课　点动控制线路

动画　点动控制线路

2. 点动控制线路的安装接线

点动控制线路的电气安装接线图如图 7-5 所示。

（1）所需电器元件和工具

木质控制板一块，交流接触器、熔断器、电源隔离开关、按钮、接线端子排、三相电动机、万用表及电工常用工具一套、导线、号码管等。

（2）接线训练步骤

① 画出电气原理图，分析工作原理，并按规定标注线号。

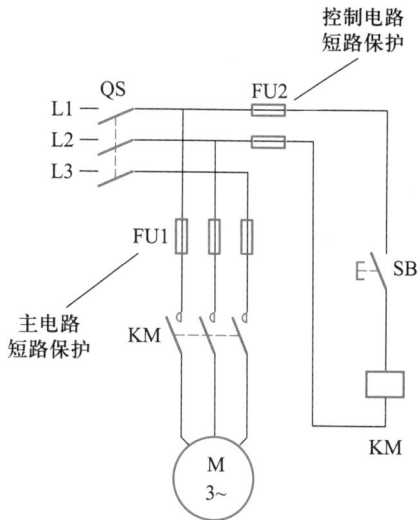

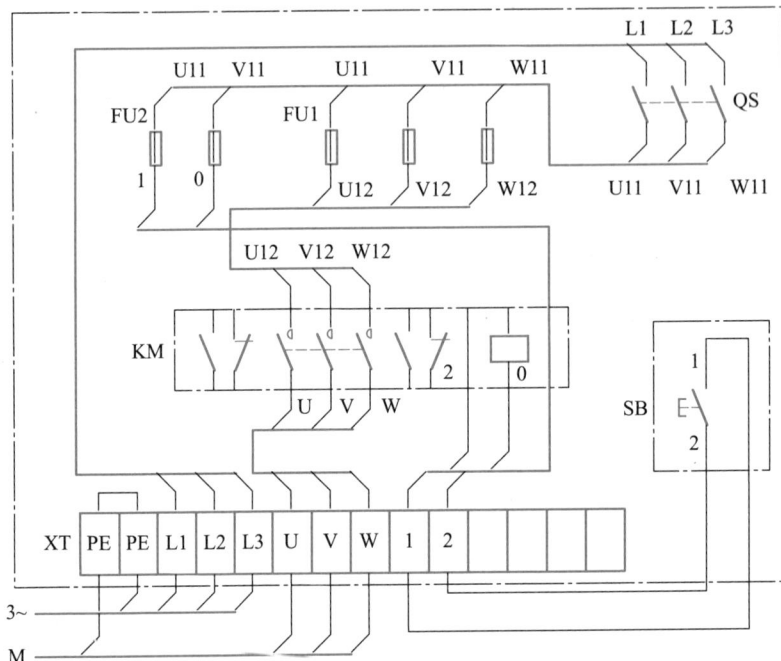

图 7-5　点动控制线路的电气安装接线图

② 列出电器元件明细表,并进行检测,将电器元件的型号、规格、质量检查结果及有关测量值记入点动控制线路电器元件明细表中。检查内容有:电源开关的接触情况;拆下接触器的灭弧罩,检查相间隔板;检查各主触点的表面情况;按压其触点架观察动触点(包括电磁机构的衔铁、复位弹簧)的动作是否灵活;检查接触器电磁线圈的电压与电源电压是否相符,用万用表测量电磁线圈的通断,并记下直流电阻值;测量电动机每相绕组的直流电阻值,并做记录。检查中发现异常应检修或更换元器件。

③ 在配电板上,布置电器元件,并画出电器元件布置图及电气安装接线图。绘制电气安装接线图时,将电器元件的符号画在规定的位置,对照电气原理图的线号标出各端子的编号。控制按钮 SB(使用 LA4 系列按钮盒)和电动机 M 在安装板外,通过接线端子排 XT 与安装底板上的电器元件连接。控制板上的各电器元件的安装位置应整齐、均称、间距合理便于检修。

④ 按照电气安装接线图规定的位置定位打孔将电器元件固定牢靠。注意 FU1 中间一相熔断器和 KM 中间一极触点的接线端子成一直线,以保证主电路走线美观规整;开关、熔断器的受电端子应安装在控制板的外侧,若采用螺旋式熔断器,电源进线应接在螺旋式熔断器的底座中心端上,出线应接在螺纹外壳上。

⑤ 按电气原理图的编号在各电器元件和连接线两端做好编号标志。按图接线,板前明线接线时注意:控制板上的走线应平整,变换走向应垂直,避免交叉。转角处要弯成慢直角,控制板至电动机的连接导线要穿软管保护,电动机外壳要安装接地线。走线时应注意:走线通道应尽可能少,同一通道中的沉底导线应按主控电路分类集中,贴紧敷面单层平行密排;同一平面的导线应高低一致或前后一致,不能交叉,当必须交叉时,该根导线应在接线端子引出时合理地水平跨越。导线与接线端子连接时,应不压

绝缘层,不反圈,不露铜过长,要拧紧接线柱上的压紧螺钉;一个电器元件接线端子上的连接导线不得超过两根,每节接线端子板上的连接导线一般只允许连接一根。

⑥ 检查线路并在测量电路的绝缘电阻后通电试车。

7.2.2 连续运行控制线路

1. 连续运行控制线路的工作原理

在实际生产中往往要求电动机实现长时间连续转动,即所谓长动控制。起、保、停控制线路电气原理图如图 7-6 所示,主电路由刀开关 QS、熔断器 FU、接触器 KM 的主触点、热继电器 FR 的热元件和电动机 M 组成;控制电路由停止按钮 SB2、起动按钮 SB1、接触器 KM 的常开辅助触点和线圈、热继电器 FR 的常闭触点组成。

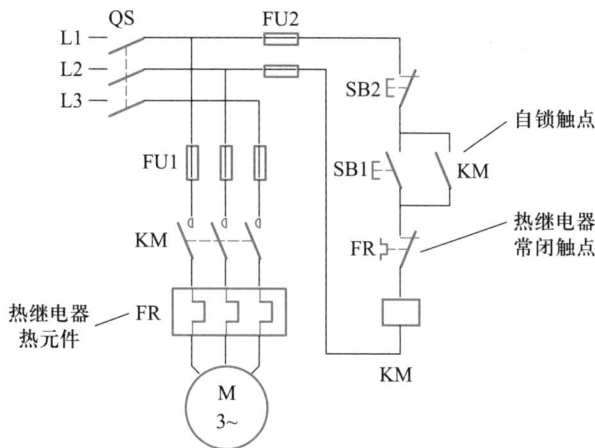

图 7-6　起、保、停控制线路电气原理图

工作过程如下:

起动:合上刀开关 QS→按下起动按钮 SB1→接触器 KM 线圈通电→KM 主触点闭合和常开辅助触点闭合→电动机 M 接通电源运转;此时可松开 SB1,利用接通的 KM 常开辅助触点自锁,电动机 M 连续运转。

停转:按下停止按钮 SB2→KM 线圈断电→KM 主触点和辅助常开触点断开→电动机 M 断电停转。

在电动机连续运行的控制电路中,当起动按钮 SB1 松开后,接触器 KM 的线圈通过其辅助常开触点的闭合仍继续保持通电,从而保证电动机的连续运行。这种依靠接触器自身辅助常开触点的闭合而使线圈保持通电的控制方式,称为自锁或自保。起到自锁作用的辅助常开触点称为自锁触点。

线路设有以下保护环节:

短路保护:短路时熔断器 FU 的熔体熔断而切断电路起保护作用。

电动机长期过载保护:采用热继电器 FR,由于热继电器的热惯性较大,即使热元件流过几倍于额定值的电流,热继电器也不会立即动作。因此在电动机起动时间不太长的情况下,热继电器不会动作,只有在电动机长期过载时,热继电器才会动作,其常闭触点断开使控制电路断电,从而使 KM 主触点断开,起到保护电动机的作用。

欠电压、失电压保护:通过接触器 KM 的自锁环节来实现。当电源电压由于某种原因而严重欠电压或失电压(如停电)时,接触器 KM 断电释放,电动机停止转动。当电源电压恢复正常时,接触器线圈不会自行通电,电动机也不会自行起动,只有在操作人员重新按下起动按钮后,电动机才能起动。本控制线路具有如下优点:

(1) 防止电源电压严重下降时,电动机欠电压运行。

(2) 防止电源电压恢复时,电动机自行起动而造成设备和人身事故。

2. 连续运行控制线路的安装接线

连续运行控制线路的电气安装接线图如图 7-7 所示。

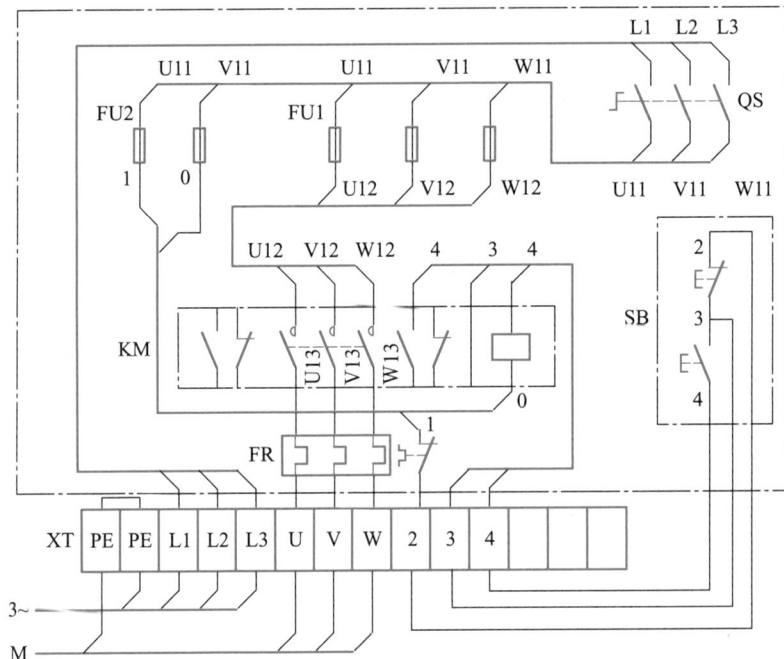

图 7-7　连续运行控制线路的电气安装接线图

(1) 所需电器元件和工具

木质控制板一块,交流接触器、熔断器、电源隔离开关、按钮、接线端子排、三相交流电动机、万用表及电工常用工具一套、导线、号码管等。

(2) 接线训练步骤

① 画出单向起动控制线路电气原理图,分析工作原理,并按规定标注线号。

② 列出电器元件明细表,并进行检测,将电器元件的型号、规格、质量检查结果及有关测量值记入单向起动控制线路电器元件明细表中。检查内容有:电源开关的接触情况;拆下接触器的灭弧罩,检查相间隔板;检查各主触点表面情况;按压其触点架观察动触点(包括电磁机构的衔铁、复位弹簧)的动作是否灵活;电磁线圈的电压值和电源电压是否相符,用万用表测量电磁线圈的通断,并记下直流电阻值;测量电动机每相绕组的直流电阻值,并做记录。记录停止按钮和起动按钮的颜色。检查中发现异常应检修或更换元器件。

③ 在配电板上,布置电器元件,并画出电器元件布置图及电气安装接线图。绘制

电气安装接线图时,将电器元件的符号画在规定的位置,对照电气原理图的线号标出各端子的编号。注意热继电器应安装在其他发热电器的下方,整定电流装置的位置一般应安装在右边,保证调整和复位时的安全、方便。

④ 按照电气安装接线图规定的位置定位打孔将电器元件固定牢靠。注意 FU1 中间一相熔断器和 KM 中间一极触点的接线端子成一直线,以保证主电路走线美观规整。

⑤ 按电气原理图的编号在各电器元件和连接线两端做好编号标志。按图接线,接线时注意:热继电器的热元件要串联在主电路中,其常闭触点接入控制电路,不可接错。热继电器的接点应紧密可靠;出线端的导线不应过粗或过细,以防止轴向导热过快或过慢,使热继电器动作不准确。接触器的自锁触点用常开触点,且要与起动按钮并联。

⑥ 检查线路并在测量电路的绝缘电阻后通电试车。热继电器的整定电流必须按电动机的额定电流自行调整,一般热继电器应置于手动复位的位置上,若需自动复位时,可将复位调节螺钉以顺时针方向向里旋紧,热继电器因电动机过载动作后,若需再次起动电动机,必须使热继电器复位,一般情况自动复位需 5 min,手动复位需 2 min。试车时先合 QS,再按起动按钮 SB1,停车时,先按停止按钮 SB2,再断开 QS。

7.2.3　点动与长动结合的控制线路

在生产实践中,机床调试完毕,需要连续进行切削加工,则要求电动机既能实现点动又能实现长动。其控制线路如图 7-8 所示。

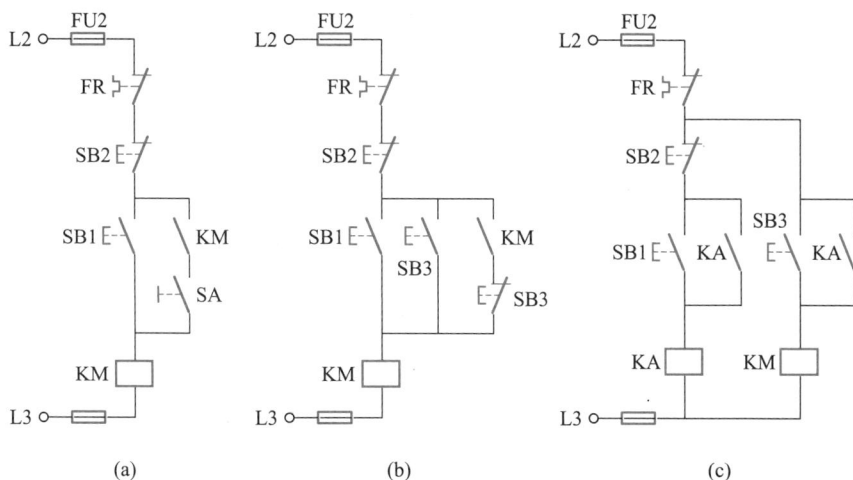

图 7-8　点动与长动结合的控制线路

图 7-8(a)所示的线路比较简单,采用钮子开关 SA 实现控制。点动控制时,把 SA 打开,断开自锁电路→按动 SB1→KM 线圈通电→电动机 M 点动;长动控制时,把 SA 合上→按动 SB1→KM 线圈通电,自锁触点起作用→电动机 M 实现长动。

图 7-8(b)所示的线路采用复合按钮 SB3 实现控制。点动控制时,按动复合按钮 SB3,断开自锁回路→KM 线圈通电→电动机 M 点动;长动控制时,按动起动按钮 SB1→KM 线圈通电,自锁触点起作用→电动机 M 长动运行。此线路在点动控制时,若接触 KM 的释放时间大于复合按钮的复位时间,则 SB3 松开时,SB3 常闭触点已闭合但接触

动画

点动与长动结合的控制线路（KM控制）

PPT 课件

正反转控制线路

微课

正反转控制线路

动画

正反转控制实例

实验七

电动机的正反转控制

器 KM 的自锁触点尚未打开，会使自锁电路继续通电，则线路不能实现正常的点动控制。

图 7-8(c)所示的线路采用中间继电器 KA 实现控制。点动控制时，按动起动按钮 SB3→KM 线圈通电→电动机 M 点动；长动控制时，按动起动按钮 SB2→中间继电器 KA 线圈通电并自锁→KM 线圈通电→M 实现长动。此线路多用了一个中间继电器，但工作可靠性却提高了。

7.2.4 正反转控制线路

1. 正反转控制线路的工作原理

在实际应用中，往往要求生产机械改变运动方向，如工作台前进、后退；电梯的上升、下降等，这就要求电动机能实现正、反转。对于三相异步电动机来说，可通过两个接触器改变电动机定子绕组的电源相序来实现。电动机正、反转控制线路如图 7-9 所

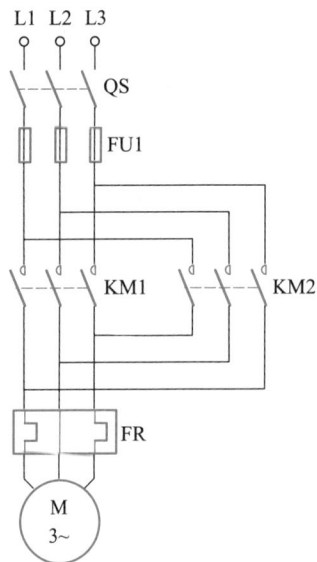

(a) 主电路

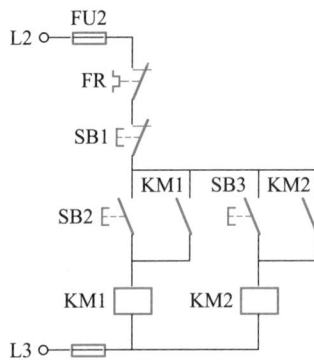

(b) 无互锁控制电路

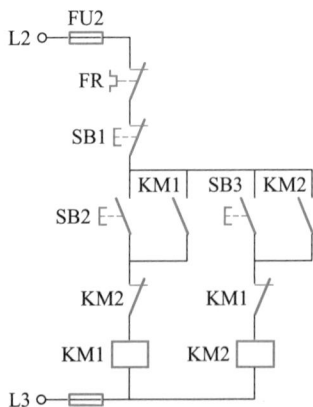

(c) 具有电气互锁的控制电路

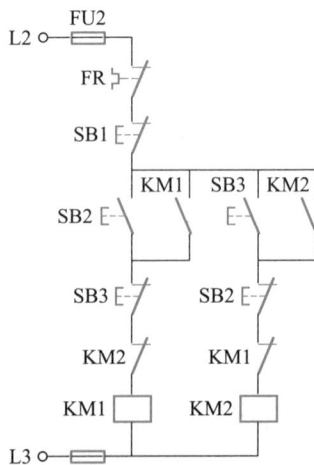

(d) 具有复合互锁的控制电路

图 7-9　电动机正、反转控制线路

示,接触器 KM1 为正向接触器,控制电动机 M 正转;接触器 KM2 为反向接触器,控制电动机 M 反转。

图 7-9(b)所示为无互锁控制电路,其工作过程如下:

正转控制:合上刀开关 QS→按下正向起动按钮 SB2→正向接触器 KM1 通电→KM1 主触点和自锁触点闭合→电动机 M 正转。

反转控制:合上刀开关 QS→按下反向起动按钮 SB3→反向接触器 KM2 通电→KM2 主触点和自锁触点闭合→电动机 M 反转。

停转:按停止按钮 SB1→KM1(或 KM2)断电→M 停转。

该控制线路的缺点是若误操作会使 KM1 与 KM2 都通电,从而引起主电路电源短路,为此要求线路设置必要的联锁环节。

如图 7-9(c)所示,将任何一个接触器的辅助常闭触点串入对应另一个接触器线圈电路中,则其中任何一个接触器先通电后,切断了另一个接触器的控制回路,即使按下相反方向的起动按钮,另一个接触器也无法通电,这种利用两个接触器的辅助常闭触点互相控制的方式称为电气互锁。起互锁作用的常闭触点称为互锁触点。另外,该线路只能实现"正→停→反"或者"反→停→正"控制,即必须按下停止按钮后,再反向或正向起动。这对需要频繁改变电动机运转方向的设备来说,是很不方便的。

为了提高生产率,直接正、反向操作,利用复合按钮组成"正→反→停"或"反→正→停"的互锁控制,如图 7-9(d)所示。复合按钮的常闭触点同样起到互锁的作用,这样的互锁称为机械互锁。该线路既有接触器常闭触点的电气互锁,也有复合按钮常闭触点的机械互锁,即具有双重互锁。该线路操作方便,安全可靠,故应用广泛。

2. 正反转控制线路的安装接线

(1)所需电器元件和工具

木质控制板一块,交流接触器、熔断器、热继电器、电源隔离开关、按钮、接线端子排、三相交流电动机、万用表及电工常用工具一套、导线、号码管等。

(2)接线训练步骤

① 画出按钮和接触器双重互锁电动机正、反转控制线路电气原理图,分析工作原理,并按规定标注线号。

② 列出电器元件明细表,并进行检测,将电器元件的型号、规格、质量检查结果及有关测量值记入按钮和接触器双重互锁电动机正、反转控制线路元器件明细表中。

③ 在配电板上,布置电器元件,并画出电器元件布置图及电气安装接线图。绘制电气安装接线图时,将电器元件的符号画在规定的位置,对照电气原理图的线号标出各端子的编号。按钮和电动机在安装板外,通过接线端子排 XT 与安装板上的电器连接。电动机必须安放平稳,以防止在可逆运转时产生滚动而引起事故,并将其金属外壳可靠接地。

④ 按照电气安装接线图规定的位置定位打孔将电器元件固定牢靠。注意 FU1 中间一相熔断器和 KM 中间一极触点的接线端子成一直线,以保证主电路走线美观规整。

⑤ 按电气原理图的编号在各电器元件和连接线两端做好编号标志。按图接线,接线时注意:联锁触点和按钮盒内的接线不能接错,否则将出现两相电源短路事故。

⑥ 检查线路并在测量电路的绝缘电阻后通电试车。先进行空载试验再带载试车,

操作 SB2、SB3、SB1 观察电动机正、反转及停转。操作过程中电动机正、反转操作的变换不宜过快和过于频繁。

PPT 课件

位置控制线路

微课

位置控制线路

7.2.5　位置控制线路

在机床电气设备中,有些是通过工作台自动往复循环工作的,例如龙门刨床的工作台前进、后退。电动机的正、反转是实现工作台自动往复循环的基本环节。自动往复循环控制示意图如图 7-10 所示。控制线路按照行程控制原则,利用生产机械运动的行程位置实现控制。

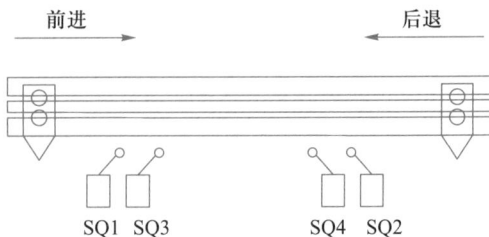

图 7-10　自动往复循环控制示意图

1. 自动往复循环控制线路

自动往复循环控制线路如图 7-11 所示。

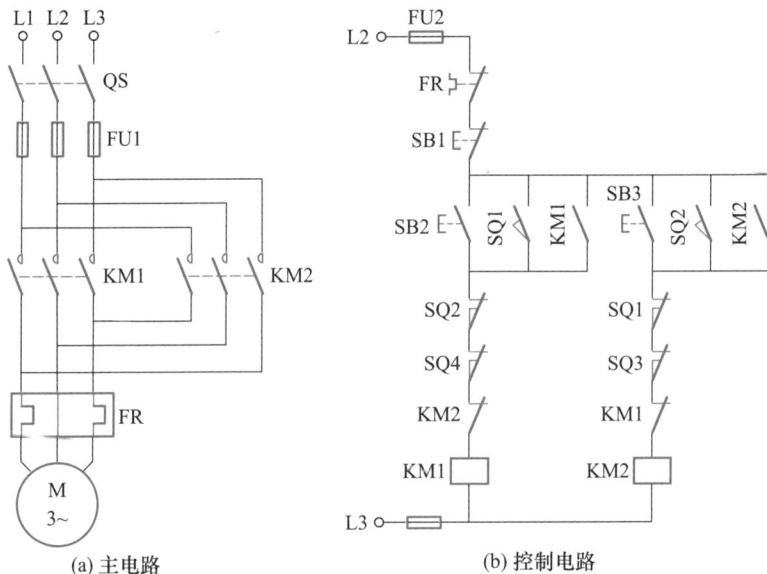

拓展阅读

新技术——温室大棚灌溉系统

(a) 主电路　　　　(b) 控制电路

图 7-11　自动往复循环控制线路

工作过程如下:合上电源开关 QS→按下起动按钮 SB2→接触器 KM1 通电→电动机 M 正转→工作台向前→工作台前进到一定位置,撞块压动限位开关 SQ2→SQ2 常闭触点断开→KM1 断电→电动机 M 停止正转,工作台停止向前。SQ2 常开触点闭合→KM2 通电→电动机 M 改变电源相序而反转,工作台向后→工作台后退到一定位置,撞块压动限位开关 SQ1→SQ1 常闭触点断开→KM2 断电→M 停止后退。SQ1 常开触点闭合→KM1 通电→电动机 M 又正转,工作台又前进,如此往复循环工作,直至按下停止按钮 SB1→KM1(或 KM2)断电→电动机停止转动。

另外,SQ3、SQ4 分别为反、正向终端保护限位开关,防止行程开关 SQ1、SQ2 失灵时造成工作台从机床上冲出的事故。

2. 自动往复循环控制线路的安装接线

自动往复循环控制线路的电气安装接线图如图 7-12 所示。

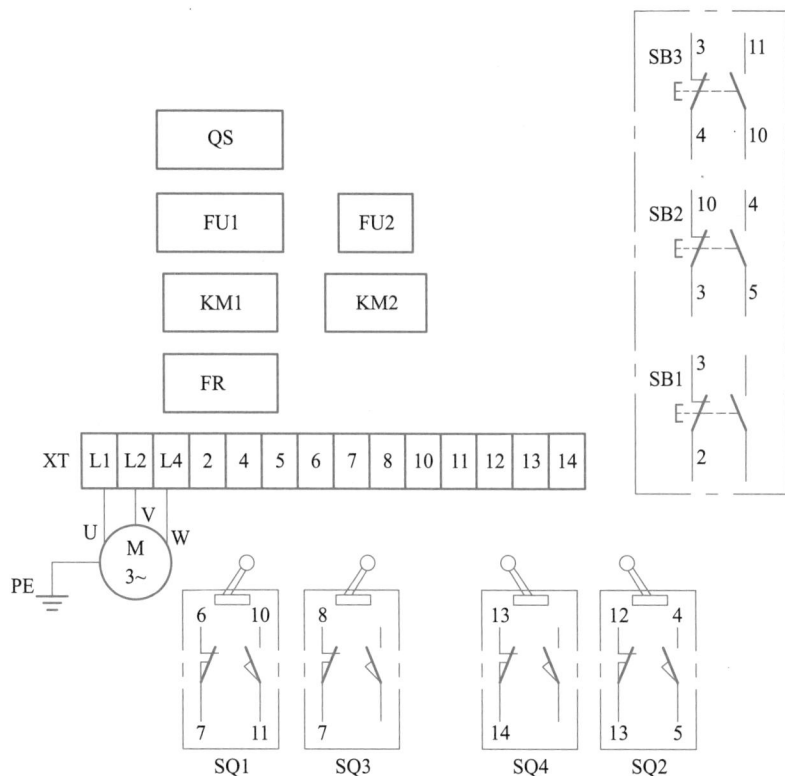

图 7-12　自动往复循环控制线路的电气安装接线图

（1）所需电器元件和工具

木质控制板一块,交流接触器、行程开关、熔断器、热继电器、电源隔离开关、按钮、接线端子排、三相电动机、万用表及电工常用工具一套、导线、号码管等。

（2）接线训练步骤

① 画出电动机带限位保护的自动往复循环控制线路的电路图,分析工作原理,并按规定标注线号。

② 列出电器元件明细表,并进行检测,将电器元件的型号、规格、质量检查结果及有关测量值记入电器元件明细表中。特别注意检查行程开关的滚轮、传动部件和触点是否完好,操作滚轮看其动作是否灵活,用万用表测量其常开、常闭触点的切换动作。

③ 在配电板上布置电器元件,并画出电器元件布置图及电气安装接线图。

④ 按照电气安装接线图规定的位置定位打孔将电器元件固定牢靠。电器元件的固定位置和双重联锁的正反转控制线路的安装要求相同。按钮、行程开关和电动机在安装板外,通过接线端子排与安装底板上的电器元件连接。在设备规定的位置上安装行程开关,检查并调整挡块和行程开关滚轮的相对位置,保证动作准确可靠。

⑤ 按电气原理图的编号在各电器元件和连接线两端做好编号标志。按图接线,接线时注意联锁触点和按钮盒内的接线不能接错,否则将出现两相电源短路事故。

⑥ 检查线路并在测量电路的绝缘电阻后通电试车。试车时先进行空载试验,用绝缘棒拨动限位开关的滑轮检查线路能否自动往返、限位保护是否起作用,然后再带负荷试车。

3. 常见的故障

（1）运动部件的挡铁和行程开关滚轮的相对位置不对正，滚轮行程不够，造成行程开关常闭触点不能分断，电动机不能停转。

故障现象是挡铁压下行程开关后，电动机不停车；检查接线没有错误，用万用表检查行程开关的常闭触点的动作情况及和电路的连接情况均正常；在正反转试验时，操作按钮 SB1、SB2、SB3 电路工作正常。

处理方法：用手摇动电动机轴，观察挡铁压下行程开关的情况。调整挡铁与行程开关的相对位置后，重新试车。

（2）主电路接错，KM1、KM2 主触点接入线路时没有换相。

故障现象是电动机起动后设备运行，运动部件到达规定位置，挡块操作行程开关时接触器动作，但部件运动方向不改变，继续按原方向移动而不能返回；行程开关动作时两只接触器可以切换，表明行程控制作用及接触器线圈所在的辅助电路接线正确。

处理方法：改正主电路换相连线后重新试车。

7.2.6　顺序联锁控制线路

在生产机械中，往往有多台电动机，各电动机的作用不同，需要按一定顺序动作，才能保证整个工作过程的合理性和可靠性。例如，X62W 型万能铣床上要求主轴电动机起动后，进给电动机才能起动；平面磨床中，要求砂轮电动机起动后，冷却泵电动机才能起动等。这种只有当一台电动机起动后，另一台电动机才允许起动的控制方式，称为电动机的顺序控制。

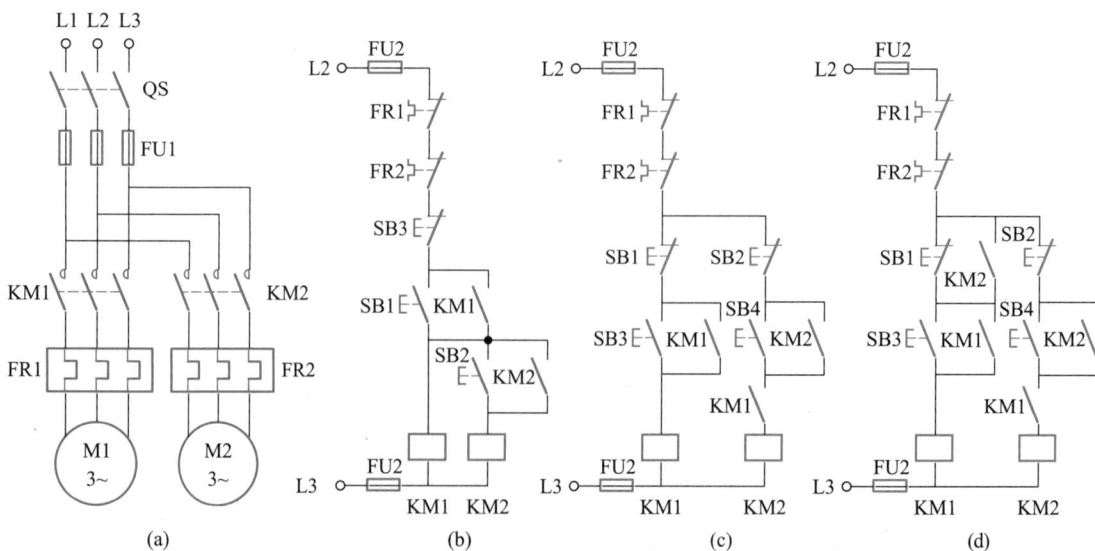

1. 多台电动机先后顺序工作的控制线路

在生产实践中，有时要求一个拖动系统中多台电动机实现先后顺序工作。例如机床中要求润滑电动机起动后，主轴电动机才能起动。图 7-13 为两台电动机顺序起动控制线路。

图 7-13　两台电动机顺序起动的控制线路

图 7-13(b)中 KM1 的辅助常开触点起自锁和顺控的双重作用。

图 7-13(c)中单独用一个 KM1 的辅助常开触点作为顺序控制触点。

图 7-13(d)实现 M1→M2 的顺序起动、M2→M1 的顺序停止控制。顺序停止控制分析:KM2 线圈断电,SB1 常闭点并联的 KM2 辅助常开触点断开后,SB1 才能起停止控制作用,所以,停止顺序为 M2→M1。

电动机顺序控制的接线规律是:

(1)要求接触器 KM1 动作后接触器 KM2 才能动作,则将接触器 KM1 的常开触点串在接触器 KM2 的线圈电路中。

(2)要求接触器 KM1 动作后接触器 KM2 不能动作,故将接触器 KM1 的常闭辅助触点串接于接触器 KM2 的线圈电路中。

(3)要求接触器 KM2 停止后接触器 KM1 才能停止,则将接触器 KM2 的常开触点并接在接触器 KM1 的停止按钮。

2. 利用时间继电器实现顺序起动的控制线路

图 7-14 是采用时间继电器的顺序起动控制线路。

线路要求电动机 M1 起动 $t(s)$ 后,电动机 M2 自动起动。可利用时间继电器的延时闭合常开触点来实现。

3. 顺序起停控制电路安装

(1)器材的准备

① 识读电动机顺序控制电路电气原理图 7-13(d),熟悉电路所用电器元件的作用和电路的工作原理。

② 检查所用的电器元件的外观。

③ 用万用表、兆欧表检测所用电器元件及电动机的有关技术数据是否符合要求。

(2)顺序控制电路的安装

根据电器元件选配安装工具和控制板,工艺要求和安装步骤如下:

① 绘制电器元件布置图如图 7-15 所示,在控制板上按电器元件布置图安装电器元件,并贴上醒目的文字符号。

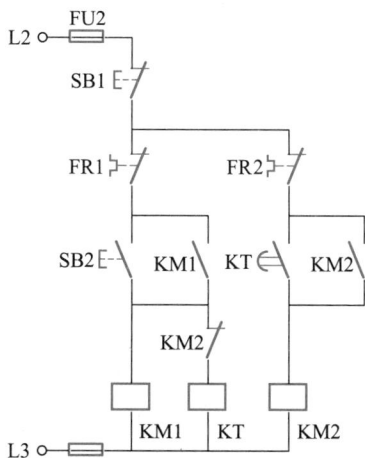

图 7-14 采用时间继电器的顺序起动控制线路

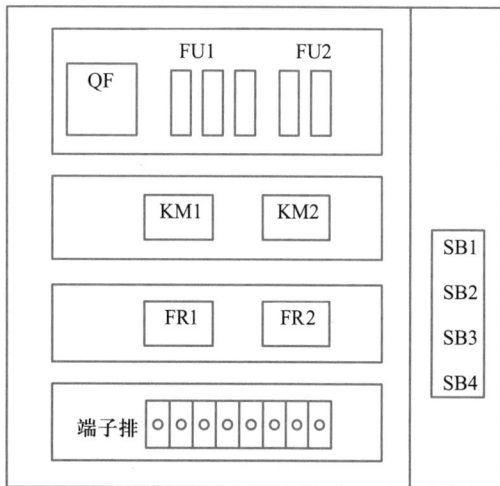

图 7-15 电器元件布置图

② 按线槽布线工艺布线,并在导线上套上号码管。

③ 安装电动机及保护接地线。

④ 自检电路。

a) 按照图 7-13(d)核查接线,有无错接、漏接、脱落、虚接等现象,检查导线与各端子的接线是否牢固。

b) 用万用表检查电路通断情况,用手动操作来模拟触点分合动作。

检查主电路:首先取下主电路熔体,用万用表分别测量熔断器下接线端子之间电阻,应均为断路($R{\to}\infty$)。若某次测量结果为短路($R{\to}0$),这说明所测两相之间的接线有短路现象,检查并排除故障。其次压下接触器 KM1,重复上述测量,测量结果应为短路($R{\to}0$),若某次测量结果为断路($R{\to}\infty$),这说明所测两相之间的接线有断路现象,检查找出断路点并排除故障。

检查控制电路:首先取下控制电路熔体,用万用表测量熔断器下接线端子之间电阻,控制电路电阻值应为无穷大,若测量结果为短路($R{\to}0$),说明控制电路存在短路故障,应检查并排除故障;然后按下按钮 SB3(或 SB4),测量控制电路电阻值,控制电路电阻值应为接触器线圈电阻,松开后电阻值无穷大,否则应检查电路排除故障。

⑤ 通电试车。通过上述的各项检查,完全合格后,清点工具材料,清除安装板上的线头杂物,检查三相电源,将热继电器按照整定电流 9.6A 整定好,在一人操作、一人监护下通电试车,具体步骤为:

a) 通电试车前,应熟悉线路的操作过程。

b) 试车时应注意观察电动机和电器元件的状态是否正常。若发现异常现象,应立即切断电源重新检查,排除故障。

c) 通电试车后,断开电源,拆除导线,整理工具材料和操作台。

4. 故障设置与检修训练

以顺序起动逆序停止控制电路为例常见故障现象有:

(1) 电动机 M1、M2 均不能起动

可能的故障原因:

① 电源开关未接通:检查 QF,如上口有电,下口没电,则 QF 存在故障,应检修或更换,如果下口有电,则 QF 正常。

② 熔断器熔体熔断:若 FU 熔体熔断,应更换同规格熔体。

③ 热继电器未复位:应复位 FR 常闭触点。

(2) 电动机 M1 起动后 M2 不能起动

可能的故障原因:

① KM2 线圈控制电路不通:检查 KM2 线圈电路导线有无脱落,若有脱落恢复;检查 KM2 线圈是否损坏,如损坏更换;检查 SB3 按钮是否正常,若不正常,应修复或更换。

② KM1 常开辅助触点故障:检查 KM1 常开辅助触点是否闭合,若不闭合,应修复。

③ KM2 电源断相或没电:检查 KM1 主触点以下至 M2 部分有无导线脱落,如有脱落恢复;检查 KM2 主触点是否存在故障,若存在,应修复或更换接触器。

④ M2 电动机烧坏:拆下 M2 电源线,检修电动机。

7.2.7　多点控制线路

多点控制分为多点起、停与多条件控制线路。下面以多点起、停控制线路为例进行介绍。

1. 大型设备的多点控制线路

如图 7-16(a)所示,把起动按钮并联连接,停止按钮串联连接,并分别装置在两个地方,可以实现两地操作。

2. 多按钮同时操作的控制线路

需要多按钮同时操作的控制线路如图 7-16(b)所示。

安全操作:起动按钮串联、停止按钮并联。

3. 多点控制线路及检查试车

（1）电气原理图

以图 7-17 两点控制线路电气原理图为例分析电动机多点控制线路。两地起动按钮 SB1、SB2 并联,两地停止按钮 SB3、SB4 串联。

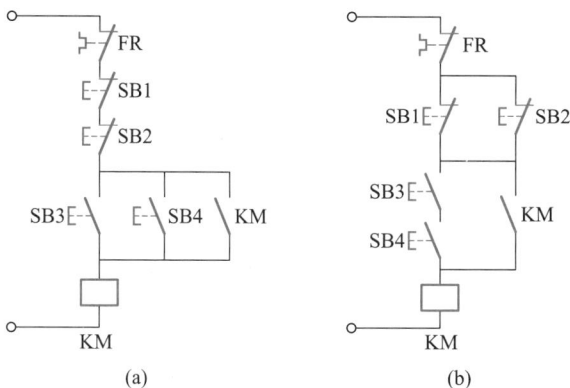

图 7-16　多点控制线路

图 7-17　两点控制线路电气原理图

（2）照图接线

在电气原理图中,按规定标好线号,接线时选用两个按钮盒,并放置在接线端子排的两侧,经接线端子排连接。电气安装接线图如图 7-18 所示。

（3）检查线路

接线完成后,先进行常规检查。对照电气原理图逐线核查。重点检查按钮的串、并联的接线,防止错接。用手拨动各接线端子处接线,排除虚接故障。接着在断电的情况下,用万用表电阻挡($R×1$)检查。断开 QS,摘下接触器灭弧罩。

先检查主电路,然后检查控制电路。

（4）通电试车

经检查无误后,通电试车若操作中出现故障或没有实现控制要求,自行分析加以排除。

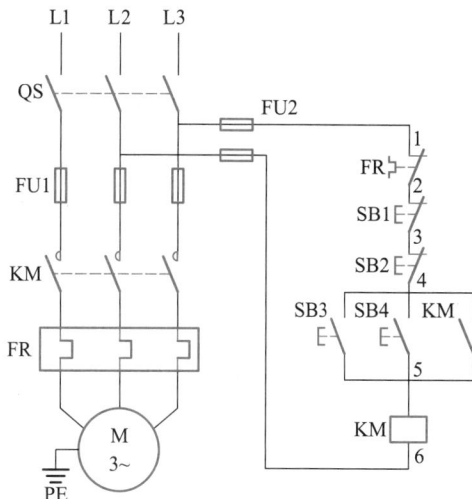

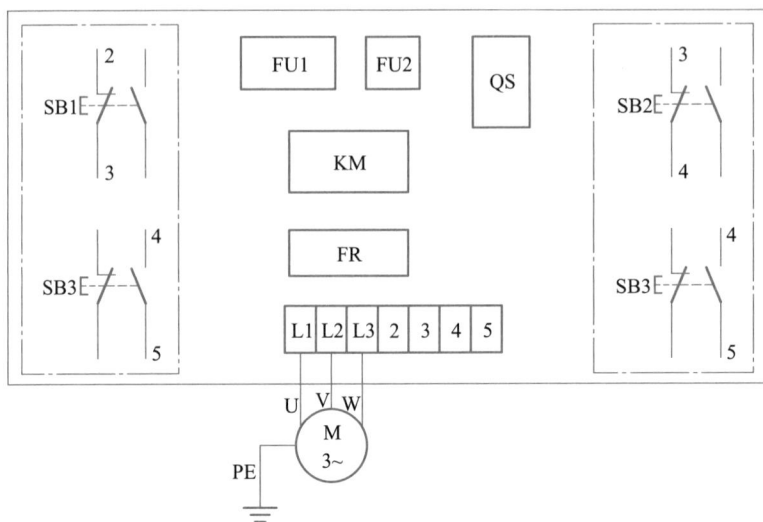

图 7-18　两地控制的控制线路电气安装接线图

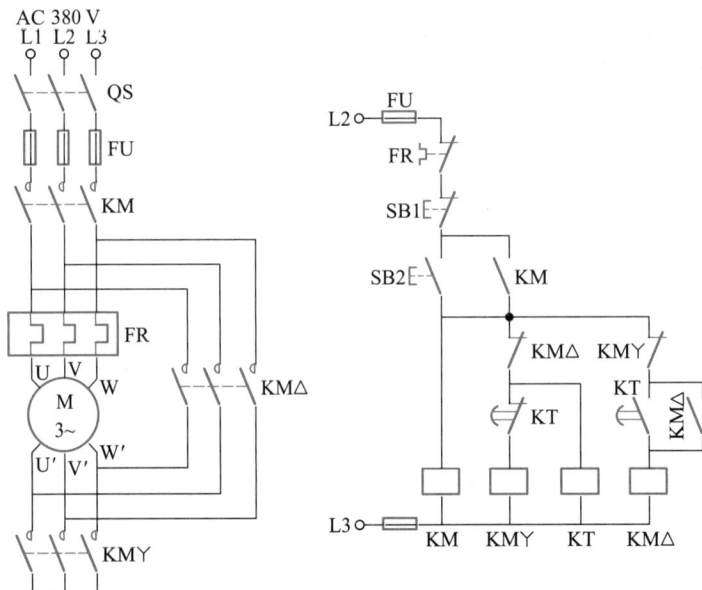

7.2.8　时间控制线路

1. 星形–三角形(丫–△)减压起动控制线路

星形–三角形减压起动控制线路是按时间原则实现控制。起动时将电动机定子绕组联结成星形,加在电动机每相绕组上的电压为额定电压的 $1/\sqrt{3}$,从而减小了起动电流。待起动后按预先整定的时间把电动机换成三角形联结,使电动机在额定电压下运行。其控制线路电气原理图如图 7-19 所示。

图 7-19　星形–三角形减压起动控制线路电气原理图

起动过程如下:合上刀开关 QS→按下起动按钮 SB2,接触器 KM 通电→KM 主触点闭合,M 接通电源、接触器 KM丫通电→KM丫主触点闭合,定子绕组联结成星形,M 减压起动;时间继电器 KT 通电延时 $t(s)$→KT 延时常闭辅助触点断开 KM丫断电、KT 延时闭合常开触点闭合→KM△主触点闭合,定子绕组联结成三角形→M 加以额定电压正常运行→KM△常闭辅助触点断开→KT 线圈断电。

该线路结构简单,缺点是起动转矩也相应下降为三角形联结的 1/3,转矩特性差。因而本线路适用于电网 380 V,额定电压 660/380 V(丫-△联结)的电动机轻载起动的场合。

2. 三条传送带运输系统

一种连续平移运输机械,常用于粮库、矿山等的生产流水线上,将粮食、矿石等从一个地方运到另一个地方。一般由多条传送带机组成,可以改变运输的方向和斜度。现以三条传送带运输系统为例按时间原则实现控制,图 7-20 所示是三条传送带运输系统的示意图。对于这三条传送带运输系统的电气要求是:

(1)起动顺序为 1 号、2 号、3 号,即顺序起动,以防止货物在传送带上堆积。

(2)停止顺序为 3 号、2 号、1 号,即逆序停止,以保证停止后传送带上不残存货物。

(3)当 1 号或 2 号出故障停止时,3 号能随即停止,以免继续进料。

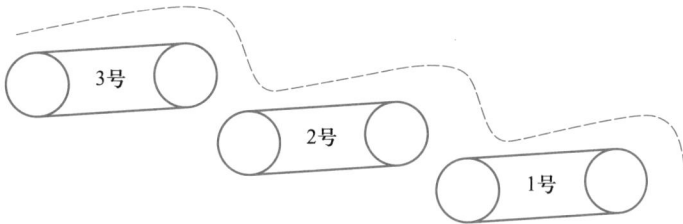

图 7-20 三条传送带运输系统工作示意图

三条传送带运输系统完整的电气原理图如图 7-21 所示。

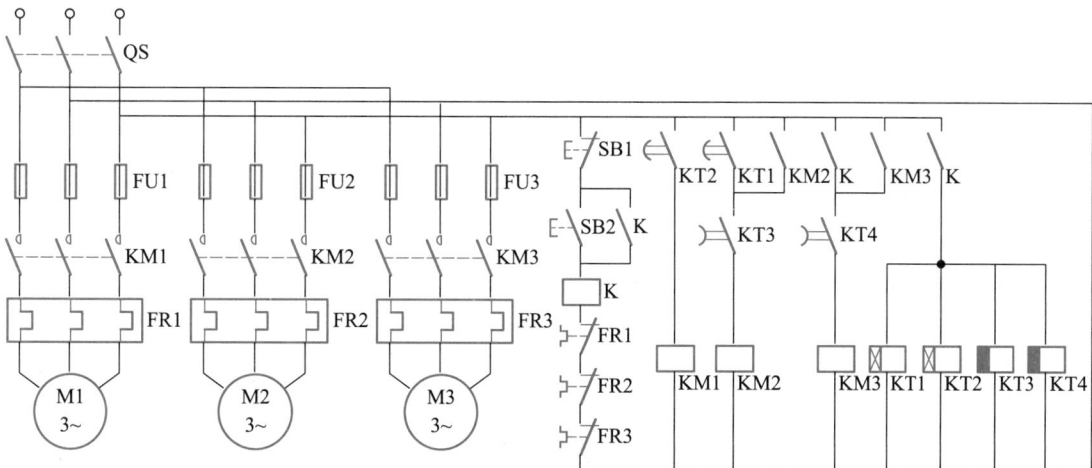

图 7-21 三条传送带运输系统完整的电气原理图

工作过程如下:

按下起动按钮 SB2,K 通电吸合并自锁,K 常开触点闭合,接通 KT1～KT4,其中 KT1、KT2 为通电延时型,KT3、KT4 为断电延时型,KT3、KT4 的常开触点立即闭合,为 KM2 和 KM3 的线圈通电准备条件。K 另一个常开触点闭合,与 KT4 一起接通 KM3,电动机 M3 首先起动,经一段时间,达到 KT1 的整定时间,则 KT1 的常开触点闭合,使 KM2 通电吸合,电动机 M2 起动,再经一段时间,达到 KT2 的整定时间,则 KT2 的常开触点闭合,使 KM1 通电吸合,电动机 M1 起动。

按下停止按钮 SB1,K 断电释放,4 个时间继电器同时断电,KT1、KT2 常开触点立即断开,KM1 失电,电动机 M1 停转。由于 KM2 自锁,所以,只有达到 KT3 的整定时间,KT3 断开,使 KM2 断电,电动机 M2 停转,最后,达到 KT4 的整定时间,KT4 的常开触点断开,使 KM3 线圈断电,电动机 M3 停转。

实践任务

任务　电动机连续运行控制线路的连接与检修

一、任务器材

(1) 工具:试电笔、螺钉螺具、尖嘴钳、斜口钳、剥线钳、电工刀等。

(2) 仪表:万用表、兆欧表等。

(3) 设备:小型三相笼型异步电动机 1 台;配电板 1 块;按钮、交流接触器、热继电器、组合开关、接线端子排各 1 个;熔断器 5 个;导线(最好主、控电路用不同颜色加以区分)等辅助材料若干。

二、任务实施

(1) 识读电动机连续运行控制线路电气原理(见图 7-6),明确电路中所用电器元件及作用,熟悉电路的工作原理。

(2) 按照图 7-6 所示的电气原理图配齐所需电器元件,将电器元件型号规格质量检查情况记录在表 7-1 中。

表 7-1　电动机单向连续运行控制线路实训所需电器元件清单

电器元件名称	型号	规格	数量	是否可用

(3) 在事先准备好的配电板上,按图 7-22 所示电气原理图布置电器元件。

工艺要求:各电器元件的安装位置整齐、匀称,电器元件之间的距离合理,便于电器元件的更换;紧固电器元件时要用力均匀,紧固程度要适当。

（4）连接主电路。将接线端子排 JX 上左起 1、2、3 号接线桩分别定为 L1、L2、L3,用导线连接至 QS,再由 QS 接至 4、5、6 号接线桩,再连接电动机。在本实训中电动机 M 在电路板外,只有通过接线端子排连接。

（5）连接控制电路。在 FU1 上面的 L1、L2 相引出控制电路电源,L1 相通过 FU2 后,连接热继电器常开触点 FR、停止按钮 SB2、起动按钮 SB1,将接触器的一对常开辅助触点用导线与起动按钮 SB1 并联,实现自锁,再通过交流接触器线圈与 FU2 连接,最后至 L2 相电源线。

板前布线工艺要求如下:

① 布线通道尽可能少,同路并行导线按主电路、控制电路分类集中,单层密排,紧贴安装面布线。

② 布线要横平竖直、分布均匀。变换走向时应垂直。

③ 同一平面的导线应高低一致或前后一致,不能交叉。非交叉不可时,此根导线应在接线端子引出时,就水平架空跨越,但必须走线合理。

④ 布线时严禁损伤线芯和导线绝缘。

⑤ 布线顺序一般以接触器为中心,由里向外、由低到高,先控制电路,后主电路进行,以不妨碍后续布线为原则。

⑥ 导线与接线端子或接线桩连接时,不得压绝缘层、不反圈、不露铜过长。

⑦ 同一电器元件、同一回路的不同接点的导线间距离应保持一致。

⑧ 一个电器元件接线端子上的连接导线不得多于两根,每节接线端子板上的连接导线一般只允许连接一根。

（6）线路检测。安装完毕的控制电路板必须经过认真检查以后,才允许通电试车,以防止错接、漏接造成不能正常运转或短路事故。

① 万用表检测主电路。将万用表两表接在 FU1 输入端至电动机星形联结中性点之间,分别测量 U 相、V 相、W 相在接触器不动作时的直流电阻,读数应为“∞”;用螺钉旋具将接触器的触点系统按下,再次测量三相的直流电阻,读数应为每相定子绕组的直流电阻。根据所测数据判断主电路是否正常。

② 万用表检测控制电路。将万用表两支表笔分别搭在 FU2 两输入端,读数应为“∞”;按下起动按钮 SB1 时,读数应为接触器线圈的支流电阻。根据所测数据判断控制电路是否正常。

（7）通电试车。通电试车必须征得教师同意,并由教师接通三相电源,同时在现场监护。

① 合上电源开关 QS,用试电笔检查熔断器出线端,氖管亮说明电源接通。

② 按下 SB1,电动机得电连续运转,观察电动机运行应正常,若有异常现象应马上停车。

③ 出现故障后,学生应独立进行检修;若需带电进行检查,教师必须在现场监护。检修完毕后,如需再次试车,也应有教师监护,并做好时间记录。

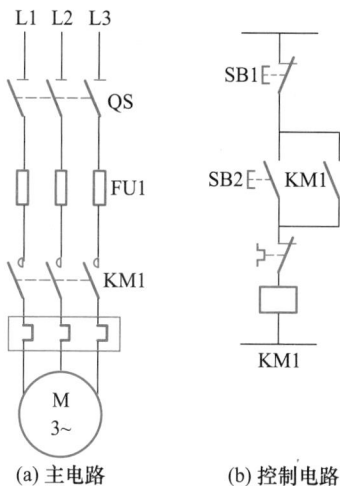

(a) 主电路　　(b) 控制电路

图 7-22　电动机连续运行控制线路电气原理图

④ 按下 SB2,切断电源,先拆除三相电源线,再拆除电动机线。

(8) 设置故障。教师人为设置故障通电运行,同学们观察故障现象,并记录在表 7-2 中。

表 7-2   电动机单向连续运行控制线路故障设置情况统计表

故障设置元件	故障点	故障现象
接触器主触点	U 相接线松脱	
接触器自锁触点	接线松脱	
停止按钮	线头接触不良	
热继电器常开触点	接线松脱	
起动按钮	两接线柱之间短路	

三、评分标准

评分标准见表 7-3。

表 7-3   评 分 标 准

项目	配分	评分标准	扣分
装前检查	5	电器元件漏检或错检,每处扣 1 分	
安装电器元件	15	1. 不按电气原理图安装,扣 15 分 2. 电器元件安装不牢固,每只扣 5 分 3. 电器元件安装不整齐、不合理,每只扣 3 分 4. 损坏电器元件,每只扣 5 分	
布线	40	1. 不按电气原理图接线,扣 25 分 2. 布线不符合要求:主电路每根扣 5 分;控制电路每根扣 3 分 3. 接点松动、露铜过长、反圈等,每个扣 1 分 4. 损伤导线绝缘或线芯,每根扣 5 分	
通电试车	40	1. 热继电器为整定或整定错误,扣 15 分 2. 熔体规格选用不当,扣 10 分 3. 第一次试车不成功,扣 20 分,第二次试车不成功,扣 30 分,第三次试车不成功,扣 40 分	
安全文明生产		违反安全文明生产规程	扣 5~40 分
定额时间 2 h		每超时 5 min	扣 5 分
备注		除定额时间外,各项内容的最高扣分不应超过所配分数	成绩
开始时间		结束时间	实际时间

本章小结

本章主要介绍了电气控制系统图的常用符号和绘制规则,以及基本的电气控制单元线路的工作原理、安装接线与故障排查等,这些是电气控制的基础,应该熟练掌握。

基本电气控制单元总结

控制单元类型	典型的电气原理图	工作原理	备注
点动控制		起动过程:先合上刀开关 QS→按下起动按钮 SB→接触器 KM 线圈通电→KM 主触点闭合→电动机 M 通电直接起动 停转过程:松开 SB→KM 线圈断电→KM 主触点断开→M 停电停转	由于点动控制,电动机运行时间短,有操作人员在近处监视,所以一般不设过载保护环节
连续运行控制		起动过程:合上刀开关 QS→按下起动按钮 SB1→接触器 KM 线圈通电→KM 主触点闭合和常开辅助触点闭合→电动机 M 接通电源运行,利用接通的 KM 常开辅助触点自锁,电动机 M 连续运转,松开 SB1 停转过程:按下停止按钮 SB2→KM 线圈断电→KM 主触点和辅助常开触点断开→电动机 M 断电停转	优点:具有短路保护,电动机长期过载保护,欠电压保护,失电压保护

续表

控制单元类型	典型的电气原理图	工作原理	备注
点动与长动结合的控制		点动控制时，按动起动按钮 SB3 →KM 线圈通电→电动机 M 点动；长动控制时，按动起动按钮 SB2→中间继电器 KA 线圈通电并自锁→KM 线圈通电→M 实现长动	应用：机床调整完毕后，需要连续进行切削加工
正反转控制		利用复合按钮组成"正→反→停"或"反→正→停"的互锁控制	工作台前进、后退；电梯的上升、下降

续表

控制单元类型	典型的电气原理图	工作原理	备注
位置控制线路		合上电源开关 QS→按下起动按钮 SB2→接触器 KM1 通电→电动机 M 正转→工作台向前→工作台前进到一定位置,撞块压动限位开关 SQ2→SQ2 常闭触点断开→KM1 断电→电动机 M 停止正转,工作台停止前进。后退过程相似	应用:龙门刨床的工作台前进、后退
顺序联锁控制线路		实现 M1→M2 的顺序起动,M2→M1 的顺序停止控制。顺序停止控制分析:KM2 线圈断电,与 SB1 常闭触点并联的 KM2 辅助常开触点断开后,SB1 才能起停止控制作用,所以,停止顺序为 M2→M1	平面磨床中,要求砂轮电动机起动后,冷却泵电动机才能起动

续表

控制单元类型	典型的电气原理图	工作原理	备注
多点控制线路		两地起动按钮 SB1、SB2 并联，两地停止按钮 SB3、SB4 串联	把起动连接并联连接，停止按钮串联连接。分别装置在两个地方，可以实现两地操作
时间原则的控制线路		合上刀开关 QS→按下起动按钮 SB2 接触器 KM 通电→KM 主触点闭合，M 接通电源、接触器 KM Y 通电→KM Y 主触点闭合，定子绕组联结成星形，M 减压起动；时间继电器 KT 通电延时 $t(s)$→KT 延时常闭辅助触点断开 KM Y 断电，KT 延时闭合常开触点闭合→KM△ 主触点闭合，定子绕组联结成三角形→M 加以额定电压正常运行→KM△ 常闭辅助触点断开→KT 线圈断电	缺点是起动转矩也相应下降为三角形联结的 1/3，转矩特性差

自我检测

选择题（即测即评）

习题 7

一、名词解释

1. 电气控制线路电气原理图、电气安装接线图

2. 欠电压保护

3. 失电压保护

4. 自锁

5. 联锁

6. 点动控制

7. 顺序控制

8. 多地控制

9. 单向运行

10. 可逆运行

二、问答题

1. 电气系统图主要有哪些？各有什么作用和特点？

2. 电气原理图中，QS、FU、KM、KA、KT、KS、FR、SB、SQ 分别表示什么电器元件的文字符号？

3. 电气原理图中，电器元件的技术数据如何标注？

4. 什么是失电压、欠电压保护？采用什么电器元件来实现失电压、欠电压保护？

5. 点动、长动在控制线路上的区别是什么？试用按钮、转换开关、中间继电器、接触器等电器元件，分别设计出既能长动又能点动的控制线路。

6. 在电动机可逆运行的控制线路中，为什么必须采用联锁环节控制？有的控制线路已采用了机械联锁，为什么还要采用电气联锁？若两种触点接错，控制线路会产生什么现象？

三、设计题

1. 钻削加工刀架的运动过程控制：如图 7-23 所示，刀架在位置 1 起动后能自动地由位置 1 开始移动到位置 2 进行钻削加工，刀架到达位置 2 后自动退回到位置 1 时停车。应如何实现控制？

2. 两条带式运输机分别由两台笼型异步电动机拖动，由一套起停按钮控制它们的起停。为避免物体堆积在运输

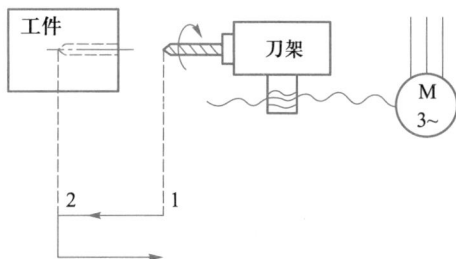

图 7-23　钻削加工刀架的运动过程

机上,要求电动机按下述顺序起动和停止:

　　起动时:M1 起动后 M2 才能起动;

　　停止时:M2 停止后 M1 才能停止。应如何实现控制?

3. 锅炉的点火、熄火的电气控制线路的设计:点火时,先起动引风电动机 M1,当其工作 5 min 后,送风电动机 M2 自行起动,完成锅炉的点火过程。锅炉熄火时,先停止送风电动机 M2,当其停止 2 min 后,引风电动机 M1 自动停止,完成锅炉的熄火过程。

［1］ 李源民.电工电子技术［M］.北京:清华大学出版社,2005.

［2］ 陈跃安.电路及电工电子技术［M］.北京:清华大学出版社,2005.

［3］ 李瀚逊.电路分析基础［M］.北京:高等教育出版社,1993.

［4］ 潘兴源.电工电子技术基础［M］.上海:交通大学出版社,2000.

［5］ 周守昌.电路原理［M］.北京:高等教育出版社,1999.

［6］ 张文明.电工电子实训指导书［M］.北京:清华大学出版社,2005.

［7］ 申凤琴.电工电子技术基础［M］.3 版.北京:机械工业出版社,2019.

［8］ 冯泽虎.数字电子技术项目教程［M］.北京:北京大学出版社,2011.

［9］ 徐淑华.电工电子技术［M］.5 版.北京:电子工业出版社,2023.

［10］ 赵景波.电工电子技术［M］.2 版.北京:人民邮电出版社,2015.

［11］ 邱关源.电路［M］.6 版.北京:高等教育出版社,2022.